陈介祺传

邓华◎著

齊魯書社

《陈介祺传》学术研究委员会

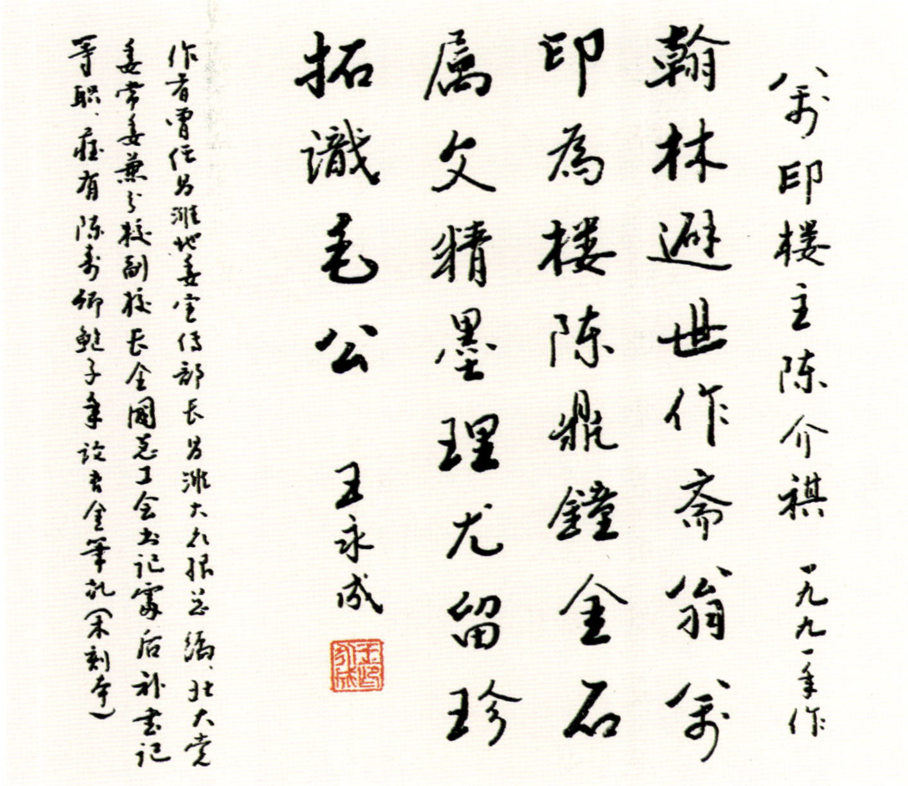

王永成书《万印楼主陈介祺》诗：“翰林避世作斋翁，万印为楼陈鼎钟。金石属文精墨理，尤留珍拓识毛公。”

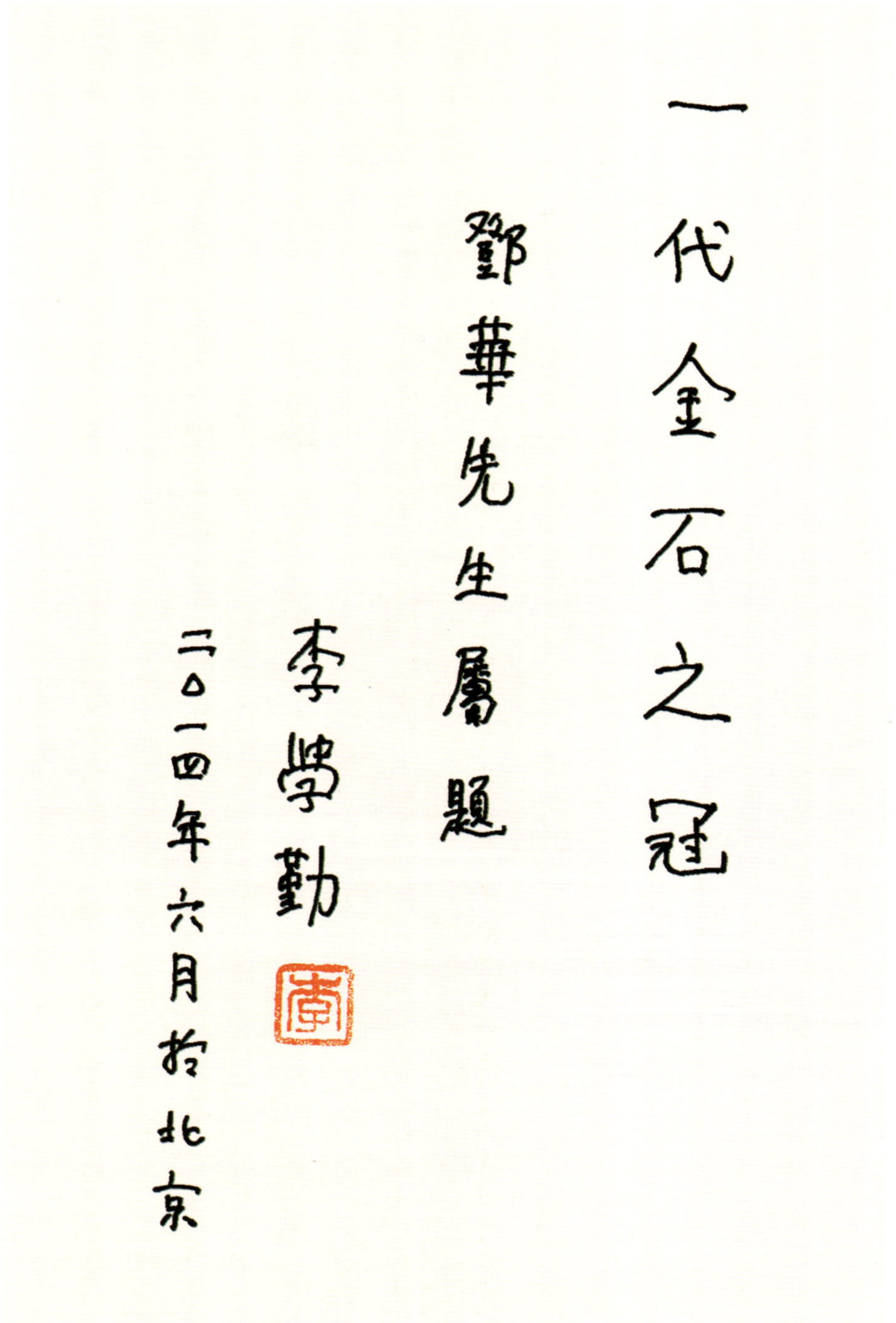

中国社会科学院历史研究所原所长，清华大学历史系教授、博士生导师李学勤题词：“一代金石之冠。”

陈介祺画像

陈介祺故居陈列馆

陈介祺祖父陈祥桂画像

陈介祺之父陈官俊画像

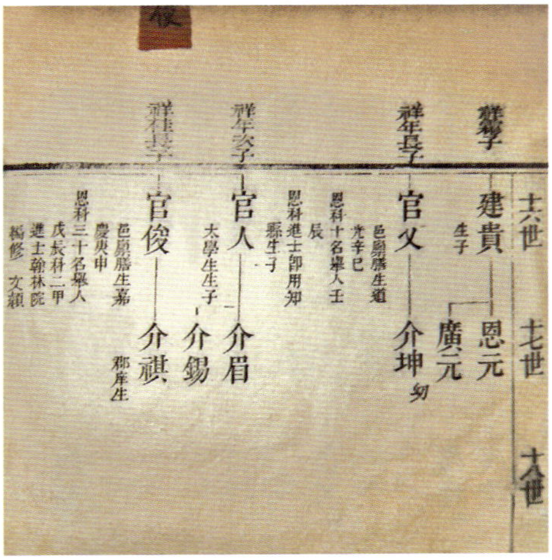

《潍邑陈氏族谱》中关于陈介祺一支的记载

陈介祺之父陈官俊便服画像

陈氏祠堂原貌

陈氏祠堂碑记是由陈介祺仿汉碑形制设计的

在陈氏祠堂中的景泰蓝祭器和瓷器底部都铸有或烧制着“潍县相府陈氏祭器”，以示尊贵。

咸丰十年，陈介祺在潍城增福堂街所建府宅旧影。

万印楼

十钟山房

陈介祺自喻隐居生活的“林下田间”砖雕

陈介祺首藏和研究的国宝重器毛公鼎，现为台北故宫博物院第一镇院之宝。

陈介祺收藏的重器“大丰簋”（也叫“天亡簋”），据陈介祺考证，该器应命名为“毛公聃簋”。

陈介祺收藏的曾伯霥簠，“簠斋”之号即由此宝簠而来。

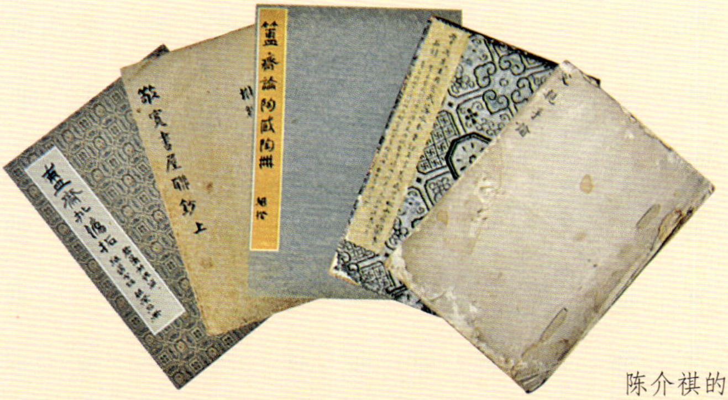

陈介祺的部分著作

部分陈介祺研究出版物（编著者：陈继揆、邓华、陆明君等）

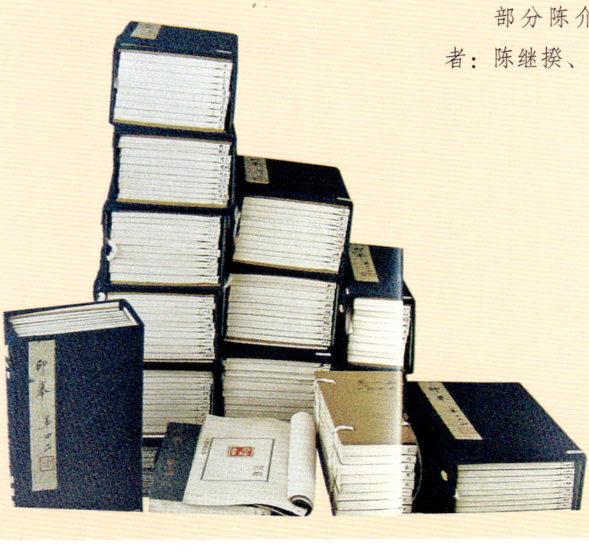

浩瀚的《十钟山房印举》

陈介祺题跋的绘画作品

陈介祺作画《富贵吉羊之图》

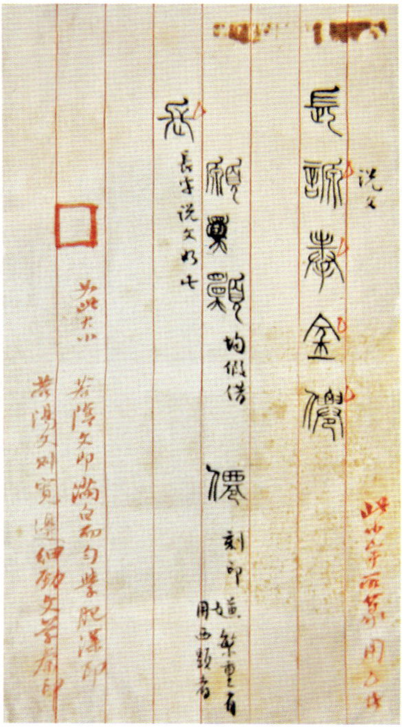

陈介祺设计印文的手迹

2012年秋，“海峡两岸著名金石学家陈介祺文物收藏展”开幕式。

2012年秋，“海峡两岸著名金石学家学术研讨会”开幕式。

2012年秋，在“海峡两岸著名金石学家学术研讨会”上专家讨论。

2013年秋，“纪念陈介祺诞辰二百周年学术研讨会暨专题展”开幕式。

2013年秋，在“纪念陈介祺诞辰二百周年学术研讨会” 上专家讨论。

2013年秋，笔者（前排右三）参加“纪念陈介祺诞辰二百周年学术研讨会”。

陈介祺后裔陈端章（左二）夫妇及陈时超（左三）在十钟山房前合影

2003年夏，陈介祺的嫡传后裔、天津师范大学历史系原党支部书记兼系主任陈继揆（左）会见笔者（右）。

2006年夏，本书学术委员会顾问、中国社科院原常务副院长丁伟志（左）会见阔别五十多年的表姨陈蕴慧（中），潍县陈祥桂世家现任族长陈时超（右）陪同。

2012年 ，陈介祺嫡系后裔陈进（左二）、旁系后裔郭远航（郭味蕖孙，左一），陈介祺研究专家郭明绪（左三）与笔者（左四）合影。

本书学术委员会钟耕会主任在研究陈介祺的金石著作

本书学术委员会王刚主任与他再版的陈介祺《簠斋吉金录》全套书影

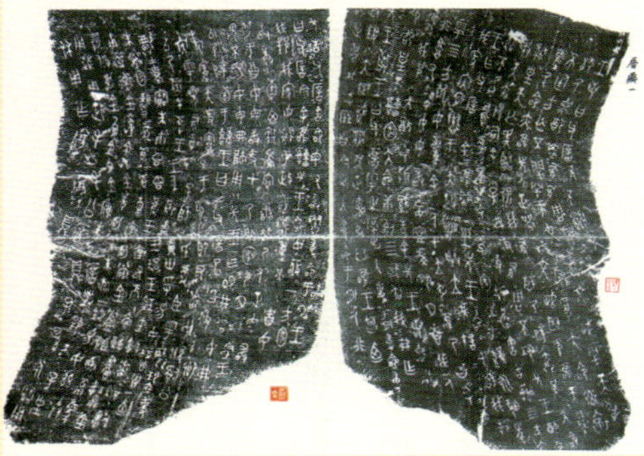

本书学术委员会王成利副主任与他收藏的毛公鼎铭文拓片

本书学术委员会刘知华副主任在翻阅《清代大收藏家陈介祺》一书，他身旁的红木嵌银丝漆器画屏是陈介祺指导姚学乾创制的精美工艺品。

2012年秋，部分陈介祺研究专家在潍坊市博物馆合影（左起：葛伟建、赵洪祥、邓华、陈雪梅、栾运海）。

部分陈介祺研究专家合影（前排右起：傅廷伟、张德民、杜书乐、邓华、尹希明、刘英；后排右起：傅黎明、张京明、孙超、付生、田爽馨、张黎明、张建国）

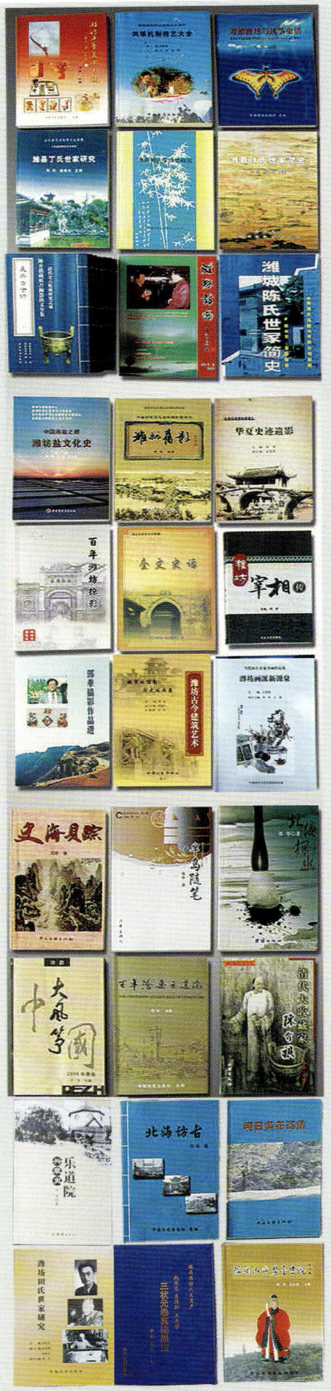

以上是邓华已经出版的三十部著作

邓华，著名文化学者、作家、摄影家。曾任潍坊工艺美术协会副会长、潍坊学院兼职教授、山东科技职业学院客座教授，系中国收藏家协会会员、中国工艺美术家协会会员、山东省作家协会会员、潍坊市作家协会原副秘书长、潍坊市国际风筝会首批特邀顾问、潍坊市非物质文化专家委员会委员、潍坊市档案馆荣誉馆员、山东省老摄影家协会副秘书长、《齐鲁文学》总监等。长期从事历史文化与非物质文化遗产研究，在文学创作和文史研究方面做出突出贡献，已出版文集、长篇小说、诗集、摄影集等30部著作。个人业绩载入《潍州名人录》《华夏文学艺术家大辞典》《中国民间艺术名家指南》《世界杰出华人大辞典》等。2005年，被评为“潍坊市首届工艺美术大师”（全市共23名）。2006年，入围“潍坊市十大文化建设杰出人物”评选；以个人名义申报“潍坊刺绣工艺”，被山东省批准为首批“省级非物质文化遗产项目”；被评选为“山东省十佳读者书香家庭”，是潍坊市唯一入选者。2008年，入选“潍坊市百名文化名人”和“潍坊市杰出文化工作者”。2013年1月，被潍坊市委、市政府授予“优秀文化人才奖”。2014年，当选为中国国学学会副主席。

序

我审阅了《陈介祺传》书稿，总的看法是此书写得较好，可以说是写出了个性，写出了特色，写出了水平。这是继2013年“纪念陈介祺诞辰二百周年研讨会”之后又一丰硕成果。该书的问世，对今后更深入地研究陈介祺的不凡人生、弘扬民族历史文化将会起到重要作用。

陈介祺（1813~1884），字寿卿，号簠斋，潍城人，生于官宦家庭，其父陈官俊（1782~1849），字伟堂，官至吏部尚书，协办大学士。陈介祺幼承庭训，苦读于京师。23岁考取举人，33岁考中进士，仕为翰林院编修。道光二十九年（1849），陈官俊遽逝于任内。咸丰三年（1853），陈介祺受朝廷所迫，代父捐银四万两，被授予“双眼花翎”。咸丰四年（1854），借母殁乞假回归故里，再未仕。后半生致力于古文物的收藏研究。他一生收藏的古代文物类多、量大、面广，尤重珍品。其藏品中有商周青铜器248件，秦汉铜器98件，石刻119件，砖326件，瓦当923件，铜镜200件，玺印7000余方，封泥548方，陶文5000多片，钱币、镞、各式范1000多件。在这些古文物中，最著名的是毛公鼎、十一架古钟和“万方古玺印”。他治学高度严谨，重视研究方法，主张一器一物都应多加分析，察其渊源，辨其真伪，反对不求甚解。因此他对古文字研究有开创之功，贡献是很大的。他著述丰富，造诣颇深。他的考证释文现存有《毛公鼎释文》《南公盂鼎释文》《虢季子白盘考释》《聃簋释说》《区鋘考证》《器侯驭方鼎考释》《郘钟考释》《齐侯鉼考释》《龙姞簋考释》《铸子器考释》《簠斋金文考》《金文题识》《藏古册目并题记》《集古金文考释》《汉镫考记》《印举考释》《陶文考释》《簠斋藏秦权量铜诏版释文诗记》《十钟山房印举》，还有《传古别录》《仿碑拓碑笔记》《印举事记》，以及与吴式芬合编的《封泥考略》等。陈介祺集藏古、鉴古、释古、传古于一身，收藏最富，鉴别最精，传拓最佳，释文最多，是全国闻名的金石大师。很多学界权威人士都对其给予很高的评价。鲁迅先生说："论收藏，莫过于潍县的陈介祺。"郭沫若、商承祚说陈介祺的收藏是"前无古人，后无来者"。《清史稿》记载，他"所藏钟鼎、彝器、金石为近代之冠"。

陈介祺出自潍坊，成为全国有名的金石学家、古文字学家，不是偶然现象，而是潍城陈氏世家600多年历史文化教育积累脱颖而出的一个突出典型，也是潍坊历史文明聚焦的一个亮点，他的出现给潍坊增添了光彩，是潍坊的骄傲。开展"陈介祺研究"是一项有历史意义的事情，应该坚持下去，发扬光大。

邓华先生是陈介祺研究的开拓者之一。他抱着对历史负责的态度，潜心研究陈介祺的身世和从事的收藏、考释、鉴赏、传拓事业，花费了十几年的工夫，搜集了许多资料，撰写了不少著述。如编著了《潍城陈氏世家简史》《清代大收藏家陈介祺》两部书；还与企业家王刚共同再版了陈介祺的青铜器铭文拓片集《簠斋吉金录》；另外，还撰写了研究陈介祺的十几篇文章，其中有《一位超前的古文字史探索者》《陈介祺的传拓工艺》《国宝重器毛公鼎》《陈介祺纪事》《陈介祺的金石缘》《陈介祺与

〈簠斋吉金录〉》《陈介祺的诸城情结》《陈介祺藏古传古的助手》《陈介祺藏品轶闻》《陈介祺的楹联》等。有了这些文章做基础，再写《陈介祺传》，就像十月怀胎，一朝分娩了。

《陈介祺传》的特点是考证确凿，资料翔实，重点突出，对一些关键事项有自己独到的见解，尤其是邓华亲自访问了陈继揆（天津师范大学历史系原党支部书记兼系主任）和陈继遵（文化部原外国文艺研究所副所长）等七八位陈氏家族的后人，了解了许多真实生动的材料，从而澄清了若干关于陈介祺的一些迷雾般的不实传说，提高了可信度。

总之，《陈介祺传》这部书，指导思想明确，资料丰富，体例得当，文字朴实，很有可读性。当然，也有美中不足，这就是受资料所限，对陈介祺的有些著作注释不够全面，有待于今后继续搜集补充。以上寥寥数语，是为序。

王树芳

2014年5月8日

（作者系潍坊市原市委书记，山东省人大常委会原副主任、党组副书记）

目　录

序 ……………………………………………………王树芳（001）

第一章　陈氏世家　源远流长 ……………………………（001）
　第一节　名门望族　支脉纷呈 ……………………………（001）
　第二节　翰林院街　坐落潍城 ……………………………（006）

第二章　宦门才子　相望青云 ……………………………（014）
　第一节　少年才俊　天机清妙 ……………………………（014）
　第二节　金石泰山　金龟女婿 ……………………………（019）
　第三节　学宗巨擘　言传身教 ……………………………（023）
　第四节　风华十年　醉心金石 ……………………………（029）
　第五节　喜得宝簠　考释虢盘 ……………………………（038）
　第六节　目光如炬　力辨真伪 ……………………………（042）

第三章　八年京官　翰林编修 ……………………………（047）
　第一节　金榜题名　踏入仕途 ……………………………（047）
　第二节　山左秘本　张黑女跋 ……………………………（052）
　第三节　良师益友　文字至交 ……………………………（056）

第四节　母卒父亡　丁忧回籍 …………………………… (064)
第五节　簠斋印集　钤印成书 …………………………… (071)
第六节　获得宝鼎　收藏古钟 …………………………… (074)
第七节　被逼代捐　倾家荡产 …………………………… (081)

第四章　避世隐居　难脱红尘 …………………………… (087)
第一节　海滨病史　隐逸六年 …………………………… (087)
第二节　重修家庙　凝聚族人 …………………………… (095)
第三节　相府落成　搬迁城内 …………………………… (101)

第五章　十年动荡　矢志收藏 …………………………… (108)
第一节　抵御捻军　从兄阵亡 …………………………… (108)
第二节　收教义子　高中状元 …………………………… (112)
第三节　乡梓知音　共飨收藏 …………………………… (121)
第四节　悬壶济世　续交旧友 …………………………… (127)
第五节　妻丧子亡　命运多舛 …………………………… (133)

第六章　病叟出山　老益弥坚 …………………………… (141)
第一节　老友再聚　恍若隔世 …………………………… (141)
第二节　齐东匋父　发现陶文 …………………………… (146)
第三节　出山论道　鸿雁传书 …………………………… (153)
第四节　珍品出众　藏品超群 …………………………… (159)

第七章　搜古传古　众星捧月 …………………………… (172)
第一节　商贾奔忙　竞相搜古 …………………………… (172)
第二节　高手云集　各显其能 …………………………… (183)
第三节　簠斋吉金　终成著录 …………………………… (196)

第八章　忧国忧民　古道热肠 …………………………………（203）
第一节　关注照相　赏奇析疑 ………………………………（203）
第二节　赈济灾民　设厂施粥 ………………………………（208）
第三节　关心时政　出谋划策 ………………………………（214）
第四节　针砭时弊　处方救世 ………………………………（220）

第九章　精诚所至　金石为开 …………………………………（234）
第一节　著作等身　功垂后世 ………………………………（234）
第二节　陈氏书法　金石之韵 ………………………………（241）
第三节　陈氏楹联　字字珠玑 ………………………………（249）
第四节　相府轶闻　揭秘求真 ………………………………（261）

后　记 ……………………………………………………………（269）

第一章　陈氏世家　源远流长

潍坊，宋元时期称“潍州”，明清称“潍县”，县治设在潍城。潍县城地处济南府和莱州府、登州府之间，自古就有一条“东自登莱达济西”的官属驿道，这条驿道也是从京师和内地调兵遣将与登陆山东半岛的倭寇作战的军事要道，并且是朝鲜使团进京上贡的重要通道。明万历四十年（1612），史善言（河南洛阳人）在潍县任知县时，在县衙前立了一座牌坊，上书“东莱首邑”，所以说，潍县是山东半岛的门户，是远去登莱的第一座城池，也是山东半岛的交通枢纽。在明清以来六百年历史风云中，潍县出现了丁、陈、郭、张四大名门望族。他们在潍城宗脉相继，瓜瓞繁衍，支派纷呈，成为豪门大户。这些家族，多以书香继世，官宦连甲，人才辈出，所以潍县古有“书斋县城”之称。到清代中期以后，祖籍沧州、迁来潍县的陈大观家族在潍城尤为显赫。

第一节　名门望族　支脉纷呈

元至正八年（1348）春，陈大观任潍州刺史，携带家眷从沧州赴潍，由于未任而罢职，寄居潍城。明洪武二年（1369），编户续民入籍，从此落地生根，留下三个儿子：友亮、友忠、友直，称作“老三支”。老长支陈友亮的后裔曾集中在撞钟院附近居住，陈家老过道是其祖居地，后代散居在附近的撞钟院前街、前苇湾崖以及松园子街等处，世称“撞钟院陈家”。老长支在郊区的陈家村和冯家村也有后裔。老二支陈友忠的后裔分居在潍城西北郊区的赫家村、西七村、皂户王村、臧家村、禹王台村等村庄。老三支陈友直的后裔最为兴旺发达，到第八世陈懿试，生下三乐、三复、三答、三奇、三思五个儿子，俗称“新五股”，其中三复和三奇两股尤为兴旺。陈三复一股传到第十五世便是陈祥桂兄弟六人。陈祥桂的三个儿子是陈官俊和陈官杰、陈官侨。陈官俊在清中期先后做过五个部的尚书、协办大学士（相当于副宰相），而且是道光皇帝的老师，他的独子便是清代最著名的收藏鉴赏家、一代金石大师陈介祺，如今的陈介祺故居陈列馆和潍坊三中的大部分校园是其旧宅。

千万年流淌的白浪河（又名“白狼河”）孕育了潍坊这座历史文化古城，此处是潍县城东南炮台与文昌阁。

潍城朝阳门外北城墙北极庙，城下为北坝崖原有的建筑。

陈官俊的堂兄弟陈官义是道光进士，其胞弟陈官人的长子陈介眉曾任河南归德府知府，署开封府知府，回乡后任潍县民团团总。在率领潍县民团抗击捻军作战中"力竭捐躯"（见民国三十年《潍县志稿》），潍坊市博物馆后院有记载这段历史的一块石碑。陈官俊死后入大清朝廷贤良祠，陈介眉和陈介封死后入大清朝廷昭忠祠。任江西丰城县知县，署南康府知府的陈官义，举人陈官侨、陈官贤、陈官良、陈介侯、陈厚滋，任安徽池州府知府的陈介璋，任内阁中书的陈介猷等，都是这一宗支的名人。

陈三奇一股也是人丁兴旺、官运亨通的主要宗支。其孙陈兆鸾是顺治六年（1649）己丑科进士，曾任河南彰德府知府，十笏园在清初曾是他的府邸。陈兆鸾的侄子、十二世陈尚志靠他的荫庇崛起，贡生出身，考授州同，相当于六品顶戴。后来，他通过官商性经营各地十几处典当行发家，成为潍城大富豪。陈尚志与先后任潍县县令的赖光表、郑板桥交往甚笃，带头捐资倡建书院、修筑城墙，深受两位县令器重。其子孙秉承家业，各有造就，并捐资修建北城石楼和潍水书院。该家族的后人至今还保留着乾隆三十九年（1774）和道光十四年（1834）两次分家文书。该支的主要代表人物有：嘉庆武进士陈梅岩，任浙江处州卫守备；嘉庆进士陈凤翰的三四代人中，先后有十人出身科甲，因此，家里有两块牌匾："祖孙父子兄弟科甲""祖孙父子兄弟叔侄科甲"，根据清朝的惯例，具备拔贡以上功名的人可在家中竖旗杆一支，金巷子陈凤翰门前曾竖有八支旗杆（院内还有两支），世称"八支旗杆底陈"；陈三奇一股的后世比较显赫的还有分布在城里各处的，如积善堂陈家（布政司街西段路北）、铁梁牌坊陈家（邮电局是其旧址）、十三万七陈家（陈汝梅，贡生出身，嘉庆六年候选州同加三级，敕封征仕郎、光禄寺典簿，六品顶戴。去世时，族人为了讲排场，迫使其家花掉十三万七千两银子出大殡，搞得典房卖地、倾家荡产。光绪进士陈蜚声是其后代）。另外，乾隆举人陈廷钰，嘉庆举人陈试、陈述东、陈述经、陈述芹、陈述贤、陈文斗、陈子饬，西门里三条过道同科中举的陈象枢和陈象轸，同治九年举人陈象丙，光绪举人陈梦庚、陈晋康、陈绯彬等，都属这个家族。这个家族经商、行医、教书甚至棋手都代有名人。陈三奇世系主要居住在北门里、金巷子、仓巷子、北马道和胡家牌坊街的十一宅过道，城北郊区的北里庄和莱章村的陈姓也属于这一世系的后裔。民国时期他们曾与十一宅过道的陈姓为争北关卧龙桥祖茔的三百棵古松柏树打过官司。

陈大观家族老长支陈友亮后裔中，七世祖陈宗仁是明代文林郎，任洪洞县知县，钦召考授御史。八世祖陈懿训是文林郎。九世祖陈所养是敕封文林郎，任南漳县知县；陈所问也是敕封文林郎，任过广东道监察御史和真定县知县。十世祖陈祝泰是明末敕赠征仕郎、礼科右给事中，又赠儒林郎、行人司司正。十一世祖陈调元是崇祯十六年（1643）癸未科进士，任宁津县知县，并在兵部和刑部都任过中级官员。入清后，顺治八年（1651），陈祝升考取举人，敕封文林郎，任固安县知县。陈调元的孙子陈巘考取康熙四十四年（1705）乙酉科武举。陈巘，字绣上，又字绣裳，号怡亭，年十九抡武魁，北上不第，遂退而学琴，经常弹奏《梦蝶操》来表达他的志趣，还特别善于绘画，对于国画中的山水、人物、花卉、虫鸟各臻其妙。他非常喜欢交友，不善诗而喜人吟诗，不饮酒而喜人饮酒，晚年好禅，供达摩像，常诵《金刚经》，常与了心和尚谈大乘法，后无疾而终。陈巘的二儿子陈周臣，字凤梧，精骑射，虽是秀才出身却考中了康熙五十三年（1714）甲午武科，任泗州卫运粮千总。他出身绘画世家，由于长期在大江南北押运粮草，亲历过许多高山大川，于皴染烘托之法颇得江山胜迹之助。后因始终得不到重用提拔，告归乡里，以丹青为志趣，聊度晚年。十七世的陈应聘于道光十三年（1833）

城墙左侧是城里民居；城头上是真武庙，祀真武帝君，北宋大观二年建。

城外民居

考中癸巳科进士，仕至广东新会县知县，署韶州府知府。他的兄弟和堂兄弟陈应芬、陈应奎、陈应枢等也先后于道光年间中举。他的孙子陈德昌考取光绪二十九年（1903）癸卯科进士，也在广东任职，做过河源县知县，所以世称其祖孙为“广东道陈家”（意思是在广东做道台的陈家）。在老长支后裔中，以道光十八年（1838）进士陈阡最为显赫，他曾任福建仙游县知县，政绩卓越先后提升为闽县知县、鹿港同知、广信知府、吉安知府。后任福建按察使、江苏布政使，升任资政大夫、兵部侍郎、都察院右副都御史、江西巡抚。同治九年（1870）病卒，荣禄、赵长龄、李鸿章等亲自为他撰写了墓志铭。该家族藏有民国十一年续修的《陈氏支谱》，潍坊电力公司离休干部陈锡俊等人是其后裔。

陈大观家族老二支陈友忠世系，大部分居住在潍城西北郊的赫家村、西七村、皂户王村、臧家村、禹王台村等村庄。可能受文化环境的制约，这一宗脉出现的人才较少。十一世的陈人麟，曾任过东昌府的河道千总。十七世的陈寿泰头脑聪慧，账目清晰，因而被潍城首富“丁四宅”聘为总管。十八世的陈国干是劳动模范，1960 年出席山东省农业群英大会，1964 年出席山东省农业先进集体代表大会，并荣获华东局劳动模范称号。他在赫家村任党支部书记，连任三十余年，并兼任于河乡政府委员。

第二节　翰林院街　坐落潍城

潍城陈大观家族老三支陈友直的发祥地在北门大街。如今这条看来狭窄如胡同的街道，在明清时期却是潍城数得上的几条大街之一。它的位置在县衙右侧，直通城墙北大门“望海门”。城门外的北关有一条“东自登莱达济西”的国属驿道，这里是钦差大臣、朝廷命官、驿递差役、达官贵人往来于山东半岛的必经之

瓮城拆除后的潍城东门朝阳门城楼全貌

地，也是进入潍城的咽喉之地。当时，正值我国资本主义萌芽时期，商业开始繁荣发展。北关是潍城最早的商业区，药店、药材栈、花店、绸缎庄、油坊、当铺、干货行、货栈等遍布驿道两旁。北门大街是沟通城内外买卖的必经之地。北门大街起先分南北两段，进来望海门的一段，叫“北门里”，南段则叫“翰林院街”。陈氏家族的后裔在街道两旁聚族而居，家庙祠堂也设立在北门大街中段路西。十二祖陈尚志的后人住北门里，这里是他们发财致富的福地。陈祥桂世家住翰林院街，他们祖辈勤奋攻读，成为官宦之家。

在各支脉林立的陈氏古宅中，最古老且最有名气的当数北门大街小学对面这个俗称“翰林院”的大院（陈氏本家称作“老大门”）。这个大院始建于明代初年，陈家始祖聘请风水先生多次占卦，选下这块风水宝地，建房定居繁衍生息。到20世纪80年代拆迁时，尚留有许多明式房屋，那时这个大院已被陈氏祖祖辈辈分家后各自分割隔离成许多小院，小院之间形成一条条小胡同，后来迁进许多外姓。翰林院本应是皇帝的外朝官署，进士中的佼佼者方可入院供职，翰林们不但负责编修国史，记载皇帝起居住行等国家大事，还替代皇帝草拟册立分封文书，撰拟诰命圣旨等重要文件。进士在朝廷廷试中考得庶吉士的优异者，才能称“翰

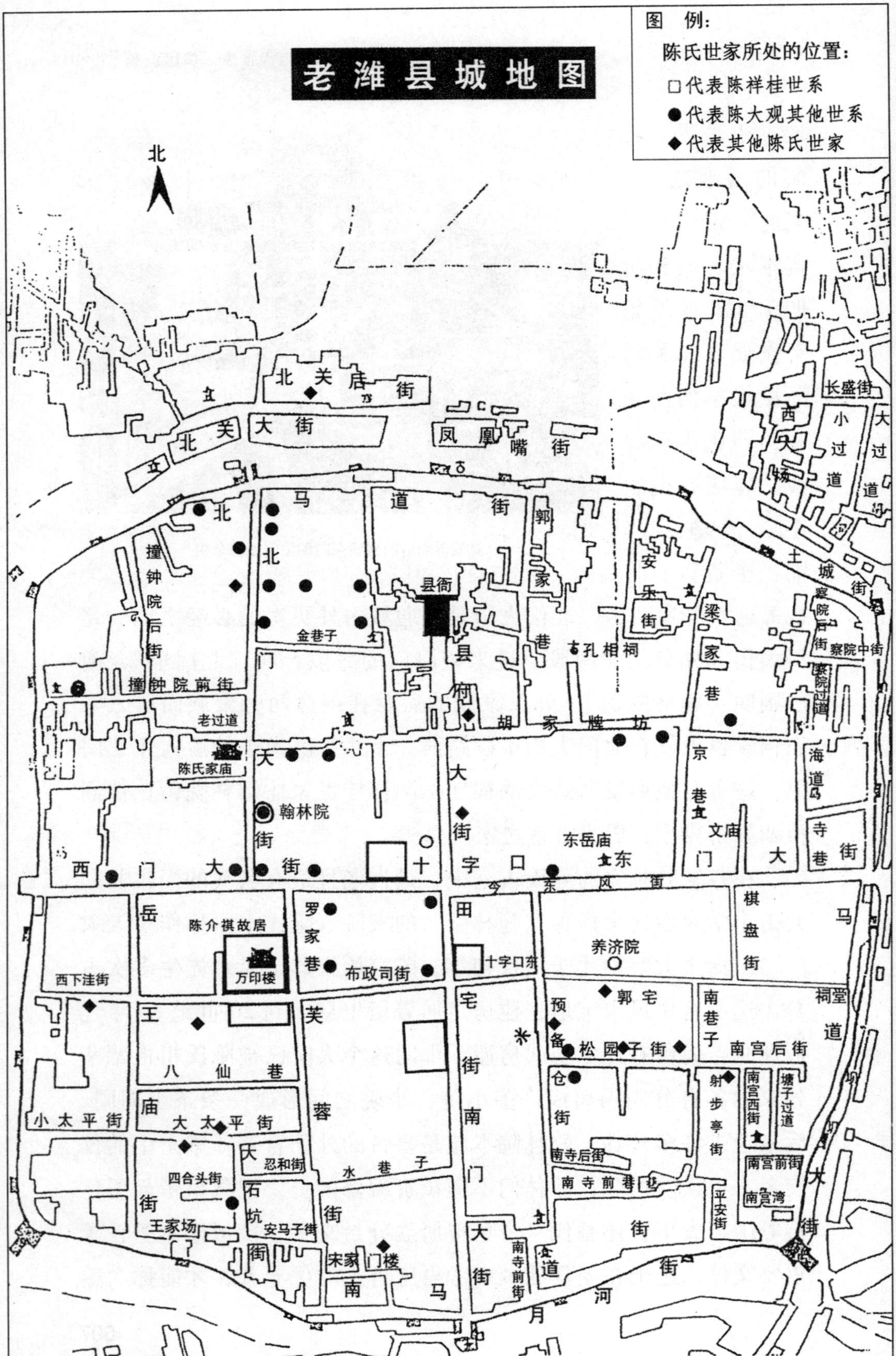
老潍县城地图
图 例:
陈氏世家所处的位置:
□代表陈祥桂世系
●代表陈大观其他世系
◆代表其他陈氏世家
北
北关后街
北关大街
凤凰嘴街
长盛街
西大场
小过道
大过道
土城街
察院后街
察院中街
察院过道
北马道街
郭家巷
安乐街
梁家巷
县衙
县府街
孔相祠
撞钟院后街
北门大街
金巷子
撞钟院前街
老过道
陈氏家庙
翰林院
胡家牌坊
京巷
海道
寺巷街
大街
东岳庙
十字口
文庙门大
西门大街
东风街
岳庙街
陈介祺故居
万印楼
罗家巷
田宅街
十字口东
养济院
棋盘街
马
西下洼街
布政司街
郭宅
预备仓街
松园子街
南巷子
南宫后街
祠堂道
王
芙蓉街
八仙巷
射步亭街
南宫西街
塘子过道
小太平街
大太平街
南门大街
忍和街
水巷子
南寺后街
南宫前街
四合头街
石坑街
南寺前巷
平安街
南宫湾
王家场
安马子街
大街
宋家门楼
南寺前街
道
南马
月河街

林”。特别优异的翰林，还要选考进宫为皇帝、皇子讲经书，侍读伴读，成为皇子的老师。当皇子即位后，他们自然会成为皇帝最信赖和亲近的人，辅佐皇帝执掌国家大权。所以翰林院表面上看起来是有职无权的清水衙门，但最有机会面睹皇颜，又是留京结交王公大臣们的高层平台，还是与同僚们相互切磋交流、深结厚谊的最佳机构。翰林们一旦放到各地为官，上有朝廷做靠山，下有实权在握。因此，历代士子们考取进士后，都希望进翰林院供职几年。那么，小小的潍城怎么会有“翰林院”呢？原来，陈官俊与陈介祺父子都曾在翰林院任职，这里是他们的老宅。明末清初以来，陈祥桂兄弟六人都住在这个大院里，陈祥桂和儿子们住在后排九间明代草顶砖房的东头三间。据传陈官俊出生时，潍城满天红光，这是贵人降世的征兆。嘉庆十三年（1808），陈官俊考中戊辰科进士，经朝廷考试后，又考中庶吉士，留在翰林院任编修。他的独子陈介祺在道光二十五年（1845）又考中进士，也任翰林院编修。后来道光皇帝钦加侍讲学士衔，成为皇长子的伴读，咸丰年间又因捐献巨额军费，赏戴双眼花翎，晋升军功二品顶戴，诰授资政大夫。他的堂兄弟陈介猷于咸丰二年（1852）也因朝考优异，成为庶吉士，入翰林院。潍城北门大街的陈氏“老大门”出了这么多翰林，所以当地的人们把他们的府第恭称“翰林院”，北门大街南段则称为“翰林院街”。这也是陈官俊宗脉发迹的一段历史。

由于各种原因，潍城陈氏家族也在历史进程的风浪中颠簸起伏，许多宗支分居外地。如：七世陈子立因兵乱孤身逃到高密县北乡楚家沟。八世陈进举因遭荒年，于清初顺治年间又迁居高密北乡永丰屯，在那里定居三百余年，繁衍了十几世。后来，该支又有人迁到河南南阳定居。十七世陈介眉被捻军杀死后，其家眷怕受牵连，也迁往高密匿居。陈汝梅一支破落后，陈蜚声等后世

潍县城南门里田宅街的纶言褒节牌坊（清代后期，陈介祺为二子陈厚滋全家在该牌坊以北路西买下田氏后人的房产定居）

子孙迁往安丘县景芝镇外祖母家居住，等等。

潍城陈氏族谱是从明嘉靖三十八年（1559）创立的，到万历四十二年（1614）重修过一次，再到明末崇祯年间，陈调元带领族人重新续修，并写下序言。陈调元，字撰甫，号北溟，别号鸥盟道人，明代天启七年（1627）考取丁卯科副榜眼，崇祯十六年（1643）癸未科进士，做过宁津县知县，并在兵部、刑部都任过中级官员，阅历广泛。

潍城自汉代至明末，都是夯土筑城。为了抵御清兵进攻，明崇祯十二年（1639），在知县邢国玺倡议下，官民共举，发动了浩大的筑城工程，用石块重砌城墙，将土城改为石城。竣工后，陈调元受托写下《潍州新筑石城记》的碑文，立于城头。100多年后，到了乾隆年间，由于城墙年久失修，多处崩塌，时任潍县知县的郑板桥又募捐重修潍城城墙，写下了著名的《修城记》碑文。咸丰年间，为抵御太平军北上，潍县又大举修筑城墙。陈调元的《潍州新筑石城记》和郑板桥的《修城记》名闻遐迩，是记录潍城历史进程的两块里程碑，也是潍城历史文化的见证。

潍城陈氏家庙是清代中期嘉庆元年（1796）始建的，坐落在北门大街中段路西，与“大中丞”刘鸿翱的刘氏家庙对应而建。陈氏家庙里竖有两根旗杆，挂两串红灯笼，对门刘氏家庙里也竖有两根旗杆，挂两串红灯笼，蔚为壮观。《陈氏祠堂碑记》现仍犹存放在陈介祺故居陈列馆院内。陈氏家庙以南路东翰林院大门旁边，曾建有光禄公祠，那是在陈官俊升任协办大学士（相当于副相国）兼吏部尚书，并担任皇太子的教师，道光皇帝特许他在

潍县县政府大门（原县衙大门），潍县县衙位于向阳路中段，今潍城区公安局以西，历史悠久，邢国玺、周亮工、郑板桥、赖光表、庄述祖、招子庸等著名知县都曾在此坐过大堂。

抗日战争前的潍县古城墙

紫禁城内骑马代步以后，父以子贵，陈官俊的父亲陈祥桂受皇恩降旨，诰赠光禄大夫，建光禄公祠以光耀门庭。陈官俊的母亲夏氏也被封为一品太夫人。夏氏九十大寿时，道光皇帝还亲赐御书“耆臣寿母”匾额一块、“福”字与“寿”字各一方、如意一柄、红绸两匹，以及金瓜钺斧仪仗，以示皇恩。

潍城陈氏家族可谓官宦世家，祖祖辈辈尊孔尚儒，熟读经书，深识文墨，几乎代代都有考中举人、进士、居官显赫的。历来县官、州官、知府、同知、守备、布政司、通政司、巡抚、道台、监察御史、漕运总督、祭官、主考官……层出不穷，带品官员累计达 80 多人。其中 45 名贡生、52 名举人，贡生、举人中 19 人中了进士。另外，武举 5 人，其中武进士 1 名。被朝廷敕封、诰封、增封孺人、恭人、宜人等 30 多人。家族中书法家、画家、收藏家、作家、教授、名医等人才辈出。陈三复的后人原居北门大街南段“老大门”，后来，陈介祺从北京回来在增福堂街双小庙购地重建新宅，其二子陈厚滋分家后迁居南门里路西。陈介眉、陈介锡兄弟居大十字口路南，陈介璋迁居四合头。现在，陈官俊一支的后裔大都移居北京、天津、郑州、济南等地；陈官杰、陈官侨两支的后裔多数仍居潍坊，分居在大十字口以西，预备仓和南门里。陈三奇的后人在清初至民国时期分居在布政司街、西门里、北门大街、金巷子、仓巷子、胡家牌坊、城隍庙街、北马道等一个个深宅大院里，一般都建有青砖瓦房四合院，显贵之家还有三进院落或连环院落，并建有庙宇式的拔台子大厦屋，院内有花园、更道、夹壁墙、地下通道、马厩等，并在街面上竖有旗杆和各种牌坊、节孝坊等，极尽封建时代的荣耀。

六百年斗转星移，六百年风雨剥蚀。时代变革的大潮重重荡涤了陈氏世家豪宅的繁华。如今，人们只能在斜阳草树、寻常巷陌中，透过历史的沧桑去寻找昔日那繁华兴盛的残迹，品味潍坊历史文化那深厚的积淀。

第二章 宦门才子 相望青云

第一节 少年才俊 天机清妙

清嘉庆十八年（1813）的初冬十月初十日，陈介祺在北京出生。那时，他父亲陈官俊于嘉庆十三年（1808）中进士后，在京任翰林院编修、文颖馆纂修，携家眷住在京城，他已有两个女儿，长女 8 岁，次女 3 岁。陈官俊 32 岁喜得贵子，全家充满了喜庆气氛。陈介祺的母亲是号称“丁半城”的潍城大户丁氏之女。喜讯通过驿马快递飞快传回他的原籍潍县，住在城里北门大街的老太爷陈祥桂和夏氏夫人立即吩咐家人张灯结彩，为喜添十七世的孙子阖家庆贺，为连续两个孙女之后，终于续上陈家的香火喜不自禁。

陈介祺是陈官俊的独子，他曾有三个弟弟，都因病夭亡，所以全家人视他为掌上明珠。自从儿子出生后，陈官俊官运一路亨通，陈介祺 3 岁那年春天，升任右春坊右赞善，当年秋后又转任左春坊左赞善。第二年，又被任命为上书房行走，成为皇储的老师。上书房在乾清宫东南庑北向，是皇子读书的地方。皇子年满六岁入学，由上书房总师傅翰林院掌院学士保荐品学兼优的翰林官若干员，皇上亲自选择作为皇子教书的师傅，并派一两位副翰林官员助教，叫作“上书房行走”。上书房行走实际上就是清朝时候皇子师傅的副手，说明他在上书房上班，但他借此成为皇储的老师非常重要，皇子一旦登基做了皇帝，在朝廷上最信任和依赖的人往往就是他的老师。同年秋天，陈官俊又成为顺天府乡试的同考官。这年八月，陈官俊生下第三个女儿。陈介祺 6 岁那年，父亲陈官俊在大考中取得二等第二名的优异成绩，其后迁翰林院侍讲学士（侍讲学士是从四品，与知府同级）。

陈介祺 7 岁那年春天，父亲陈官俊充当会试同考官。同年夏天，又赴山西担任陕甘乡试正考官。九月，改任提督山西学政。陈官俊是带家眷赴山西上任的，所以年幼的儿子陈介祺也就跟随

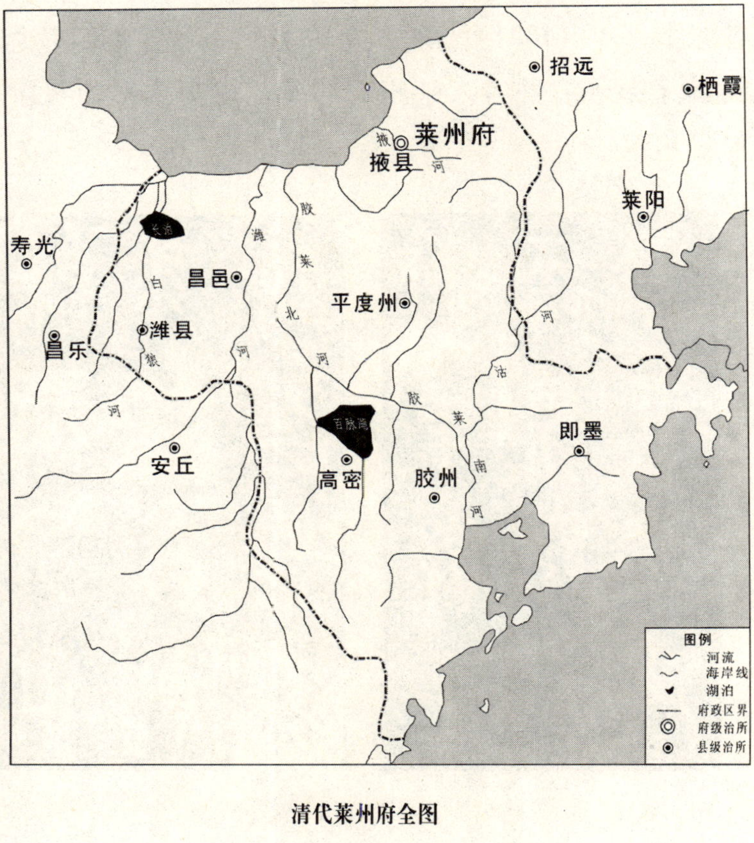

清代莱州府全图

在父亲的官署内，由陈官俊亲自点拨他读书识字。

陈介祺 8 岁那年，嘉庆皇帝驾崩，陈官俊侍奉的皇子登基，即道光皇帝。陈官俊被道光皇帝加封一级，升为右庶子。两年后，陈官俊担任顺天乡试同考官。八月，奉旨分校京兆试。从此以后，陈介祺随父在京苦读，他年少时“聪颖强记，日读百数十行，略不遗忘”，成为一个博闻强记、用心专一的学子。

直到陈介祺 17 岁那年，父亲陈官俊升任国子监祭酒（国子监是全国最高的文化教育机构，祭酒是这里的最高行政长官）。这一年春天，陈介祺跟随父亲参观国子监，浏览了这里陈列的周代石鼓，观摩了上面著名的石刻铭文，并观摩了收藏在这里的大量商周钟鼎彝器，这使他眼界大开，同时也激发了他对古代文物的极大兴趣。

道光十一年（1831），陈介祺 19 岁，也就是近弱冠之年，他被补为博士弟子，并考入莱州府郡庠，成为名塾师费耕亭的学生。

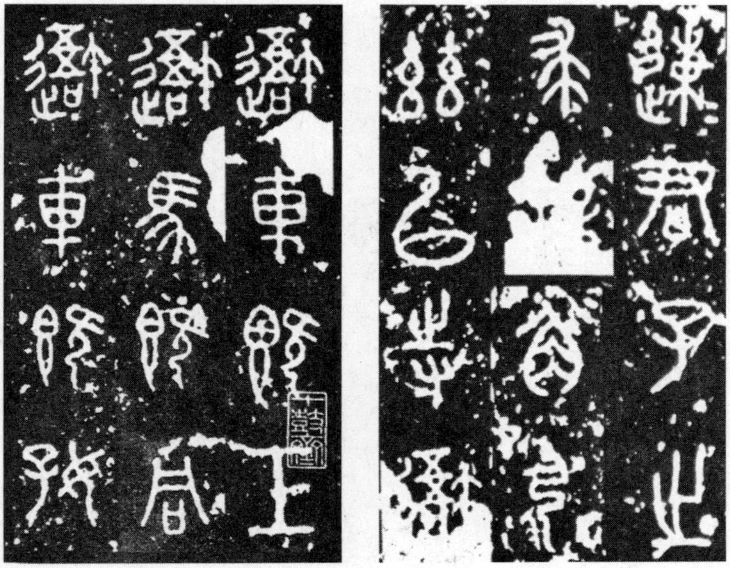

石鼓文拓片

由于当时潍县属于莱州府管辖，明清的考试制度又规定，学子的乡试必须在原籍进行，所以，自小生在京城的陈介祺顺理成章地回原籍潍县的辖府莱州学习并参加乡试。莱州府有一位著名学者翟云升，与陈官俊是世交，当初陈官俊考入郡庠（府学）并参加乡试时，就住在翟云升家里。如今这里自然是陈介祺攻读府学的好住处。

莱州府城内牌坊街

翟云升，山东掖县（今莱州）人，嘉庆举人，道光二年（1822）进士，做过粤西知县。掖县是清代莱州府所在地，当时潍县隶属莱州，为东莱首邑。陈介祺之父陈官俊在后来为翟云升编著刊行的《隶篇》序言中说：

> 予年十三应童子试，主翟君文泉家，遂缔交。既而补博十弟子员，食禀饩领乡荐皆同年，情好弥笃。逮予宦京师，文泉来诣公车，必与数晨夕谈笑，欢洽一如在郡时，今不与晤历十六年矣。

可见他 13 岁到莱州府参加童子试时，就住在翟云升家。翟云升

掖县城内的"东莱三凤"牌坊

大陈官俊 6 岁，但考荐博士等乡试，两人都是同年，一直到考上进士。两人互相切磋，友情甚笃。翟云升后来成为著名的古文字学家和书法家，尤以隶书著称天下。陈官俊在京城做官时，翟云升每逢进京，都要住在陈府，两人朝夕相谈，像年轻时在家乡相处时那样推心置腹、欢喜快乐。翟云升自然顺理成章地成为陈介祺的老师。陈介祺 19 岁考入莱州府的郡学，翟云升特地用隶书为他写了一把折扇祝贺："一鸣从此始，相望青云端。"两人成为忘年交，那时陈介祺刚刚开始爱好金石，比他大 37 岁的翟云升对他的点拨传教自然十分重要。翟云升可谓伴随陈介祺青年时期成长探究金石书法的良师益友。后来，翟云升编著《隶篇》时，陈介祺及其金石好友吴式芬、许瀚、王筠、刘喜海、许梿、何绍基等金石名家，以及陈介祺的叔父陈官侨、表叔谭怡堂、岳父李璋煜都将各自收藏的拓本贡献出来，给予其极大的帮助，其中有杨著碑、杨震碑、汉尚浴府金行烛盘、三公山碑等拓本及汉钲、汉钫钩摹本等。陈介祺还请他帮助拓印莱州云峰山和平度天柱山郑道昭的十几块名碑。道光十八年（1838），《隶篇》编成书后，因翟云升性格孤傲，加上家境较贫困，无力刊行，陈氏父子倡导亲友及在京的同乡官员纷纷解囊相助，筹集资金，促成了这部书的刻版印刷。

道光十一年（1831）秋天，陈介祺到济南参加了秋试。

这一年，陈介祺家还出现了第一次大的变故，他的爷爷陈祥桂在北京陈官俊的府第内因病去世，那时，陈官俊正担任江西乡试的正考官，在赴任的途中得到噩耗后，他立即折返京城丁父忧（为父亲发丧守孝）。八月初四，他和胞弟陈官侨共同从彰仪门内宝应寺将父亲的灵柩装上马车，扶柩返乡，回到潍县。

道光二十四年（1844），陈官俊升任六部之首的吏部尚书，并兼任协办大学士（副相国），他的品级已升为正一品，根据清政府规定，一品至五品文官加大夫衔，正一品官员应加“光禄大夫”衔。父以子贵，他的父亲陈祥桂就可以称“光禄公”。为了光宗耀祖，陈官俊在潍县翰林院街（北门大街南段）祖宅“老大门”南侧专门修建了一座“光禄公祠”来祭奠他的父亲。

第二节　金石泰山　金龟女婿

道光十二年（1832），陈介祺 20 岁那年，奉父母之命结婚，迎娶了诸城籍京官李璋煜的长女为妻。由于是世交，起初又是共同在京城做官的老乡，陈官俊与李璋煜可谓门当户对，李璋煜对这位金龟女婿的学问人品也非常赏识。风华正茂的陈介祺也找到了一位金石大家做泰山老丈人，两家相得益彰。

科举世家、三代进士出身的李璋煜（1784~1857），字方赤，又字礼南，号月汀，以进士授刑部主事，后升迁四川司郎中。李氏与陈官俊父子是同乡，起初又同为京官，自然来往密切。

李璋煜是京城金石学界的活跃人物，多次倡导和组织文友聚集唱和，并主持校勘桂馥的《说文解字义证》，成为文化界翘楚。他非常赏识陈介祺的才学，对其偏爱金石学尤为称赞，觉得凭陈介祺的学问功底和悟性，必将在深奥的金石学领域大堪造就，因此将女儿许配给他。陈夫人李氏从此在陈府相夫教子四十年，直至陈介祺 59 岁时，她与长子陈厚钟同年去世。李璋煜实际上是陈介祺一生专注金石学的决定性人物，从学识和物质上都为这位得意的乘龙快婿提供了终生影响和赞助。

李璋煜是个敢作敢为的官员，道光十七年（1837），派任江苏常州府知府，兼署扬州府。任职期间，力除地方婚丧大操大办之陈规陋俗，大力提倡节俭，民心大快。又严惩“刮儿”“刮妻”“马批”诸恶行。所谓“刮儿”，即地痞无赖三五成群，招摇过市，寻衅斗殴，扰乱社会；所谓“刮妻”，即壮男穿戴妇人衣饰，缠花粉面，作奸犯科，任意胡为；所谓“马批”，则是举行迎神赛会时，男女扮演角色，赤身裸体跳舞。李璋煜革除上述陋俗，风化大治。后任江宁府（今江苏南京）知府。江宁素有不法之徒，借收漕粮之机，加算折扣，从中牟利，大肆挥霍，还美其名曰“会茶费”。李璋煜大义凛然，毫不手软，“缉访拿办”，使刁恶之人销声匿迹。接着又移官苏州府知府。当时，苏州夜游淫纵盛行，商贾放高利贷盘剥，一些不法之徒借“供奉邪神”渔利。李璋煜悉心一一革除，百姓称快。后以“治行报最”升任江南盐巡道。李璋煜将当地恶人的姓名张榜公布，让人们都知道，这些人迫于压力，纷纷决心改恶从善。对于其中不改悔者，李璋煜依法予以严惩，民众皆安居乐业。后又调任广东惠潮嘉道，潮州人好开赌场，引诱良家子弟上当受骗。庵尼暗中传信，组织妇女加入“花会”，男子则“群树党”互相“逞忿械斗”，扰乱民心，而且经常酿成大祸，社会风气异常败坏。李璋煜莅任，了解上述情况后，首先命令下属捕捉匪首曾阿三、黄悟空等伏法，继而根绝“花会”“会党”等恶习，使这一带的风气得到前所未有的净化。当地人称赞谓“治潮（州）者，前有韩昌黎（愈）”，今“惟璋煜一人”，遂有“昔韩今李”之称誉。人们竖碑刻像以表彰他。后调任浙江按察使，又转广东按察使，升广东布政使。所至皆以“绥贤良，除强暴，敦教化”为务，政绩卓然，士民称颂。道光三十年（1850），李璋煜以病告归。李璋煜生平任职的地方都是江南富庶之地，因此他的金石古籍收藏也颇为丰厚。

道光二十五年（1845），陈介祺33岁时，曾到李璋煜在诸城的府第连住数日，并仿秦小篆作对联。道光二十八年（1848），陈介祺36岁时，母亲丁氏去世。冬初，陈介祺归潍县葬母，“悉尊礼经，扶柩归葬，徒步千里未尝骑乘”，葬母后游周围各地，分别到高密、胶县(今胶州)、胶南（今黄岛），后去诸城岳父家。道光二十九年（1849），陈介祺37岁时，父亲陈官俊病逝，十月底扶先父灵柩归里，十一月十三日抵潍，十二月初安葬后，又到诸城岳父李璋煜家住数日。在短短的几年间，陈介祺连葬父母，每次返回潍县故里，都要到诸城岳父家，可见他对岳父李璋煜十分亲近和信赖。直到同治七年(1868)，陈介祺56岁时，又去了一次诸城，并在初秋九月，畅游了踪甲山和五莲山。

李璋煜回故里后，闭门谢客，不参与也不干预外事，整日辅导子孙读书习文。有时同其兄李仁煜一起鉴赏金石，切磋技艺，研讨学问。他的女婿陈介祺，自小受仁煜、璋煜两位长辈的影响，对金石研究日趋精深，后成为著名的金石学家。在喜好金石的同时，李璋煜还工诗善书，其作品内容大多写为仕之道，有《洗冤录辨证》一卷、《视已成事斋官书》六卷、《月汀诗文集》四卷、《律例撮要》十二卷等传世。

李璋煜还与朝鲜文士金氏交往甚密，二人书信往来不断，今诸城市博物馆中藏有李璋煜信札及金氏字卷。

民国时期的《诸城县志》有这样一段记载李璋煜的文字："李璋煜嗜金石文字，藏获甚富，最著有商父癸爵、兕形父乙举器、汉大梁鼎。撰有《爱吾鼎斋藏器目》一卷、《灵鹣阁丛书》数本。陈介祺为撰《日照许氏诸城李氏金文拓本释》，所谓'诸城李氏'即其岳父李璋煜所藏。"李璋煜又喜藏书，且多善本。有抄本朱文藻《说文系传考异》二十八卷，《附录》二卷；抄本桂馥《说文解字义证》五十卷，并钤有"东武方赤收藏"印，今藏国家图书馆。

对陈介祺影响大的，不仅是他的岳父李璋煜，李璋煜的哥哥李仁煜对陈介祺金石爱好的影响，也很深刻。

李仁煜，字书山，号溪亭，乾隆三十年（1765）中举人。但李仁煜不愿为官，性喜读书，在家乡广泛收集古书，专建一楼贮存，号称"万书楼"。李仁煜每日沉浸于书中，每读一书必亲自校正，并将书精心包装珍藏起来。从"万书楼"，我们可以看到陈介祺"万印楼"的原型。李仁煜嗜金石，精于鉴赏。他收藏历代碑帖、钟鼎彝器颇多，每一件都考证其源。他专门建一屋，以存放古物金石等，自名为"爱吾鼎斋"。还专门到宜兴订做自己用的茶具，上用隶书体写上"爱吾鼎斋记"。晚年，李仁煜喜得一枚由城南出土的汉"石洛侯"金印，他欣喜若狂，悉心研讨，考证此印，十分精详。他还将"石洛侯"金印印模与其考证合为一幅（该幅印模及跋考

"爱吾鼎斋"印章

今存于诸城市博物馆)，悬挂于室，细细欣赏。

李仁煜与精于碑帖考证的曲阜金石学家桂馥相友善，每得古器及有疑问，都寄信到曲阜桂馥处与之商榷。有时观点不同，则书信频频予以辩论。李仁煜又善隶书书法，当时县内能得其墨迹者，皆珍藏之。著有《吉金贞石山房文稿》四卷、《书山诗稿》六卷、《书山杂著》四卷等传世。

第三节 学宗巨擘 言传身教

青年时期，影响陈介祺最深的，除了他的岳父外，还有两位重要人物，一是位乾嘉道三朝元老、大学士（宰相）阮元，另一位是他的山东老乡，诸城人刘喜海。

阮元像

阮元是清代前中期的一代学宗，也是当时的金石收藏研究大家，官至大学士，他竭力倡导收集研究我国历代的金石文物，带动了一大批高层文人互相传递古物出土及收藏信息，互相馈赠金石文字拓本，把金石学研究推向高潮，在他周围聚集了一个以官员和学者为中心的金石圈。他主持撰写《山左金石志》24卷，对山东乾嘉之际的金石学兴盛贡献很大。

阮元（1764~1849)，字伯元，号芸台，又号雷塘庵主，晚号怡性老人，谥文达，扬州仪征人。少年即笃志坟典，25岁（乾隆五十四年，1789年）成进士，入翰林院任庶吉士，四年后授编修，受乾隆赏识入值南书房，后出任山东学政、浙江学政，嘉庆三年（1798）返京，任户部左侍郎，会试同考官，不久又赴浙江任巡抚，抚浙约十年。在任期间，除吏治军政之外，又纠合浙江文人，编书撰述不辍。嘉庆六年（1801），在杭州建立“诂经精舍”，聘王昶授词章，孙星衍授经义，培育英才。以嘉庆十年丧父，服除，任职兵部，又先后出任湖南巡抚、浙江巡抚。此后，又曾先后任江西巡抚、两广总督。在粤期间，建议禁鸦片，对英商采用较严厉的政策。嘉庆二十五年（1820），在粤创立“学海堂书院”。道光六年（1826），迁云贵总督，旋又晋升体仁阁大学士，在道光十八年（1838）辞官，返扬州定居，先后加太子太保、太傅。

阮元在潍县游览考察时，写下过一首名诗：

五千年下读遗经，潍水桥东马暂停。
海右无如此间古，斟寻亭北是寒亭。

诗中盛赞潍县有海右最古老的文明史，并指明夏代的斟寻国和古寒国就在这里。

陈官俊是在阮元担任主考官时期中举，所以他是阮元的门生。而阮元既是乾隆时期的内阁大学士兼军机大臣刘统勋的门生，又在刘统勋之子刘墉担任主考官时中进士，还与刘统勋之侄刘镮之关系十分密切。由于既是恩师又是老乡，所以从阮元到刘统勋，再到刘墉，再到刘镮之、刘喜海，再到陈官俊、陈介祺，他们的仕途是一脉相承的。自嘉庆十三年（1808）陈官俊中进士以后，除偶有学差外出，刘镮之基本在京为官，且在陈官俊中进士后不到三年时间已官至兵部尚书。其后历任刑部尚书、户部尚

扬州毓贤街阮元家庙遗迹

书、吏部尚书等要职。作为同乡晚辈，陈官俊经常到刘府走动。因此青年时期的陈介祺就成为刘喜海的学生和忘年之交。

阮元毕生仕宦特达，但撰述编纂工作未尝稍辍。早岁编集金石书画目录，为《石渠随笔》《山左金石志》。任浙江学政时邀臧庸兄弟、何元锡、陈鳣等学者编《经籍籑诂》一百一十六卷，于嘉庆五年（1800）刊行，翌年刊刻清初以降浙江诗人作品为《两浙辅轩录》四十卷。第二年又立“诂经精舍”，刊《诂经精舍文集》十四卷。丧父守制期间，刊《十三经校勘记》，又搜罗《四库全书》未收书，编为目录进呈御览。数年后，撰成《畴人传》五十九卷，为中国历代天文历算家之专门史。道光二十一年（1842）刊刻宋本《十三经注疏》；创立学海堂期间，刊《学海堂丛刻》。阮氏亦重视修志，所修志书著名者有《广东通志》《云南通志》《扬州图经》等。其中《扬州图经》以图为经，可称创例。阮元的文集为《揅经室集》五十七卷。

早在阮元任山东学政的时候，就收取陈介祺的父亲陈官俊为门生并亲自授学。陈官俊不负所望，不仅先后做过五部尚书，还兼任协办大学士（副相国）。陈介祺后来以小门生的身份向德高望重的阮元大学士求教，得到过阮元的称赞赏识，阮元称赞陈介祺“天机清妙”，并多方面给予指教，使他从年轻时备受鼓舞，坚定信心，一生痴迷于金石学的研究。陈介祺在数十年后给亲友写信时还多次提及阮元的教诲，可见陈介祺与阮元的金石师缘之深切。

对陈介祺影响至深的，还有一位诸城官员刘喜海。刘喜海(1793~1852)，字燕庭，诸城逄戈庄（今属高密）人。

刘喜海为大学士刘统勋之曾孙，大学士刘墉的侄孙，兵部尚书刘镮之之子。嘉庆二十一年（1816）举人，道光四年（1824）授户部员外郎，后为户部郎中。道光十三年 (1833) 外放为福建汀州知府。母忧归里，服除后，又任命为陕西延榆绥道、权潼商道。后升为四川按察使、浙江布政使、浙江巡抚等职。

刘喜海继承家训，廉洁奉公。任汀州知府时，当地民风强悍，土地贫瘠，有官吏暗中指使属下挑拨乡民械斗，从中索取贿赂。刘喜海到任后，摸清实情，严加惩办。他为官多省，都能兴利除弊，所辖之地政通人和。

刘墉画像

历史上，最早辨识和研究封泥的是刘喜海，但他收藏的封泥数量较少，研究也不深，属于刚刚起步阶段，真正后来居上的是陈介祺与吴式芬父子，他们共同将封泥的收藏研究之业做强做大，形成了学术规模。另外，对于古钱币陶范（模具）和唐代善业泥佛像的收藏也是这样，善业泥是佛教老僧圆寂后信徒们将遗体火化剩下的骨灰，加水掺入土中和泥做成的佛像，这类佛像因泥土中掺有老僧的骨灰而备受善男信女的崇敬，大部分做得十分精致，而且很多背后或底座上有铭文，唐代出土最多，以前的金石学家们不重视，无人收藏研究。自刘喜海发现后，陈介祺又步他的后尘，大量收藏，不仅委托苏亿年从西安古玩市场代购，在刘喜海去世后还将他藏品中品相好的善业泥佛像悉数购来。对于泉范（古钱币陶范）的收藏也是这样，他受刘喜海启示刚开始收藏泉范时，只得到一枚，而这时刘氏已收藏了 20 多枚，后来陈介祺收藏的泉范多达 110 枚，正是青出于蓝而胜于蓝。

刘喜海酷爱金石，凡足迹所至，无不留心物色金石。在汀州时得苍玉洞诸题铭，在陕西时得曹植碑。他所藏的造像、石刻、钟、鼎、钱币等不可胜数。刘喜海不但广为收藏，且精于考证，著作若干。《古泉苑》一书，收古钱 4600 余种，在当时有“所存古泉，富甲同仁”之称。可惜当时未能刊行，后经钱币学大家丁福保搜集整理，于 1935 年刊印出《泉苑精华》。刘喜海著作还有研究四川碑刻铭文的《金石苑》《长安获古编》，研究朝鲜古代铭文的《海东金石苑》，考释朝鲜古代铭文的《海东金石存考》。此外，他将自己的收藏编目造册，以《嘉荫簃藏器目》为题刊出，另有《嘉荫簃论泉绝句》二卷。

刘喜海与陈介祺同样出身于名门相府，但刘氏比陈介祺大 20 岁，与其父和其岳父李璋煜曾共同在京任职，既是父辈又是乡亲。因刘氏字燕庭，所以陈介祺以“燕翁丈”相称。刘喜海一生对金石收藏研究达到痴迷程度，为此丢掉官职都毫不在乎，他在金石学与收藏方面对陈介祺青年时期影响也非同小可。

早在道光十八年（1838），陈介祺 26 岁时，刘喜海就刊刻了

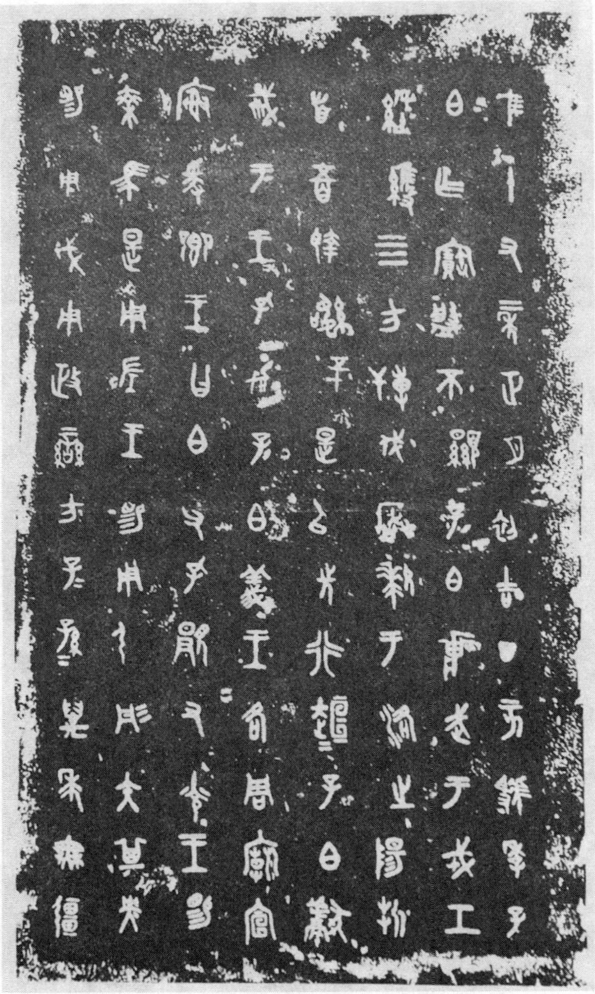

虢季子白盘拓片

他的金石著作《清爱堂家藏钟鼎彝器款式》，陈介祺得之如获至宝。道光二十一年（1841）春天，陈介祺29岁时，刘喜海来京，将著名的“虢季子白盘”拓片赠送给陈介祺，使他亲眼目睹了这件国之重宝的真容。当年六月，陈介祺作虢季子白盘考释数百言，直到道光三十年(1850)，他38岁时，还补作该盘的考释近两千言，可见陈介祺对刘喜海所赠的重视。

咸丰元年（1851），陈介祺39岁时，钤拓自己的第一部金石巨著《簠斋印集》时，还借用了刘喜海100多方藏印印拓。该印集12册，收官印317方，私印1931方，封泥137方，并附载虎符、龟鱼符等，其中除了借用刘喜海的百余方印拓外，其余皆为自藏，由此可见他们的关系密切，绝非一般。值得一提的是，这部著作成书，得力于刘喜海、李璋煜和叶志诜、吴式芬、吕尧仙、朱筱沤、陈怡堂等人的资助（他们纷纷出资订购这部印集）。

道光二十九年（1849），陈介祺由京回潍安葬父亲陈官俊后，赴诸城时，正是刘喜海被夺官归里的时候，这时他顺便拜访刘喜海是自然而然的事情。

刘喜海在陕西做官时得到吴中出土周代铜器、秦诏版、汉封泥、新莽十布古钱等珍品；在四川任按察使时，收集到宋代多种铜钱和保存于巴蜀的历代碑刻拓本等。陈介祺拜之为师，以同乡和晚辈的身份与之交往，获益匪浅，并转手得到他收藏的许多古青铜器及古玺、封泥等。陈介祺40岁的时候，刘喜海因病去世，陈介祺将刘喜海的《海东金石苑目跋》和《论泉绝句》等都交给金石好友鲍康刻版，并极力敦促收入鲍康出版的"观古阁丛书"中；另外，陈介祺还在民间搜寻到刘喜海未刻完的著作《长安获古编》，也交给鲍康重新刊刻。此后，他给鲍康多次去信催促，并称"弟与燕翁丈至交，甚念甚念。吾兄当亦同，有可刻者，必勿掩之"，希望能为刘喜海留下著作，足见他对刘喜海情深谊厚。

刘喜海留下的重要藏品也被陈介祺相继收购，其中刑仁钟、兮仲钟、纪侯钟、虢叔旅编钟等，成为陈氏著名的"十钟山房"藏品；刘喜海的秦诏版、泉范、唐善业泥佛造像等珍品也都被陈介祺继承。

第四节　风华十年　醉心金石

陈介祺娶妻第二年的九月生下长子，取名厚钟，这年是道光十三年（1833），他21岁。23岁那年，陈介祺在山东乡试中举人，他的山东老乡日照人许瀚也同时中举，曾任山东学政的何凌汉的儿子何绍基在湖南乡试高中解元，吴式芬中进士，李佐贤也成进士，他们以后都成为陈介祺金石研究的密友，何绍基还成为著名的书法家。

清代的陈官俊相府位于北京西安门（西四东西皇城根经板库街中间栅栏门内路北大门）。陈介祺42岁归故里前，久居于此。

从中举的道光十五年，到中进士的道光二十五年，这期间过去了整整十年。这十年是父亲陈官俊官运最为通达的十年，其时，他将府邸修建在京城的西安门附近，也就是北京西四东西皇城根内经板库街，是一座高台阶的豪门大宅。他从殿试读卷官，到户部右侍郎兼管钱法堂事务，到吏部右侍郎，到经筵讲官，到工部尚书，到署理兵部尚书，到礼部尚书兼工部尚书，到吏部尚书兼协办大学士（副相国），真是一步一重天，直达青云端。这十年，也是风流倜傥的京城名士陈介祺如鱼得水的十年。这十年中，他不像绝大部分同龄学子那样，头悬梁、锥刺股地苦读，锲而不舍地追求功名，而是背靠大树，从容不迫地去追求学识，他沉浸于博大深奥的古代历史文化，致力于金石学的考证与研究。金石学是近代考古学传入中国前，以古代铜器和石刻为主要研究对象的学问，近似欧洲的铭刻学，被视为中国考古学的前身。研究对象属零星出土文物或者传世品，未经科学发掘；偏重于铭文的著录和考证，以证经补史为研究目的。这门学问形成于北宋，至清代正式有“金石之学”的命名。

从西汉开始，已有人研究古代文字，考释古铜器，整理竹简，记述古迹。但研究者少，无专著问世，没有形成一门学科。北宋统治者奖励经学，提倡恢复礼制，对古物的收集、整理和研究出现热潮；墨拓术及印刷术的发展，为金石文字流传提供了条件。在此背景下，金石学逐渐产生。宋仁宗时的刘敞，刻《先秦古器图碑》（已佚），对研究金石有开创之功。吕大临撰《考古图》，在编古器物书的体例方面多有建树，该书是流传至今的最早的古器物图录。其后又有《宣和博古图》《历代钟鼎彝器款式法帖》等铜器著录书，《集古录》的《金石录》《隶释》等石刻著录书，金石研究已相当兴盛。元明时期金石学成就较少，《河朔访古记》和《古玉图》为代表性著作。另有《格古要论》，是中国早期的文物鉴赏书。

金石学成为一门独立学科，始于北宋，并出现了一批对后学影响深远的金石学家和专著，当世名儒多投身其中，赵明诚便是其中杰出代表，他历经二十年搜集收藏两千卷金石碑刻，整理成集，撰成宋代金石学集大成之作《金石录》，共三十卷，通过叙述个人生平及金石碑刻的搜集整理和成书过程，力图完整阐释《金石录》在金石收藏领域的地位及其内在的史学价值。

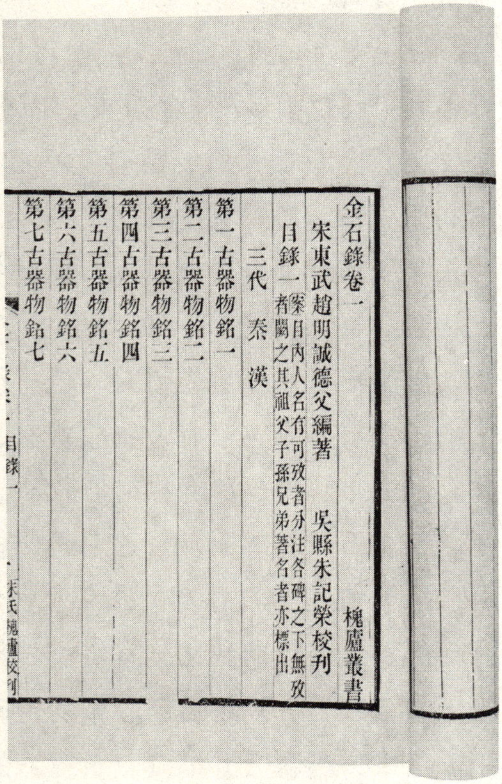
金石錄卷一　槐廬叢書
宋東武趙明誠德父編著　吳縣朱記榮校刊
目錄一　案目內人名有可攷者亦注各碑之下無攷者闕之其祖父子孫兄弟著名者亦標出
三代　秦　漢
第一古器物銘一
第二古器物銘二
第三古器物銘三
第四古器物銘四
第五古器物銘五
第六古器物銘六
第七古器物銘七

《金石录》书影

清代以后的金石学，受乾嘉学派影响，进入鼎盛时期。乾隆年间曾据清宫所藏古物，御纂《西清古鉴》等书，推动了金石研究的复兴。其后有《考工创物小记》《积古斋钟鼎彝器款识》《攈古录金文》《愙斋集古录》《缀遗斋彝器款识考识》《寰宇访碑录》《金石萃编》《古泉汇》《金石索》等书，均为有成就的金石学著作。这一时期研究范围扩大，对铜镜、兵符、砖瓦、封泥等开始有专门研究，鉴别和考释水平也显著提高。

陈介祺年轻时即"以诗文名都下"，这在当时文人雅士云集的京师殊为不易。陈介祺在京期间，虽主要精力在翰林院从政，但其金石收藏研究也取得了世人瞩目的成绩，并得到了京城金石界的认可。陈介祺生活在乾隆嘉庆之后的年代，正是我国金石学研究的高峰时期。

从容媛《金石书录目》中可以看到自北宋至清代乾隆以前700余年间仅有67种金石书，而乾隆以后的金石著作多达906种。清代金石学者精于鉴别，考证严谨，研究范围更广泛，收集资料更丰富，考释文字的水平也大为提高，尤其对石刻史料的整理汇集工作开展得普遍深入，成就斐然。随着各类地下文物的出土面世，给金石学研究提供了丰富的参考资料和鲜活的评鉴实物。陈介祺近水楼台先得月，他交往的士大夫阶层中，有饱读诗书的国宝级专家，也有古物收藏家、鉴定家和金石学家。在这风华正茂的十年中，陈介祺醉心收藏金石古玩以及古文字拓本，广泛结交金石研究的朋友。这期间，翟云升编撰的《隶篇》初稿成书。陈介祺与金石好友吴式芬、许瀚、刘喜海、何绍基、王筠、许梿等以及自己的叔父陈官侨、表叔谭怡堂、岳父李璋煜都先后帮助翟云升，分别将自己收藏的隶碑拓本贡献出来，供他编书所用。后来，当翟云升编撰《隶篇》的续集时，陈介祺又将他新收集的杨著碑、杨震碑、汉尚浴府金行烛盘拓本提供给他。吴式芬委托陈介祺将自己收藏的沙南侯碑钩本、二敏碑摹本、比干墓题字等珍贵文献转寄给身在莱州的翟云升。翟云升则将自己收藏的吉金录全册赠给陈介祺，并将郑道昭在莱州云峰山和平度天柱山的巨幅摩崖石刻等拓制下来，寄赠陈介祺。云峰山在莱州城南十五华里处，山上因有北朝刻石而驰名中外。山上共有大小刻石三十几处，其中北朝刻石十九处，宋朝刻石十处，明清刻石各两处。除一处明朝刻石在山之阳，其余均在山之阴。刻石以山势取之，或矗立，或斜倚，或偃卧，嵌空叠架，姿态各异，由山麓散布到山顶，构成了云峰山的天然碑林。其中最负盛名的有《郑文公下碑》刻石、《论经书》刻石、《观海童诗》刻石等。

翟云升书法

《郑文公下碑》是北朝大书法家郑道昭在任光州（现莱州）刺史时，于北魏永平四年（511）所书，距今已有1470多年的历史。碑高3米，宽4米余，全碑文1236字，刻工精巧，字迹清晰，保存完好，是他的代表作。

郑道昭痛感其父政德未在任所流芳于世，便相约父之同僚恭述其父郑羲一生的“崇高德行”，镌刻于道昭任所之山。于北魏永平四年（511）先在州治光州所辖的平度天柱山之阳，刊一郑文公碑。同年又在云峰山之阴觅得佳石，复刊一郑文公碑。碑末云：“永平四年岁在辛卯刊，上碑在直南四十里天柱山之阳，此下碑也，以石好故于刊之。”因此称天柱山之碑为上碑，云峰山之碑为下碑。

郑文公碑的价值，不在于它记载郑道昭的家世功德，而是它的书法艺术价值，它为我国的书法艺术从隶书向楷书发展奠定了基础，是研究我国书法源流的珍宝。郑道昭所处魏晋南北朝时期，正是我国书法大发展、大变革时代。郑道昭取众家之长，力图创新。他题写的碑额“荥阳郑文公之碑”七个大字，多用方笔。露锋出笔。捺笔成角等方面都有造像记的笔意。碑文书法具有造像记式的刚健骨架和豪放气概；用笔全部改用方中掺圆，含有篆味，又融以隶书的结体，这就是改变了造像记棱角峥嵘、挺拔轩昂的面目，而锤炼成锋芒内敛、骨固筋强、更为凝练的形

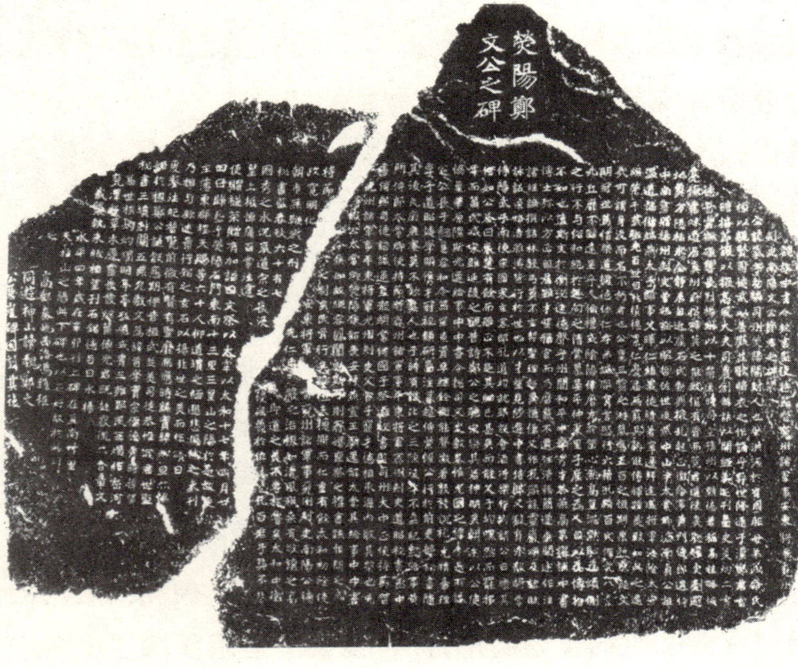

《郑文公下碑》拓片

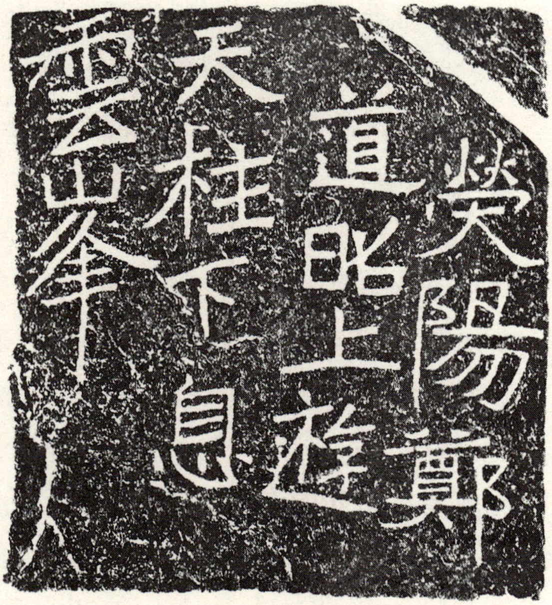

云峰山“下游息”题字拓片

象，如百炼钢已化为绕指柔，较之北朝诸刻中，神韵独胜。这显示了郑道昭书法艺术的崭新风貌。

在莱州城南约四十华里，平度城北五十华里，大泽山镇的北隋村以北三华里处，有一座“孤峰秀峙，高冠霄星”的山峰，就是闻名的天柱山，古时称“高宝山”。《郑文公上碑》刻在丛山深处的峭崖上，镌成之后曾五六百年之久寂然不为人知。北宋末年，金石学家赵明诚在其编著的《金石录》里首次予以收录，也并未引起人们的关注，直到清代中后期，一批杰出的书法艺术家，如阮元、包世臣、叶昌炽、康有为等，因不满流于庸俗的馆阁书体和萎靡柔弱的帖学书风，大力提倡粗犷雄浑、豪逸疏宕的魏碑书法，于是隐藏了千年之久的魏碑珍品《郑文公碑》终被世人所知。阮元以金石学家的身份，精研书学，著《南北书派论》，崇北抑南，并亲登云峰山访碑，收入《山左金石志》。陈介祺收到翟云升寄来的云峰山和天柱山郑道昭的十几处摩崖碑刻的拓片后，非常珍视，他又将自己的三公山碑拓及汉钲、汉钫钩摹本赠寄给翟云升，作为回报。陈介祺又去函求托翟云升转赠胶西张不群四种吉金摹本，还打算出五十金求购张不群收藏的曹党生造像等五种造像石刻和汉代黄羊铜镜。道光十八年（1838），翟云升的《隶篇》刊行时，陈官俊亲自为其作序并大力倡导帮他筹资刻版印刷，陈介祺和他的亲友们都纷纷出资订购此书。从这些频繁的活动和书信往来中，可以看到年轻的陈介祺对挚友的热心相助，也能看出他对金石文字的爱好已达到痴迷程度。

在中举而未进仕的十年中，陈介祺还结识了一位挚友，那就是同年中举的山东老乡许瀚。

许瀚（1797~1866），字印林，山东日照人，自幼博读经史与金石文字，道光五年（1825）选为拔贡，次年进入京城国子监，道光十五年（1835）中举。他是山东学政何凌汉的门生，深得何凌汉赏识与信任。他曾寄住在何氏的家中，与何凌汉的两个儿子何绍基、何绍业朝夕相处，切磋金石训诂之学，并广交京都有学识的文人学士，被龚自珍推崇为“北方学者第一人”。许瀚与陈介祺是同乡同科举人，又都是京城金石好友圈子里的人，所以交往至深。陈介祺早期于咸丰元年（1851）出版的《簠斋印集》就是由许瀚、何绍基、吴式芬共同审定并出资刊印的。在这期间，许瀚住在北京郊区，陈介祺则随其父居住在京城中心皇城根的“经板库”，许氏每逢进城办事，都要顺便到陈府相聚叙谈。年轻时期的陈介祺从这位兄友知己那里学到大量金石知识。后来，许瀚返回故乡山东后，被吴式芬聘为塾师，专司教导他的两个儿子，所以他也是陈介祺之婿吴重憙的恩师。正是由于有吴式芬、陈介祺和许瀚合力教诲，才将吴重憙培养成国之重臣、封疆大吏。许氏去世后，他的部分遗稿转交给陈介祺，陈氏尽力帮他出版印行。为他编写了《日照许氏金文册目释》，还校订了他的《攀古小楼砖瓦文字》《攀古小楼款识释文》等著作。

在中举后的第二年，陈介祺拜访吴式芬，在他家中遇到了来访的许瀚，经吴式芬介绍，两人一见如故，谈得十分投机。

后来他们又共同去琉璃厂观看孙星衍的书，并一同访问了丁竹溪。十多天后，陈介祺听说许瀚要到河北定州等地应顺天学政潘锡恩的邀请批阅童子试和庠生生员的试卷，急忙到京郊许瀚的寓所，为他送行。同年十月底，许瀚回京后，专程到西安门附近皇城根内经板库陈府拜访陈介祺，并拜见了其父陈官俊，两人遂成至交。

道光十九年（1839），27岁的陈介祺见到许瀚的《六君子砖合本》后，为他题诗：

> 道大谁为倡，河间尚好贤。
> 嵚奇六君子，堙没几千年。
> 断甓今犹在，斯人古已传。
> 愿言从许子，相与试磨砖。

同年六月，许瀚又来陈府，观看陈介祺从翟云升那里得到的云峰山和天柱山郑道昭等十种刻石碑拓及佛像。同年九月，许瀚写信给他，并赠送琉球产的笺纸，还将山西平定州的优贡生张穆推荐给陈介祺，使他见到了张穆的著作《顾炎武年谱》和《蒙古游牧记》等，两人从不断的金石讯息交流切磋中获益匪浅。

同年十一月，陈介祺不辞劳苦，到京郊三次访问许瀚。同年十二月，许瀚离开京城返回故乡山东日照。许瀚这位金石大家和文化学者在京城居住十多年，收藏的各种书籍有万卷之众，他与京城的许多学者名流都有较深的交往。人们非常看重他的渊博学识，陈介祺也感同身受。道光二十四年（1844）四月，陈介祺宴请许瀚和在京的潍县同乡。从以上两人频繁的交往和学术的交流，我们可以看到他们的密切关系。

第五节　喜得宝簠　考释虢盘

在中举而未仕的十年中，陈介祺得到了一件青铜重器，那就是曾伯霥簠。铜簠，即古代文献里的“胡”和“瑚”，是古人用来盛稻粱的用具，它的用途相当后世的盘子。长方形，口向外侈，盖上有两耳，器上有四个短足，盖子与器物的形状大小相同，合上成为器盖，打开来时就成为相同的两器。簠只通行于周代中期，战国以后日渐衰退。商代和秦汉时代，都没有簠。早期的簠特点是足短，口向外侈；到春秋末期，簠的足渐变高，器变深，这是断代的特征。但青铜簠绝不是通常人们家用的食物容器，而是王侯社稷宗庙的礼器，祭祀天地人神的神圣器物，所以传世极少，十分珍贵。尤其带铭文的，特别珍贵。

道光十九年（1839），陈介祺 27 岁时，年纪轻轻，就得到这么一件带有长篇韵语铭文的春秋古器，可谓十分幸运。铭文记载曾国的国君曾伯参与征伐淮夷的战争，终于打开江淮间铜锡矿产

曾伯霥簠

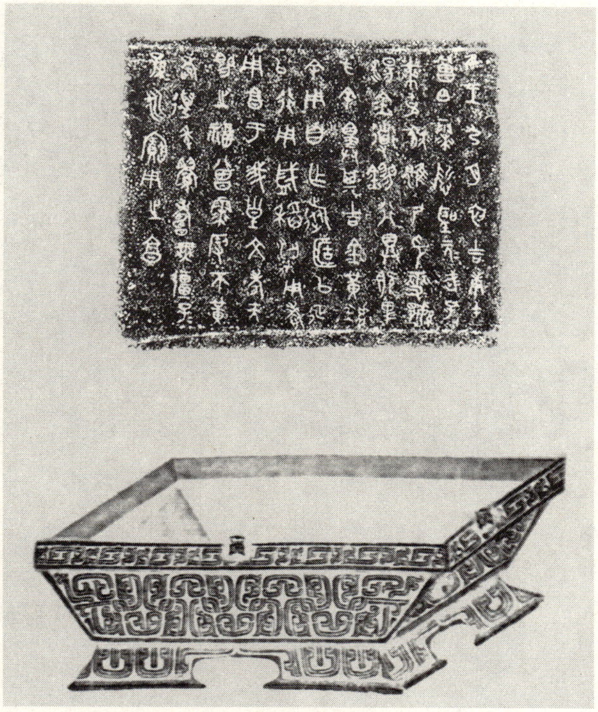

曾伯霏簠铭文拓片

输往中原内地的通道。这件宝簠原为浙江宁波周小波收藏，底部有 90 多字的铭文，器形精美，锈色厚重，铭文清晰，载史翔实，是一件千载难逢的宝器，陈介祺得到后欣喜至极，不仅将他的居室命名为“宝簠斋”，还将“簠斋”作为自己的号，沿用终生。

两年后，山东老乡刘喜海来京，赠给陈介祺一份意想不到的重礼——虢季子白盘拓片，这使他喜出望外。他在反复考证后，写出该盘的考释论文。道光末年，应吕佺孙的索求，他又补考两千多字，为考释这件著名青铜器的铭文做出重大贡献。

虢季子白盘与毛公鼎、大盂鼎、矢人盘一起，被誉为晚清出土的四大国宝。青铜盘是商周时期王室贵族用于盥洗、存水之器，造型多样，但虢季子白盘器形奇特硕大，呈直口鼓腹长方体形，是我国迄今已发现的商周青铜大盘中的孤品。盘口为长方形，直口斜壁，深腹，四壁各有一对兽头衔环耳，并布满粗犷端庄的云纹，四足作矩形。虢季子白盘长 130.2 厘米，宽 82.7 厘米，高 41.3 厘米，重 215.5 公斤，为迄今发现的形体最大的青铜盘，整体造型雄浑厚重，显示了我国古代的冶炼技术和铸造工艺

虢季子白盘

的高水平，是西周工匠高度智慧和精湛技艺的结晶。

虢季子白盘最引人注目的是在盘内底部的 111 字铭文：

> 唯十又二年，正月初吉，丁亥，虢季子白作宝盘。丕显子白，壮武于戎工，经维四方，搏伐严狁，于洛之阳，折首五百，执讯五十，是以先行。桓桓子白，献聝于王。王孔嘉子白义。王格周庙，宣廟爰飨。王曰：白父孔景有光。王赐乘马，是用佐王；赐用弓，彤矢其央；赐用钺，用政蛮方。子子孙孙，万年无疆。

其大意为周宣王十二年（前 816）虢季子白铸此宝盘。其缘由是，宣王十二年发生了一场西周王室军队驱逐严狁（古匈奴）骚扰王畿的战争，自己受宣王之命，率兵去洛河北部参战，斩首五百，俘敌五十，战争胜利结束后，宣王在都城镐京祖庙的宣榭宫中举行献俘、祭祖仪式。宣王设宴庆功，赏赐战功卓著的虢季子白乘马、弓矢、斧钺以示嘉勉。故特作此盘永志纪念。

这篇铭文记载了距今 2800 多年前周宣王时期的一段史实，

语言凝练，句式工整，字体拙稚，对研究西周历史和古代文字均具重要价值。

虢季子白作为诸侯小国国君获此殊荣，特铸此盘刻文记事，以便永传后世。谁知仅过45年即发生重大政治动乱，公元前771年，周幽王被犬戎杀死于骊山，西周王室仓皇东逃到洛阳，西周灭亡。据推测，虢季子白盘的继承人在避难出走之前，把它埋入土中，谁知其主人再也没能回来，在地下沉睡了两千多年后，在陕西宝鸡虢镇附近出土。清光绪《庐州府志》记载，清道光年间，当时眉县的县令徐燮，在宝鸡县虢川司一农民家中看到一个给牲口饮水的大铜盘，他见此盘古色斑斓，盘底铭刻古篆文，知非寻常之物，便命随从搬回县衙，公务之余欣赏把玩，后来把它运回家乡江苏常州城内保存。

太平天国运动爆发后，淮军将领刘铭传奉命赴江苏南部与太平军作战，同治三年（1864）四月攻入常州城，驻扎在太平天国护王陈坤书的王府内。一天晚上，他在灯下看书，忽然听到外边时断时续地传来金属碰撞之声，感到奇怪，便提灯出室，循声寻觅，到廊房里看到一匹马在吃草料时，笼头上的铁环碰到“马槽”而发出声音。他举灯细看，这“马槽”并非木、石制作，又深又宽，四面刻有花纹，用手敲击有声，方知是铜制。第二天，他让马

刘铭传像

夫把它洗刷擦拭，拿到阳光下仔细审视，发现盘内底部刻有八行古文，他虽武夫，却颇通文墨，喜读兵书古史，并有诗名，认定此盘为不可多得的珍贵古物，值此征战时期，不便保管携带，便派专人运回安徽肥西县老家中。

他解甲归田后，在府第内特建精致的“盘亭”珍藏此盘，并作《盘亭小录》，记载偶得宝盘经过及盘的形制、铭文情况，令家人不得外泄，且常年锁亭，轻易不肯示人。

这就是这件宝物的传奇，当时它的拓片未曾在世上流传，神龙见首不见尾。刘喜海居然将自己在陕西做官时得到的虢季子白盘拓片赠送给他，使陈介祺感到莫大的荣幸，因此他格外认真地研究和考释了上面的铭文。

第六节　目光如炬　力辨真伪

在中举未进仕途的十年中，陈介祺的亲属也发生了一些变故。首先是他的叔父陈官侨考中举人，任内阁中书，仕至内起居主事，成为皇帝的内务生活主管。27 岁那年，陈介祺的次子陈厚滋诞生，陈厚滋成年后，成为他金石研究的主要助手。在陈介祺 33 岁中进士的那年夏天，母亲丁氏因患痢疾，久治不愈，差点亡故，直到中秋节后才慢慢好转。这年秋天，他还专程回山东故乡，到诸城岳父李璋煜家住了多日，在此间，仿秦代小篆撰写了书联。

在陈介祺中进士的上一年，他与叶志诜发生过一次金石之争，起因是叶志诜得到一件周代遂启諆鼎，鼎上本来只铸有九个字的铭文，但出土地方的古董商人为了多赚钱，在鼎上伪刻了二百九十多个铭文，成为洋洋巨篇。众所周知，青铜器不仅以器形和年代计价，尤以上面所铸铭文字数多少计价，它的研究价值也以铭文多寡而定。因此，叶志诜是花了重金买到的，这件鼎立刻轰动了京城金石界。

叶志诜（1779~1863），字东卿，湖北汉阳人。做过户部郎中，著有《湖北金石录》《平安馆金石文字》《金山鼎考》等。叶志诜跟陈官俊素有交往，并且与李璋煜在金石研究方面交往深厚，是陈介祺在京居住时的一位密友。后来，他的儿子叶名琛累官至两广总督，他晚年辞官后随儿子客居广州官署。不幸的是，鸦片战争后，他的金石书画藏品都被英军的炮火炸毁，在战争的废墟中仅保存了一批三代古玺印约两千七百余枚，后来被广东收藏家何昆玉收购。由于叶志诜爱好金石收藏，但鉴别能力不足，常买到赝品，常年积累的结果是赝品众多，但仍不能辨明真伪。因为陈介祺常常指出他藏品中的问题，所以他对陈介祺亦有不满之时。看到周代遂启諆鼎之后，陈介祺经过认真的观察鉴定，凭借深厚扎实的金石学功底，他认为此鼎的铭文多为后人伪刻。这就惹恼了叶志诜，叶志诜固执地认为鼎是真品，铭文也假不了，而且写了歌赋来记载和传颂这件事情，京城竟有四十多位官员和社会名流写诗唱和或盲目作文考释。但历史证明陈介祺不仅有如炬的辨伪目光，而且有力排众议的胆识，这年他仅 32 岁。

道光二十五年（1845），陈介祺 33 岁那年，是他人生步入辉煌的一年，这一年他不仅高中了进士，还被皇帝钦取一甲第十名，由内阁中书选入翰林院，成为编修，正式步入仕途。而且，在试前试后，他结交了两位重要人物。

一位是他的同科进士，同乡张兆栋，考取了三甲第十八名进士，虽未被选入翰林院，却也被派为刑部主事，后来官运亨通，一直做到广东巡抚、署两广总督，再后任福建巡抚。张兆栋住潍县城西门里，府邸与陈府相距不到一华里，潍县人叫“烟袋头子街里”，所以两人的关系非常密切。他在广东任上时，受陈介祺

张兆栋水晶大印

之托，代为协商收购叶志诜收藏的二千七百多方古玺印。张兆栋在广东多方搜寻，查明这批古玺印被收藏家何昆玉收购，于是又亲自出面动员何昆玉将这批古玺印卖给陈介祺，为陈氏的万印楼藏品增添了巨大的数量。直到陈介祺去世前的72岁那年，张兆栋在福建巡抚任内还受陈氏之托，帮助购买周代侯驭方鼎，并经过不懈努力，办成了这件事。所以，两人的友情始终是深厚的。

张兆栋（1821~1887），字伯隆，号友山。道光二十三年（1843）癸卯科举人。道光二十五年（1845）乙巳恩科进士，授刑部主事，累迁郎中，曾外放陕西凤翔知府，正值农民起义，守城一年四个月，立下军功，提升为四川按察使（三品），未到任，连任布政使（二品）。咸丰四年（1854），调至广东任布政使，又任安徽布政使、江苏布政使。咸丰九年（1859），擢升为漕运总督。咸丰十一年（1861），调任广东巡抚。

当时广东赌风很盛，尤以“闱姓”危害最大。清代科举未废的时候，每逢乡试或岁科试前，嗜赌如命的赌徒纠集在一起，预卜入骰者的姓氏，各用财资押定若干姓，到发榜时，看猜中的多少定输赢。这造成社会不安，不少人倾家荡产。赌徒甚至有时贿赂考官，营私录取考生，从中作弊，扰乱考场。由于过去的两广总督英翰在这方面徇情，大额受贿，从中阻挠，不认真查处，故屡禁不止。张兆栋上任后，毅然

张兆栋号“友山”印

上表弹劾，英翰被革职。朝廷任命张兆栋兼摄两广总督（从一品）。他采取严厉措施，雷厉风行治赌，严惩不法人员，终于煞住了危害全省、上下风行的赌风。

张兆栋在广东时，潍县遇上百年罕见的水灾，群众流离失所。他听到这一消息，由海道运来大米赈济灾民。他还曾捐资修缮潍县孔庙，兴复潍阳书院，邑人称颂不已。光绪四年（1878），他因母丧归里，孝服期满，光绪七年（1881）被任命为福建巡抚。光绪十年（1884），法越战争发生，法国军舰窥我台湾、福建沿海一带，他专任城守，后因马尾失守而被罢职。光绪十三年（1887）在福建寓所病逝，终年67岁，私谥为“文端”先生，著有《凤翔纪事诗存》《守岐公牍汇存》《守岐汇记》等。

在陈介祺考中进士那年秋天，还认识一位重要的金石朋友——吴云。这年，吴云被选拔进京，陈介祺久闻他在江浙一带的金石大名，所以携带《玉枕兰亭》一书去拜访他，赠书后两人一见如故，交谈颇为投机，从此长期交往，经年累月，互相交换金石收藏讯息，共同研究金石学术。

吴云像

吴云（1811~1883），字少甫，浙江归安人，官至苏州知府。同治元年（1862）罢官以后，闭门著述，并以金石书画为娱。太平天国运动爆发后，江浙许多收藏家遭灭门之灾，藏品散落民间，吴云凭自家的经济实力，重金搜求，将先辈阮元、张廷济和曹载奎旧藏重器收归已有。因获得阮氏和曹氏两家的大、中齐侯罍，所以他将自己的书斋命名为“两罍轩”。吴云一生考古著作颇丰，金石收藏名声显赫。他与陈介祺年轻时在京都就有金石馈赠交往。陈氏归隐后，连年战乱，彼此断绝音讯二十七年之久，六十多岁时又重新通信，相互庆幸欢欣之情溢于言表。陈介祺致信给吴云说：“吾两人三十年前踪迹虽疏，行年俱过六十，非以心相契，以书相通，以厚不遗，以直不饰，何以异于流俗耶。惟弟僻处孤陋，尤望鉴其迂拘，扩其见闻而时念之，则幸甚矣。”此后，两人在晚年书信频传，互赠物品，从而大大推动了两人的金石研究。

第三章 八年京官 翰林编修

第一节 金榜题名 踏入仕途

在中举人后的十年中，陈介祺29岁那年才考取内阁中书，委署侍读，本衙门撰文，办理诰敕房事务。道光二十五年(1845)，陈介祺的官运来了，先是在四月十一日的会试中考中第一百五十五名贡士，接着在四月二十日的殿试时考中二甲第三名，金榜题名，成为进士。然后在四月二十八日的进士朝考中，道光皇帝钦定一甲第十名，所以，到五月五日，他便由内阁中书恩准提拔为庶常。庶常，也叫“庶吉士”，该名称源自《尚书·立政》篇中“庶

陈介祺官服像

常吉士”之意。明洪武初年，选进士于六部诸司及翰林院之下观政，翰林院之下者称“庶吉士”，六部之下者称“观政进士”。永乐二年（1404），始转隶属于翰林院，选进士之长于文学及书法者充任，是明、清两朝时翰林院内的短期职位。由科举进士中选择有潜质者担任，目的是让他们可以先在翰林院内学习，之后再授予各种官职。情况类似今天的见习生或研究生。明代英宗以后，科举进士一甲者授予翰林修撰、编修，另外从二甲、三甲中，选择年轻而才华出众者入翰林院任庶吉士，称为“选馆”。清雍正以后，选馆更为严格，由皇帝主持朝考决定。庶吉士一般为期三年，其间由翰林内经验丰富者为教习，授以各种知识。三年后，在下次会试前进行考核，称“散馆”。成绩优异者留任翰林，授编修或检讨，正式成为翰林，称“留馆”。其他则被派往六部任主事、御史，亦有派到各地方任官。明代的翰林为政府储才之地。英宗后有惯例：非进士不入翰林，非翰林不入内阁。因此庶吉士号称“储相”，能成为庶吉士的人都有机会平步青云。清朝时汉人大臣中亦多出于翰林庶吉士。道光二十五年（1845），紧接着散馆后，陈介祺留任翰林院，被授予编修。

翰林是我国古代官名，它的由来可以一直追溯到唐朝。唐玄宗时，从文学侍从中选拔优秀人才，充任翰林学士，专司由皇帝直接发出的极端机密的文件，如任免宰相、宣布讨伐令等。由于翰林学士参与机要，有较大实权，当时号称“内相”，首席翰林学士称“承旨”。北宋时，翰林学士开始设为专职。明代，翰林学士作为翰林院的最高长官，主管文翰，并备皇帝咨询，实权已相当于丞相。清代沿用明代制度，设置翰林院，主管编修国史，记载皇帝言行的起居注，进讲经史，以及草拟有关典礼的文件。其长官为掌院学士，以大臣充任，属官如侍读学士、侍讲学士、侍读、侍讲、修撰、编修、检讨和庶吉士等。在翰林院任职与曾经任职者，被称为“翰林官”，简称“翰林”，是传统社会中层次最高的士人群体。

清代设翰林院置掌院学士两人，满、汉各一人，从二品，是侍读学士以下诸官之长，其他翰林官设置多因命制。而自康熙时起，掌院学士历由殿阁大学士兼领，地位更加突出。按清制，翰林官不仅升迁较他官为易，而且南书房行走及上书房行走例由翰林官为之，因而与皇帝、皇子及近支王公有较多接近机会，多蒙优待厚遇。明清时期科举考试均由翰林官主持，形成座师制度，文脉与人脉互相交织，使翰林影响延伸至各个领域。翰林在知识界享有崇高声望，对社会的方方面面发挥着巨大的影响力。翰林院制度不始于清代而以清代为最完备，资料最为丰富，机构最为庞大，品级最为突出，规模最为壮观，是集历代之大成的产物。

翰林院自出现便与科举有着千丝万缕的联系，而发轫于隋唐时期的科举制，是教育制度和选举制度相结合的产物。其核心是通过考试以选拔官员，以制度的形式保障并促进社会成员规范化

陈介祺书法扇面

地垂直流动。科举制尽管有种种欠缺与不足，但在当时社会条件下，却不失为一项较为公正的选材制度。它在很大程度上打破了用人制度上的血缘、地缘局限，确立了以文化为本位的标准，成为与社会上根深蒂固的官本位、金本位并行的另一标准。科举制度给无数栖身社会下层的民间士子带来了出头的希望，为其扶摇直上提供了可靠的阶梯。诸多寒士终日苦读，以期博得金榜题名。历代王朝统治者则借此网罗到大批知识精英，既提高了行政效能，巩固了统治，也消弭了民间可能孕育的躁动与不满，在延长王朝寿命、缓解统治危机等方面发挥过重要作用。

在科举制的发展过程中，翰林院逐渐成为文化层次最高的官僚机构。自唐代创翰林学士草诏并应奉文字之责后，靠科举而晋身者的比例逐渐增加。宋代，科举制度与翰林院制度接轨。至明代，翰林院成为外朝官署，并规定一甲进士三人直接入翰林，状元授修撰（从六品），榜眼、探花授编修（正七品），还创立庶吉士制度。自此，“非进士不入翰林”。而自明太祖废丞相之后，明成祖设内阁，置大学士，与丞相相类。大学士均出自翰林，“非翰林不入内阁”。翰林院成为培育高级文官的摇篮和涵养高层次学者的场所。

清代科举沿袭一甲进士直入翰林之成法，二、三甲进士则通过考选庶吉士才得入翰林，称为“朝考”。名义上由皇帝亲自主持，合格者由皇帝亲笔勾定，称“钦点翰林”。

由于著书立说和编纂国史是翰林院的主要使命，所以翰林们个个精通经史，常常被人们誉为“太史”。在翰林院做官或曾经做过官的人，在自家府第的大门上都悬挂着“太史第”的匾额，以示尊贵和荣耀。

陈介祺考入翰林院成为编修后，开始专心研究程朱理学，与当时的理学大家倭仁、吴廷栋、何慎修等频繁交往，求教商讨，努力钻研这门学问。

这时的陈府，在京城已经非常显赫。陈官俊刚刚被提拔为协办大学士并兼任吏部尚书，门庭堪称相府。儿子陈介祺又连捷高登，进入翰林院，成为编修，步入“储相”之途，所以家门鼎盛，世人分外羡慕。

很多人都是头一年中举，第二年就考中进士，陈介祺因何中举十年后才考中进士？陈氏家族的人流传着另外一种说法：一天，道光皇帝问陈官俊：“你学识渊博，承担朝廷重任，你们家中难道仅你一人有如此才能?”陈官俊答：“弟弟（指陈官侨）以举人出身，在内廷干起居注主事的差事，儿子陈介祺自幼聪颖好学，多年前已取得了举人功名。”道光皇帝又问：“既然聪颖好学，为何没有考得进士?”陈官俊答：“臣多年来身为朝廷的主考官，为避嫌，不能让他参加朝廷的会试。”道光皇帝说：“这岂不是埋没了人才！由朕做主，让他参加下一科的会试，看他才识如何。”这样陈介祺在取得举人十年之后，才参加了乙巳科的会试，以二甲第三名获进士出身，授翰林院编修。

实际情况是：陈介祺出身宦门，父亲高官厚禄，他自小生活优越，又倾心于金石搜集研究，从不看重攀爬官场，对科举入仕掉以轻心，才迟迟未能进仕。即使进入了翰林院成为编修，他也从不投机钻营，追求高官厚禄。根据当时朝廷的规定，入翰林院深造的庶吉士，不仅是取得了未来进入高官阶层的资格，而且可以直补实缺，无需候补。陈介祺之父陈官俊是副相国，又兼任吏部尚书，掌管全国官员的升降任用的大权，但直到陈官俊去世，陈介祺却一直没有升迁，也没有离开翰林院，从这方面充分证明了陈介祺从年轻时就对做官高升没有兴趣，这也能说明为什么他仕途受挫以后，就干脆告病还乡，做起隐士。

第二节 山左秘本 张黑女跋

陈介祺中进士授编修后的第二年，也就是34岁的时候，受到他的一位金石密友何绍基邀请，请他在自己珍藏的《张黑女墓志》拓片孤本上作题跋。何绍基是晚清时期的书坛圣手，比陈介祺大14岁，他们虽然同年中举，但何绍基比陈介祺早九年中进士，早就供职于翰林院，为何要请陈介祺在他视若拱璧的海内孤本上作题跋呢？这要从头说起。

何绍基的父亲何凌汉是嘉庆十年（1805）的探花，陈介祺的父亲陈官俊则是嘉庆十三年（1808）的进士，两人年龄和资历相近，同为翰林，起先同在京都供职。何绍基中进士后历任国史馆协修、总纂、提调，咸丰二年（1851）任四川学政。其父何凌汉任户部尚书时，陈官俊任吏部尚书、协办大学士，所以两家是世交。何绍基与陈介祺从年轻时就频频交往，在金石和书法上都有共同的爱好和各自的造诣。两人都以阮元为宗师，深受阮元碑学思想的影响，书学观点极为相似，而且都嗜好金石文字，对经学、古文字都有深厚研究，后来各以其长成为我国金石学界和书法界的翘楚。何绍基得到山左秘本《张黑女墓志》后，自己作跋后意犹未尽，他希望一位更有金石造诣的学者亦为之跋，方能显示这份海内孤本的分量。

何绍基像

何绍基临《张黑女墓志》

尽管当时陈介祺的年龄和资历都不如自己，但他还是凭胆识看到了陈介祺未来的学术地位，毅然请其作跋。

李耀曦先生在《何绍基与山左秘本〈张黑女〉》一文中，详细记述了《张黑女墓志》的发现过程，及何绍基一生倾情于这本碑拓：

这位“东洲居士”曾两次东洲历下游，前后在泉城济南府待过八九年时间。何绍基初来济南，是在距此 37 年前，随父由京至济。其父何凌汉为嘉庆十年探花郎，授翰林院编修，官至户部尚书，书名重海内。道光二年，翰林何凌汉被任命为山东主考官，来济南贡院主持壬午科乡试，事毕留督山东学政。是年秋，何绍基兄弟奉母到济南。

昔日大明湖南岸有条学院街。当年何凌汉任职的山东提学道署，就位于这条湖畔老街上。早年学署院地与湖相接，

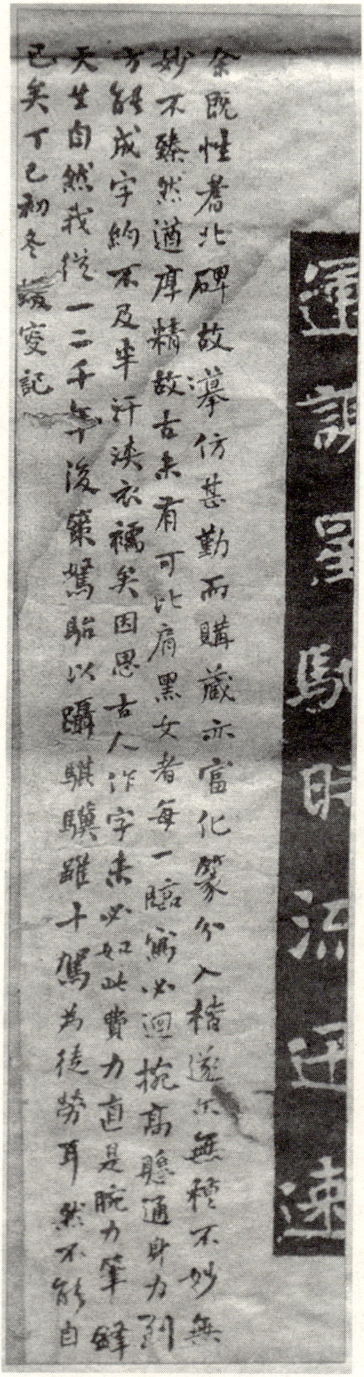

何绍基道光五年得《张黑女墓志》后之跋语

门对湖波千顷。学署院内绿树楼阁，红栏逶迤，时称“学院八景”。何氏曾有长诗云：“我昔大明湖上住，出门上船没十步。高楼下收烟水色，小桥径接渔樵渡。春风杨柳绿如海……”自道光二年至五年，何绍基随父母在这座大院里，度过了24岁至27岁的青春时光。

何绍基青年时多作楷书，中年后多作行草，再转为篆、隶，晚年则将隶、篆、行、草熔为一炉，独成一家。稍晚于他的赵之谦曾感叹：“何道州书有天仙化人之妙，余书不过着衣吃饭凡夫而已。”而这个“天仙化人之妙”的转折点，即得益于他早年在济南获得的一本书法“秘籍”——《张黑女墓志》。这便是他那个“黑女庵主”称号的由来。

《张黑女墓志》，原名《南阳太守张玄墓志铭》，张玄名玄，字黑女，因避清康熙帝玄烨讳，故便称为《张黑女墓志》，简称“张黑女”。《张玄墓志铭》刻于北魏普泰元年，是北魏晚期精美之作。运笔中侧互用，逆笔中锋，藏露皆备，有刚柔相济、珠圆玉润之趣。其结体呈横势而宽绰，多参隶意。此碑出土于山西永济县，原碑石已遗。仅拓本存世，辗转流传到山东，堪称山左秘本。

昔年何绍基在济南有一大嗜好——经常深山问碑、书肆访帖，以此为大快乐。据何氏自云，他是在“道光乙酉春正”（道光五年正月）于历下厂肆中闲逛时，偶然发现了《张黑女》的剪贴装裱本，并从一个法号“奚林”的和尚手中购得的。此乃和尚所藏宋拓天下孤本。他同时还从和尚手中购得一册《石门颂》汉拓本。至于这个“奚林”为济南哪座庙里的和尚，所谓“历下厂肆”究竟是济南何处旧书肆，已不得而知了。

道光五年，何绍基 27 岁，得此世间孤本，欣喜若狂，视若拱璧。其在题跋中曰：“余得此帖后，旋观海于登州，继而旋楚，此年丙戌入都，丁亥游汴，复入都、旋楚，戊子

大明湖历下亭垂花门两旁何绍基所书对联

冬复入都，往返二万余里，是本无日不在箧中也。船窗行店，寂坐欣赏，所获多矣。”这里“丙戌”为道光六年，“丁亥”为道光七年，“戊子”为道光八年。就是说：三年内，他没有一天不在研读《张黑女墓志》。尽管山东、湖南、河南、京都，往返行程两万余里，风霜雨雪，舟车劳顿，但他一有闲空，就翻开来欣赏，到了如痴如醉的程度。

何绍基对《张黑女墓志》不仅一见倾心，而且一生倾情。其在另一篇跋文中云：“余既性嗜北碑，故摹仿甚勤，而购藏亦富。化篆分入楷，遂尔无种不妙，无妙不臻，然遒、厚、精、故，古未有可比肩《黑女》者。每一临写，必回腕高悬，通身力到，方能成字。约不及半，汗浃衣襦矣。因思古人作字，未必如此费力，直是腕力、笔锋，天生自然。我从一二千年后，策驽骀以蹑骐骥，虽十驾为徒劳耳，然不能自已矣。丁巳初冬蝯叟记”。由此可见，他所独创的“回腕法”，就是在临写《张黑女墓志》时悟得的。这里“丁巳”为咸丰七年，当为何绍基在济南泺源书院所记。此时距他在历下书肆偶得《张黑女墓志》已经过去35年。

可见，何绍基年轻时初得宝贝似的《张黑女墓志》拓本后，请陈介祺作跋，非同小可，这件事既见证了两人的深厚友谊、相交相知，也证明陈介祺年轻时在京城金石界的威望。

第三节 良师益友 文字至交

在陈介祺的金石生涯中，还有一位重要人物，几乎伴随他的一生，那就是山东老乡吴式芬。吴式芬是刘喜海的高足，也是他的女婿。

吴式芬（1796~1856），山东海丰（今无棣县）人，道光十五年（1835）进士，做过内阁学士兼礼部侍郎，是著名的文物鉴赏家和金石学家。道光十年（1830），吴式芬便开始与京中的金石学家们交往。由于吴式芬是山东乡友，陈介祺自23岁便随从吴式芬游学，考证金石，研究古文字，并开始收藏金石古物。后来，吴式芬在外省异地做官十余年，先后赴广东、河南、河北、贵州、陕西任职，两人频繁书信来往，通报新近收藏的古物信息，探讨研究的心得。陈介祺寄给远在广西右江道任道台时吴式芬的信中说："十五年来，神驰心结，惟君一人，想异地有同情也。"足见他与吴式芬的师友情深。吴式芬不仅是影响陈介祺步入金石学的关键人物，也是他终生的师长和友人。

吴式芬在金石研究和封泥考证方面都深受岳父刘喜海的教诲，他的学术思想传承了刘喜海的金石学术思想。陈官俊、陈介

吴式芬故居

祺父子一贯对“海岱高门”的刘统勋、刘墉家族推崇备至，以刘氏家族作为自己的榜样，所以不仅紧紧追随刘镮之、刘喜海的从政之路，而且极力仿效他们热爱收藏、研究金石的家风。

刘氏家族几乎人人能作诗，除了写诗歌，刘统勋是书法家，刘墉是书法大家，刘镮之既是书法家又是收藏家、鉴赏家，比陈官俊年龄略小一点的刘喜海的爱好几乎成为陈介祺爱好的翻版。于此，我们不难感受到陈氏父子两人这样一种人生选择模式：父亲刻意模仿政治上曾大有作为的乡贤刘墉父子，儿子在爱好上亦趋同于名门世家刘喜海的嗜古之途。刘喜海通过家族这条纽带，不自觉地影响了陈介祺的志向选择和爱好取向。

陈介祺从年轻时就一直追随吴式芬，以吴氏为师。陈介祺在其《宝簠斋集各家彝器释文》自序中说：“余于既弱冠后从子苾六兄游，论古文字，考订金石，始稍稍有吉金之蓄。”可见吴式芬对陈介祺来讲是有启蒙之功的人物。进而言之，如果没有吴式芬及其儿子吴重憙与陈介祺的合作，陈介祺对封泥研究就难有《封泥考略》这部重要著作。《封泥考略》一书吴氏父子出力比陈介祺多，就更加有力地从侧面证明刘喜海对于封泥的认识一定会间接地影响陈介祺的学术思想。再进一步来讲，如果没有吴式芬两千多方古印的加盟，陈介祺的万印楼恐怕也就名不副实。可见，通过吴氏这一渠道，陈介祺肯定会或隐或显地接受了刘喜海的有关思想。再如与陈介祺经常交流的鲍康、李佐贤，都曾受到刘喜海的亲自教诲，尤其是鲍康，受影响更大。在他们学术交流时，刘喜海给予他们中任何一个人的影响很会毫无障碍地传播到其他两位。陈介祺能从中受到影响是毋庸置疑的。而在陈介祺的思想体系中，传古是最为重要的一环，他曾经说过“藏而不传，与未藏同”这样的话。而要传古，一个重要的前提就是传拓不能失真，在陈介祺传拓时所雇用的好手中，名列第一位的就是陈畯。而陈畯在给陈介祺帮工之前，早已与刘喜海合作多年，陈介祺心目中收藏、摹勒均极精审的刘喜海在指导陈畯工作时的许多做法，肯定会被陈介祺本人有意无意地借鉴。陈畯在帮助陈介祺钤印印谱的工作中，也会将刘喜海的一些编排技能传播给陈介祺。

陈介祺中进士的那年正月，吴式芬在济南得到襄阳出土的唐代墓志铭拓片六纸寄给他；五月，吴式芬出任广西右江道道台，马上寄信给他；六月，又写书信给他，同时寄给他一份在扬州得到的古代青铜器拓本。

第二年二月，陈介祺又写信给吴式芬，信中谈到自己近年来得到三十五种金石和三百枚汉代玺印的丰硕收获，兴奋之情溢于言表。而陈介祺更是将长女陈厚培许配给吴式芬的次子吴重憙，这是后话。

咸丰四年（1854），吴式芬告病回乡，咸丰六年（1856）病逝后，陈介祺还惦记着吴氏的遗著未校勘付梓，所以他力促女婿吴重憙聘请他的老师许瀚帮助整理校勘吴氏的遗著《捃古录金文》等，并将自己收藏的封泥考订，交给吴重憙，与其父吴式芬收藏的《封泥考略》合

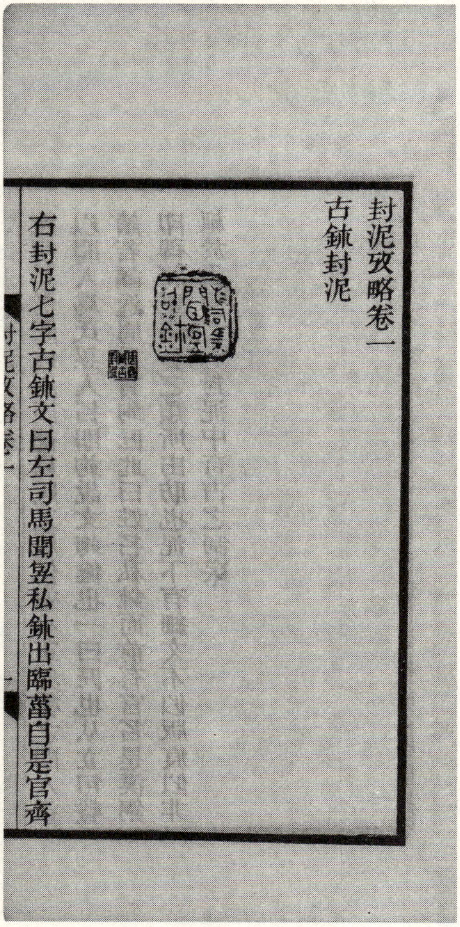
封泥攷略卷一
古鉩封泥
右封泥七字古鉩文曰左司馬聞㙲私鉩出臨菑自是官齊

《封泥考略》书影

编为《汉封泥考》书稿，考释校对后，于光绪三十年（1904）刊行，这也是对亡故师友最实际的贡献和缅怀。

在这期间，与陈介祺金石交往最密切的还有张廷济、徐同柏、朱钧和翁大年等人。陈介祺将自己收藏考释的官印寄给他们审校，他们校订后鼓励陈介祺付梓刊印。而且，翁大年还将自己的著作《瞿中溶古官印考补遗目录》寄来，陈介祺非常感兴趣，开始对编著印谱的体例进行关注与研究，作为自己将来编著印谱的借鉴，他在书上批注说："当以所藏官印及虎符鱼符即寄之，并属其代购印谱。古泥封亦当采入。"

陈介祺在任翰林院编修的第二年年底，金石学家徐同柏委托张稚春和张受之向他索取曾伯霥簠的全形拓片，后来，徐同柏又把自己考释的曾伯霥簠铭文用毛笔抄写出来还赠陈氏。第三年二月，陈介祺又为张受之收藏的《苏氏纂集集古印谱》写了题跋，并与他频繁来往。同年七月，陈介祺给徐同柏写信，索求他的青铜器拓片。徐同柏回信，将周祀刊敦和陈侯敦的铭文拓片寄来，并委托儿子徐士燕写了详细的考释一同寄来。同年十一月，他推荐徐氏参与编修刘喜海的著作，分修"金部"的商周款识。

徐同柏（1775~1854），字寿臧，号籀庄，浙江海盐人。从少年时他就跟随舅舅张廷济读书，受到舅舅的影响，亦酷爱金石，他虽然十九岁就补为博士弟子员，但以后屡试不佳，后来弃科考而专攻金石文字，精心研究六书篆籀，对古文奇字能够认读辨识，所以在金文考释方面有独特造诣。他曾帮助舅舅张廷济编著《清仪阁古印偶存目并附注》六卷，编辑他著的金文考释成为《从古堂款识学》十六卷。徐同柏一生住在浙江，靠频繁的书信与陈介祺进行学术交流，他们从道光二十六年（1836）起，张廷济的表弟张稚春和侄子张受之为之捎书及拓片，此后，半年内九次从京城为他们传送书信。第二年，陈介祺开始直接跟徐同柏通信。张受之是嘉兴的普通市民，但精于刻石，长于摹印，进京后客居在松筠庵，频频到陈府访问。那两年陈介祺与张廷济、徐同柏的通信都是靠他传递，但不幸的是，进京后的第二年他就患病去世。道光二十八年（1838），张廷济也在浙江去世。咸丰元年（1851），陈介祺把他收藏的一百三四十种青铜器铭文拓片寄赠给徐同柏，请他帮助考证并写出释文，徐同柏从中选择出十几件作了考释，但后来由于年老多病，未能全部释出。咸丰二年（1852），陈介祺获得毛公鼎后，又将拓本寄给他，请他考释，这件有将近五百字铭文的国宝重器引起徐氏极大的重视和兴趣。他用差不多两年时间，付出全部精力，写出了四千多字的考释文章，于咸丰四年（1854）五月寄给陈介祺。徐同柏可谓呕心沥血，不久便溘然离世，终年八十岁，这是一位古代金石学家对中国灿烂历史文化的最后贡献。

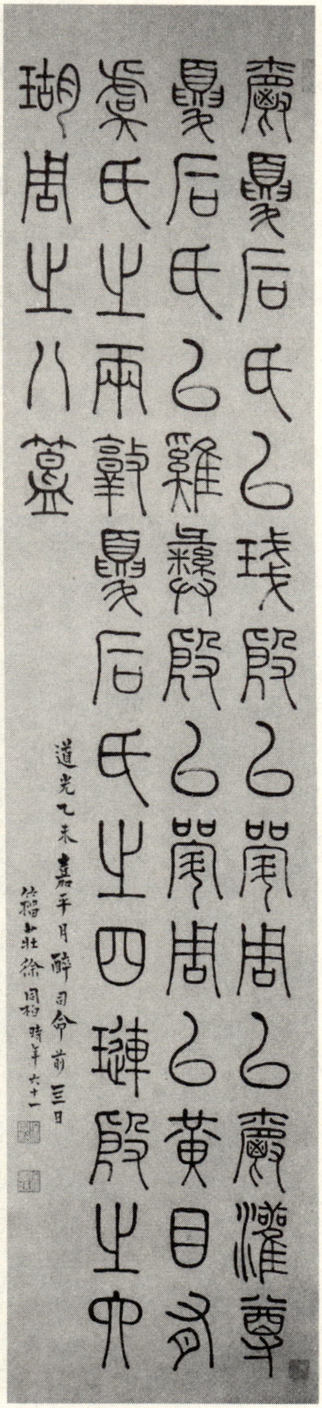

徐同柏书法

道光二十七年（1847），陈介祺还做了两件大事：一是应潍县乡梓父老的邀请书写了《重修潍县城记》碑文，二是开始编纂自己平生第一部著作《簠斋印集》。这年他35岁，是入翰林院任编修的第三年。

自道光以来，陈介祺的故籍潍县就经常发生地震，道光七年(1827)三月地震，九年(1829)连续两次地震，二十六年(1846)六月又震，八月再震，城墙坍塌压死九人。当年，潍县设立筑城局开始重修城墙。潍县的城墙最早建于汉代，原是土城，历史上每次改朝换代，都进行重修。明末到清代道光年间，经过三次大修，明代末年，由于清兵南侵，社会动乱不已，民不聊生，人人自危。为了防御不测，潍城知县邢国玺首倡集资修筑石城，士绅纷纷捐款，将残缺不全的土城墙垒砌成石城，开展了浩大的建筑工程，历时八个月竣工。当时陈氏家族的陈调元积极带头募捐。高大雄伟的城墙建成后，陈调元受托写下《潍州新筑石城记》，刻成碑石，立于城头，以志永记。崇祯十五年(1642)冬天，清军渡过渤海湾，由海上从莱州、烽台登陆，重兵围困潍城三个多月，数次攻城未克，都被以新任知县周亮工为首的抗清军民击退，新筑的石城城墙在抵御外侵、保护潍城居民中发挥出巨大作用。

陈调元书《潍州新筑石城记》碑（局部）

从《潍州新筑石城记》碑文书法上看，陈调元的书法酣畅淋漓，颇具大家风采。

陈调元是陈大观世家老长支第十世陈祝泰的长子，陈祝泰明末曾被敕赠征仕郎，授礼科右给事中，又赠儒林郎、行人司司正。

陈调元，字巽甫，号北溟，别号鸥盟道人。明代天启七年（1627）考取丁卯科副榜眼，崇祯十六年（1643）癸未科考取进士，做过宁津县知县，并在兵部、刑部都任过中级官员，半生宦海沉浮，阅历广泛。他所处的时代又是明末清初改朝换代的大动乱时期，造就他成为一个深谋远虑的人。他和陈介祺是潍县陈氏同一个宗族，但陈介祺已是十七世的人。

第二次重修是乾隆十一年（1746），那年54岁的郑板桥刚刚从范县调任潍县县令，但当时山东连年发生水灾和旱灾，饥荒蔓延，后来到了人吃人的地步。而且，雍正八年（1730）夏天白浪河洪水泛滥，城墙被大水冲倒了一千四百余尺，以后又逐渐冲倒总长度达到一千八百余尺，郑板桥出于救灾着想，借修城之机以救灾民，他采取“以工代赈”的方式，招灾民赴工发粮，同时让大户富户集资出钱修城。为倡其道，郑板桥带头出资三百六十两白银，修城六十尺。潍县各富户为了自身利益，也积极响应。修城从乾隆十三年秋动工至乾隆十四年三月，历时五个月。修城竣工后，郑板桥作《修城记》以记此事。文章在说明修城重要性之后，写到集资之钱时，郑板桥说，他出钱“三百六十千，即付诸荐绅，不徒以纸上空名取其好看”。

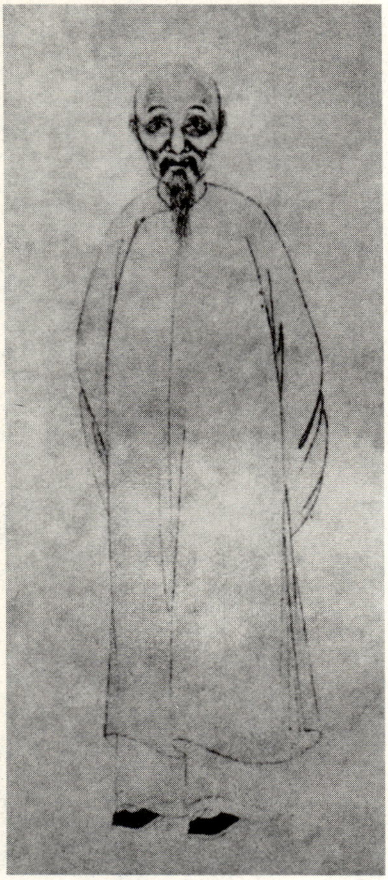

郑板桥画像

并说："本县一钱一物概不经手，但聿观厥成而已。"这样，既说明自己真心实意拿出钱来作为"倡首"，也说明个人没有从修城中徇私贪污。由此，使人们看到了郑板桥这位父母官清正为民的思想。他倡议修建文昌阁等祠堂，修补倒塌的城墙，采用"赴工就食""以工代赈"等方式，名正言顺地救济了灾民，使数以万计的灾民吃饱了肚子，保全了生命，可以说一举两得，功德无量。他在自己撰写的《修城记》开头就高瞻远瞩地指出："天地有春必有秋，国家有治必有乱。"修城是为了居安思危，以防仓猝之变。他的这番英明论断，不幸在陈介祺生前就言中了，而且对保全全城人民的身家性命起到了巨大保护作用。

道光二十六年到二十七年，潍县城城墙修筑完成后，这一次书写《重修潍县城记》的使命注定落在身为"太史"的陈介祺身上。潍县城在冷兵器时代从没有被攻陷，即使到了民国时期，晋军用机枪火炮围攻半个月，也未被攻破，可见的确不愧为"金城汤池"。坚固的城墙保全了潍县明清六百年的文明史，保全了潍县六百年的历史文化遗产不被战火摧毁。在它的城头上，曾经傲然竖立着三块修城碑记，他们的书者是三个不同时代的文化名人：陈调元、郑板桥、陈介祺。

第四节　母卒父亡　丁忧回籍

盛极而衰。道光二十八年（1848），陈介祺 36 岁那年春天，母亲丁氏在京去世，这给了他人生中第一次打击，他感到悲痛欲绝。秋天，陈介祺回原籍潍县安葬母亲，他遵照礼仪，手扶着母亲的灵柩，徒步千里，从京师到家既不骑马也不坐轿，足见哀思心切。初冬时节，才在隆重的仪式下将母亲安葬入茔。后来，为了排遣郁闷悲伤的心情，在家人劝说下到周围各县游历。

在潍县当地，他从盐商谭升九那里购买了壶钮“胡光信印”瓦钮及“迟年唯印”等52方古印，又从当地破落大户田氏家里购得“经事得志”古玉玺。

陈官俊画像

到高密后，从纪七家里购得“夏侯赏印”。到胶县、胶南一带游历时，收集到“琅琊相印章”，是一枚龟钮银印，这是他得到的一件重要官印，在他以后收集的万印中，也是佼佼者。到诸城以后，仍是住在岳父李璋煜家中，听说刚刚出土了一枚银印，但是已被潍县本家雪舫叔购去，正在遗憾之时，却不料回潍后雪舫叔转赠给了他，使他转忧为喜。

母亲亡故后的第二年，陈介祺人生中最沉重的打击到来了，父亲陈官俊去世了。那时的陈官俊一是受了亡妻之痛；二是在朝中遭到别人攻击，又被贬谪，痛上加痛。

陈官俊（1782~1849），字伟堂，清乾隆四十七年生于潍县城里北门大街一个书香世家。他一生经历了三代皇帝（乾隆、嘉庆、道光）。少时曾在浮烟山韩梦周和阎循观所办的麓台书院中就读过，韩梦周是潍县东关人，与籍贯昌乐县的阎循观是表兄弟，二人自幼学习刻苦，都考取了乾隆时期的进士。韩梦周做过来安县知县，是著名的理学家；阎循观任吏部考工司主事。二人辞官回乡后，共同在潍城西南十多华里处的浮烟山麓台书院教书，培养了大批优秀人才。再加上麓台书院另一位巨儒法坤宏，三人被誉为“山左三巨儒”，也叫“山左三贤”，与昌乐县“一门七进士”的科考世家阎氏家族过往甚密。嘉庆十三年（1808），陈官俊中进士，旋选庶吉士，授翰林院编修。嘉庆十七年（1812），大考二等，升右春坊右赞善、左春坊左赞善。嘉庆二十一年（1816）入直上书房。嘉庆二十三年（1818），大考二等，迁司经局洗马，升翰林院侍讲。累迁右春坊右庶子，典陕西乡试，以后累迁提督山西学政。在此期间，他曾买下山西著名银号“日昌升”的股票。

道光元年（1821），朝廷命各省明定陋规，陈官俊上疏，“陈不可行”（见《清史稿》卷三六五），受到道光皇帝的嘉许。此间，道光皇帝将其视为嫡系官员，授密旨，让其去基层，留心观察与密访官吏的优劣及行政的得失。若有重要信息，可直接入内廷汇报。此时的陈官俊意气风发，踌躇满志，不久即迁侍讲学士，回京后仍回上书房。他早期的仕途是比较顺畅的。

回京不久后，山西巡抚成格上书参劾，指责陈官俊在学政任

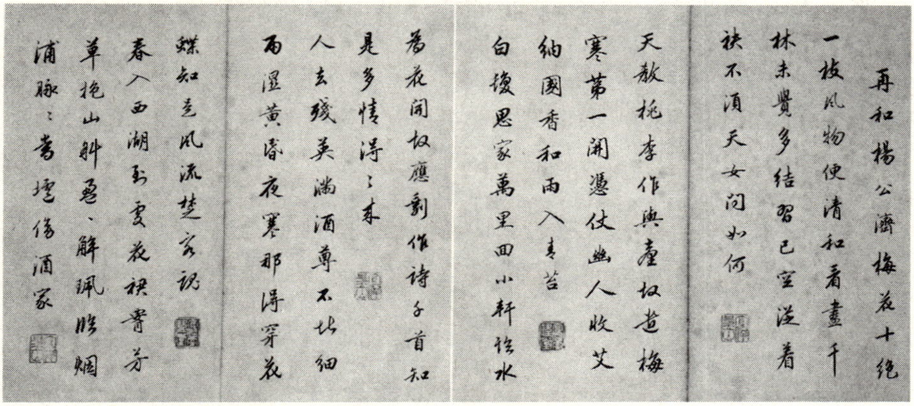

陈官俊《再和杨公济梅花十绝》

陈官俊书写的扇面

内“殴差买妾，妄作威福，大开奔竞”。道光皇帝细读了成格的奏折，权衡再三，认为“殴差买妾”的事，陈官俊已经承认不讳，而其他的指控则缺乏证据，须“解职就质”。遂命大臣长龄去山西，找成格当面诘问，成格也含糊其辞，拿不出确凿的证据，况且，陈官俊向朝廷推举的人才，如魏元烺、邱鸣泰等水平不低。所以，道光皇帝同时处理了成格与陈官俊，陈官俊被降职为编修，罢直上书房，接连典贵州乡试、江西乡试，又任中允、祭酒、侍讲学士、内阁学士。道光十六年（1836），再授礼部侍郎，继调吏部。道光十九年（1839），擢工部尚书。这是他遭贬后连续擢升，使他在朝廷中又一次立住脚跟。

但陈官俊的官场生涯总是起起伏伏，就任工部尚书后又再次跌跤。当时，负责清东陵建筑工程的郎中庆玉犯案，工部主事向陈官俊汇报案情时，陈官俊态度暧昧。他又不小心，在与人的一次闲谈中说漏了嘴，无意中泄漏了隐情；在向道光皇帝奏报时又“隐匿讳饰”，被道光皇帝察觉而斥之为“失大臣体”，故经吏议，认为应革职。道光皇帝接到吏部的奏议后，仍留有余地，授意从

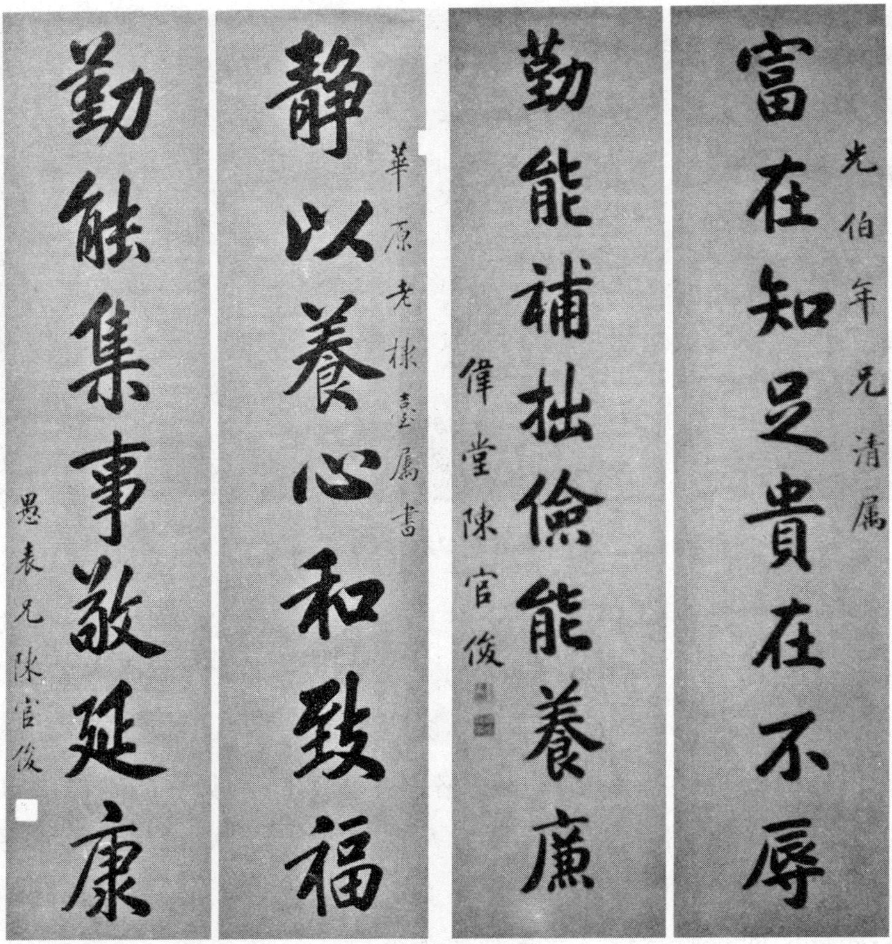

陈官俊的书法

宽处理。他被革职不到一年，即道光二十一年（1841）又被起用，先为通政使司通政使，继调户部侍郎、吏部侍郎，管理三库。后再升礼部尚书，调工部尚书，绕了一大圈后终于官复原职。在此期间，母亲夏氏九十寿辰，道光皇帝亲书“耆臣寿母”匾额，又赠“福”“寿”二字，并赏赐金瓜钺斧仪仗和珍绮寿礼，这是陈官俊一生中最感荣耀的事！道光二十四年（1844），他升任吏部尚书、协办大学士，恩准可在紫禁城内骑马。其间，多次被典参与乡试、会试，又被重用，充上书房总师傅，在仕途上登峰造极。

道光二十九年（1849）二月，一场参劾对他造成了致命打击。当时，翰林院内有一位编修名叫童福承，此人品行不端，但他直上书房，成为皇子的教师。给事中陈坛知道此人的底细，故上疏参劾，疏文也牵涉陈官俊。童福承曾为陈官俊的亡妻写过祭文，祭文内颇多赞誉，措词有过当之处。陈坛的这一参劾使童福承被黜罢官，陈官俊也难辞其咎。道光皇帝诏斥，谴责他对“措辞不当”一事“容隐不奏”，于是罢掉了他的上书房总师傅之职，议降三级调用。但道光皇帝又传话说，应“从宽留任”，这实在是不幸中之大幸。原来，陈官俊入直上书房时曾是道光皇帝长子奕纬的老师，陈官俊对皇子“训迪有方”，道光皇帝甚为满意。由于奕纬刚过20岁就夭折了，道光精神上不可避免地受到极大的打击，所以他每见陈官俊，就想起皇子奕纬，对陈官俊也另眼看待。难怪陈官俊多次获咎而都未受深究，一次次化险为夷。

道光二十九年（1849）七月，陈官俊患“痰疾”卒于任所。道光皇帝称其“心田坦白”，诏从优赐恤，晋赠太子太保，谥号“文悫”，入祀贤良祠，赐御碑文，并赐其孙陈厚钟、陈厚滋并为举人。可见，朝廷对他恩礼有加，悼惜良深。

十月十九日，陈介祺将父亲的牌位奉入京师贤良祠，这是大清帝国供奉忠臣名将的祠堂。月底，他又扶父亲的灵柩回归故乡，半个月才到达潍县，之后又用了半个多月的时间，才将父亲安葬入穴。陈官俊的大墓修建在潍城西郊赫家村南的灵冢，封土如同一座小山，墓前竖立着高大的赐祭御制碑，老百姓叫作“龙头碑”，还摆设着石供桌等各式祭器。安葬完父亲后，陈介祺照例携妻回诸城岳父家住了数日。

这年夏天，陈介祺的十二叔父（大排辈，应是堂叔）赠给他66方藏印，并且购到潍县谭升九的26方印，谭升九儿子的50方

陈官俊安葬在潍城西郊的灵冢大墓

汉印，古玩商人苏亿年也从西安寄来36方印，后来苏亿年之弟苏兆年又将“田孟”琉璃印和31方古铜印卖给他，可谓收获颇丰，也为促成陈介祺下决心编印《簠斋印集》奠定了基础。

母亲去世后的第三年，陈介祺的祖母夏氏也过世了。她就是九十大寿时被道光皇帝赐匾为“耆臣寿母”的老寿星。自此，陈介祺的老辈亲人全部离他而去，尤其是失去了父母的荫庇，他将独自支撑陈府的偌大家族，也将独自面对自己的前程和人生。祖母夏氏是七月去世的，那时他刚刚回潍县过完父亲周年忌日，回到北京，到冬天又不得不再次归里安葬祖母。三年内相继失去自己的三位至亲，四次从京师回潍，他感到十分沮丧和极其疲惫。这年，他的四弟也在二月夭折，他的金石朋友、篆刻家杨澥也离开了人世。

更为令人震惊的是，这年正月，道光皇帝驾崩，并立皇太子奕詝即位，成为文宗显皇帝，明年定为咸丰元年。道光皇帝在位三十年，父亲陈官俊作为他的老师陪同他登基，然后步步高升，直到协办大学士兼吏部尚书；自己也是在道光朝中举、中进士，成为翰林院编修。所以，道光皇帝对陈氏父子两辈都是恩重如山。所以他“敬奉遗旨，哭告主前，自念君父之恩，此生皆不能报，心裂肠断，五内崩摧，罔极同深，余生何足惜哉？痛甚痛甚！”

从道光二十八年到三十年，陈介祺都沉浸在极度失落和悲痛之中。

第五节　簠斋印集　钤印成书

咸丰元年（1851），陈介祺39岁那年，酝酿已久的矛盾终于爆发。1851年1月11日，洪秀全集2万余人在广西金田村正式宣布起义，建号“太平天国”，与杨秀清、冯云山、萧朝贵、韦昌辉、石达开等组成领导核心。1853年3月19日，占领江南重镇江宁（今江苏南京），定为都城，改名“天京”。立刻又派军两支攻战镇江、扬州，与天京形成犄角之势。1853年5月13日，天官副丞相林凤祥和地官正丞相李开芳等率领2万余人由浦口出发，奉命北伐，疾取燕都，太平军长驱北上，经安徽、河北、山西、直隶（今河北），于10月29日进抵天津西南的静海独流镇，驻守待援，清廷震惊，以胜保为钦差大臣，后又任命惠亲王绵愉为奉命大将军，科尔沁郡王僧格林沁为参赞大臣，会同胜保“进剿”。

尽管岭南的农民起义已闹得轰轰烈烈，但远在京师的王公大臣们并没有感到山雨欲来的崩摧之势，也未能预见到燎原之火会在三年内烧遍半个中国，撼动清王朝的统治，所以京城从帝王到百姓都依旧优哉游哉地过着舒心日子。

这年正月，陈介祺从群玉堂搜寻到“司成之玺”等七方铜印，西安古董商苏兆年又委托弟弟苏亿年捎来珍贵的“张隆私

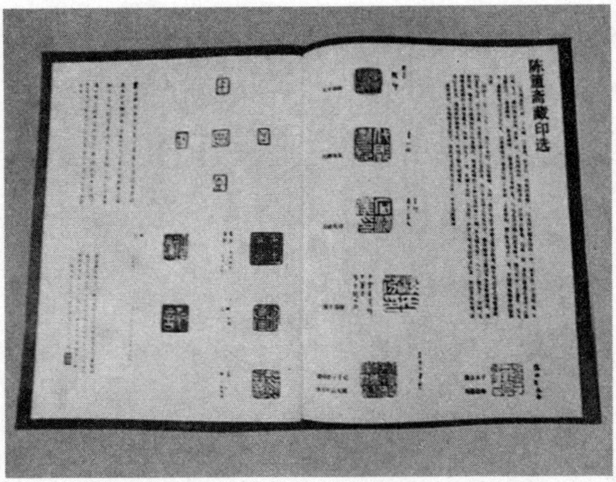

《书法》1982 年第 2 期载《陈簠斋藏印选》

印”等玉印，年底更是得到苏镐川七方重要官印，其中有“兼横野将军司马”“部曲督印”“宛川护军章”“尉司马印”“兼南和长”“讨难将军章”“牙门将印”等，他的玺印藏品更加丰满充实。

从 35 岁那年开始，他就开始断断续续地编钤《簠斋印集》，由于三年内父母相继过世，他百事缠身，所以印集编钤得非常缓慢。39 岁时，他终于缓过神来，决定加快进度。这年夏天，他将钤拓高手陈畯请到府上，帮助他钤拓编制这部印谱。陈畯在陈府上常住八个月之久，专心精编精拓，直到咸丰元年（1851）立秋之前，才完成了这部厚重的著作。他从刘喜海处又借到 100 多方古玺印，也收入该书。

陈畯，字粟园，浙江海盐人，精墨拓，尤工于“蝉翼拓”，工制印泥并钤印，毛公鼎初拓本即出自其手。陈介祺对其极为赞赏，同治十一年（1873）十月二十五日致吴云书称：“尊斋似必须延一能拓字之友，归来每遇此等事，辄追念粟园不置。”又于光绪三年（1877）七月七日致吴大澂书云：“古文字事亦不能理，拓友有它事或不妥而它之，印泥半年未作，成莫助之叹，追忆粟园，岂可再得。”

《簠斋印集》十二册，由许瀚、吴式芬、何绍基审定。该书由何绍基署检题字“簠斋印集”隶书字，与署题“道光二十七年刻本”上的题字同，每册首页均载“日照许瀚印林、海丰吴式芬子苾、道州何绍基子贞同审定”，此书版式、署检、序文等为刻印，印文均为钤拓。该印集收官印三百一十七枚，私印一千九百三十一枚，封泥一百三十七枚，并附载虎符、鱼符、龟符等。陈介祺自序说：“余集古印二十年，精选慎收，去伪去近，自周秦以来至于汉魏六朝，官私玺印二千余钮，金、玉、银、铜、宝石、琉璃、牙锢备具，复假之东武刘燕庭方伯百钮，益以泉印、钩印、斗检封、泥封，附以虎符、龟鱼符，为十二册。一式各为一类，叙姓以韵，同者以钮，回文、反文、朱、白、界、道，类中亦复别之。庶古人典则厘然自见，不若后世之篆刻错谬、文义芜杂，亦三十五举之意也。庚戌夏，海盐吾宗粟园翁畯，移榻敝斋，详加参考，编次成书，校之诸家旧谱，少为精审，名曰印集，亦穷附于搜辑之役。若夫上窥玺节之遗，贯通于文字制作而讨论之，以断子行、未谷两先生之后，则是集也，于大雅君子或有禆焉。咸丰元年岁次辛亥先立秋三日，平寿陈介祺记。”

当时靠人工钤拓编印这么一部浩繁的著作，是十分不容易的。要购买高价的宣纸，还要自制优质的八宝印泥，更要将这2400多方各种古印剔除锈蚀土垢，按照

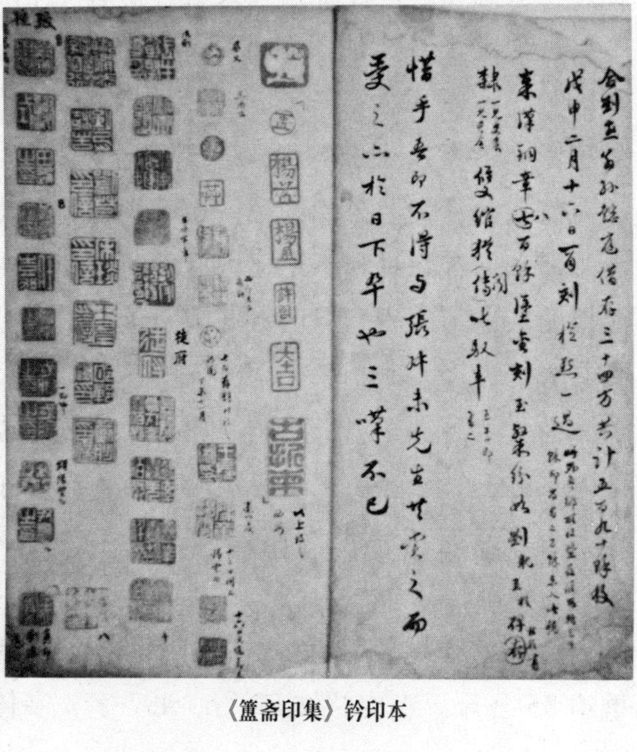

《簠斋印集》钤印本

不同类别、不同材质分类排列，夜以继日地往宣纸上钤印，然后折页、编码、装订、裁切，所费人力、物力、财力，难以数计。幸亏陈介祺有他众多实力雄厚的金石亲友大力支持协助，叶志诜、吴式芬、刘喜海、吕尧仙、朱筱沤、李璋煜、陈怡堂等人每人出十金或十多金各自订购一套，才帮助陈介祺完成了这部著作，也付给了钤工陈畯较为丰厚的报酬。按当时的财力和社会需要，《簠斋印集》当时只印了十部，所以是世所罕见的珍本，流传至今，现在只有在国家图书馆里才有藏本。

第六节　获得宝鼎　收藏古钟

咸丰二年（1852），陈介祺已是不惑之年，依旧醉心于他的金石收藏研究，这一年收获巨大，是他收藏史上的一个里程碑。也许是天意相助，许多国宝级的古物这一年陆续进入他的藏室。

首先是正月，他收到苏兆年从西安寄来的父乙觯、太康奁、王氏镜、宜侯王大吉羊钩，还有古代的五方官印和十四方私印。紧接着，他又以重金购得国宝重器毛公鼎，并作了释文和后记，成为收藏和考释毛公鼎的第一人。同时，他觉得自己对毛公鼎初步的释文仍有疑难和不足，因此专门写了一封给徐同柏的信，请他帮助做进一步研究考证，并附上毛公鼎拓片和另外十种青铜器铭文的拓片。

毛公鼎是道光二十三年（1843）在周王朝的发祥地陕西岐山县周原出土的，后来被西安永和斋古董商人苏亿年购得。

毛公鼎通耳高 53.8 厘米，口径 47.9 厘米，腹围 145 厘米；形制为立耳、深腹、圆底、蹄足，造型洗练，纹饰简洁，口沿下有一道环纹，并加一道弦纹，朴素端庄，典雅古拙，凝重浑厚，重约 35 公斤。腹内铭文 32 行，497 字，字体清秀圆润，线条圆厚，笔迹丰腴，在金石书法中独为楷模，也是有史以来我国发现的各类青铜器中铭文最多的国宝重器。

研究历史和文物的人都懂得，青铜器上的铭文文字越多，越有研究价值。这些铸于钟鼎之上的古文字，是直接记叙史实的文献资料，是揭开被岁月尘封数千年秘密的最好记录，也是佐证史书的最好信物。另外，它的工艺价值、书法价值、文化价值也是不言而喻的。

周朝以青铜器铸造闻名于世。铜矿的开采、运输、冶炼、铸造以及工艺设计、铭文书法带动了整个社会文明的发展，同时也促进周王朝经济和军事日益强大。到周厉王一代，由于厉王暴虐骄奢，已惹得四方诸侯各自为政，不愿侍奉朝廷，人民群众也怨声载道。厉王非但不施仁政笼络民心，反而动用内卫和巫士做“特务”，监视诸侯和民众，用告密和暗杀等卑鄙手段控制局势，国人虽不敢反对，但早已民怨鼎沸。众叛亲离的厉王逃到彘（今山西霍州），后来驾崩于彘。周宣王姬静继位后，面对的就是这样一个王室败落的残局。后来，他在相国的辅助下，效法文、武之道，励精图治，派出精兵强将征伐异族外患，任命秦仲征伐西戎，尹吉甫征伐猃狁，方叔征伐荆蛮，召虎平定淮夷，四方捷报频传，

毛公鼎

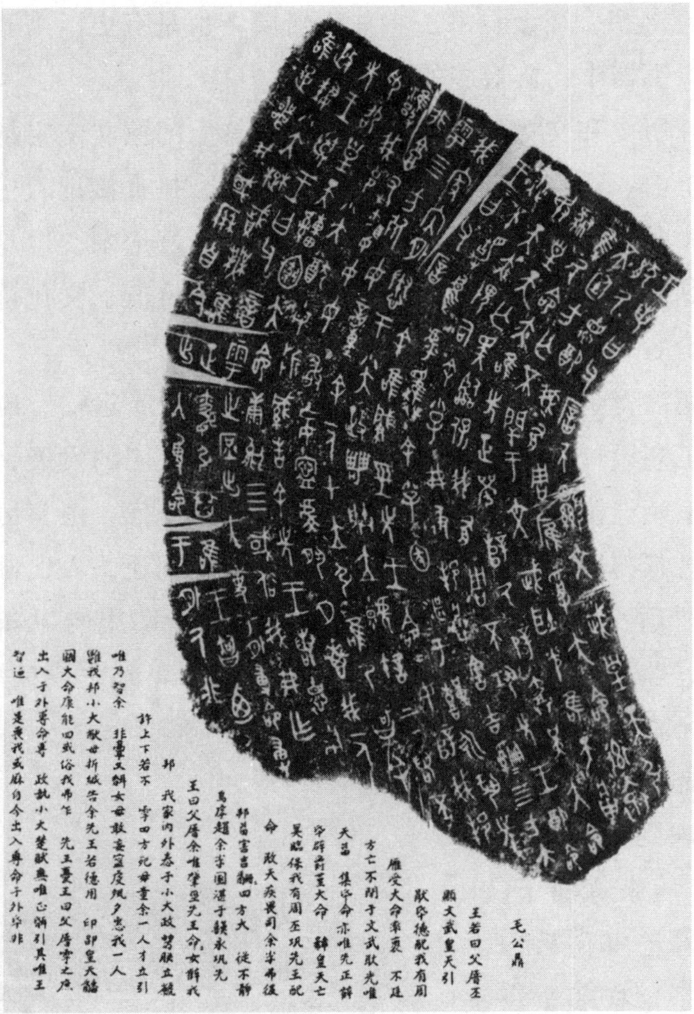

毛公鼎拓片（一）

国威大振。从此，天下太平，周道复兴，各国诸侯又纷纷投靠在周王室的治理下。因而，宣王成为西周的中兴之主，在位长达46年，重新恢复了周王室的权威与尊严。

当时，宣王的叔父毛公厝就是那位辅佐周室、重整天下的大相国。他不负重托，执掌国策，燮理阴阳，为周王室中兴立下不可磨灭的功劳，深得宣王信赖。

毛公鼎拓片（二）

在没有碑刻，也没有纸张可以记事的时代里，重大事件都是铸造在青铜器物上作为铭记，传示后人的，这也是华夏文明智慧的体现。毛公厝得到天子任命他为执政大臣的敕令，自然受宠若惊，于周宣王元年（前 827）铸造大鼎以作铭文。他命工匠将铭文翻模印铸在大鼎内壁，使铭文向上便于阅读。并将巨鼎供奉在庙堂之上，用以警示众人、鞭策自己，也用以记载王命、显示自己的权威，并借此感恩戴德，子孙永宝。

毛公厝在铭文中首先追述先祖周文王和周武王受命于天、创建周朝的功绩，进而叙述当时局势“大纵不静”的可忧可虑，表达宣王在艰难形势下的沉重心情。用较多的文字记叙宣王任命毛公厝负责治理国家政事，期望他发挥才智、大胆献计策，要他直言忠谏，以先王的大恩大德告诫今王，发扬天命。授予毛公厝宣示王命的专权，包括任职令、赏赐令、政令、军令等，均须毛公厝认可，方能生效。从而充分说明毛公厝在周王室中兴时期的地位和作用，并佐证了这段重大史实。该鼎又名鼎，从它的历史价值来看，是当之无愧的国宝重器。但是，毛公鼎出土后，上面的篆体文字多年未能被人们辨识，它的历史价值也就难以确定。

清咸丰二年（1852），苏兆年、苏亿年兄弟二人偷偷将这件国宝重器运到北京，希冀找到一个大买主。琉璃厂德宝斋创始人刘振卿眼力过人，并与许多清政府官员、金石学家交往颇深，经他和博古斋商人祝锡之鉴定后，一致推荐给翰林院编修陈介祺。陈介祺见到此鼎后，爱不释手，出价千两纹银（相当于自己三年的俸禄）买下这件国宝，初步考释后，带回潍县原籍，秘不示人。

买下毛公鼎后，陈介祺为何亲自押运回原籍收藏，秘不示人呢？这是由于清代法律规定：凡秦汉以上文物，均由宫中收储，臣民不得私藏。由于清代末期政治腐败，吏治无能，此类律条逐渐失效。但臣民们还是谨慎避嫌，免生祸端。后来他目睹清廷丧权辱国，不满官场黑暗腐败，于咸丰四年（1850），借为母亲办理丧事返回故乡，再不复仕，潜心治学。

陈介祺将毛公鼎的铭文精心拓印下来，多年悉心研究，凭自己深厚的史学功底和金文辨识能力，初步作出了释文。后来，他又将拓片分两份赠送给亲家、苏州知府吴式芬和金石学家徐同柏，邀请他们共同研究，反复论证，透彻地解释铭文疑难之处。同治十一年（1872），当陈介祺步入花甲之前，五易其稿，重新作出完整释文，将《毛公鼎考释》定稿。通过对毛公鼎的艰难考释，为我国西周史、冶金史、文字史的研究提供了准确依据，也确定了毛公鼎的历史文化价值。同治年间，陈介祺将毛公鼎铭文拓片及释文公布于世，引起朝野轰动，深受文人学士重视与推崇。

清光绪十年（1884）陈介祺病故，次子陈厚滋分得这份珍贵遗产，后来又传给其孙陈陔，毛公鼎在陈家三代收藏53年之久。后来，两江总督端方酷爱收藏金石，对毛公鼎垂涎欲滴，他假借为光绪皇帝庆贺35岁寿辰献礼的名义，软硬兼施，于光绪三十年（1905）出纹银万两从陈陔手里买走毛公鼎。6年后，端方任川汉、粤汉铁路督办大臣时，在四川资州被起义新军士兵们杀死，其妾将毛公鼎质押给天津华俄道胜银行。毛公鼎在端方家中收藏到1926年，约20年的时间。

20世纪20年代初期，日本山中商会、英国人辛甫、美国人福开森都曾觊觎这件国宝重器，他们相继打听毛公鼎下落，并欲出高价收购。当时的交通银行总经理、交通总长叶恭绰闻讯后，连借带凑，用三万元大洋从华俄道胜银行赎回这件国宝，并一直收藏到1937年抗日战争爆发之前。上海沦陷后，叶恭绰匆忙逃往香港避难，来不及携带这件巨鼎，将鼎留在位于上海法租界劳里育路卫乐园3号的私人宅邸中。由于日本宪兵追查这件宝器，叶恭绰急电告当时在西南联合大学任教的侄子叶公超，让他不惜任何代价保住毛公鼎。1941年，叶公超到上海后被日本宪兵逮捕。同年夏季，其兄将他保释出狱，并把宝鼎带到香港交给叶恭绰。但年底香港被日军攻陷，叶恭绰被日寇软禁起来，生活困难，后几经周折，被一位大奸商出资三百两黄金将宝鼎购去。

抗日战争胜利后，宝鼎被“上海敌伪物资管理委员会”查收，国民政府教育部部长徐伯璞闻讯，以教育部名义三次呈文给行政院，要求将宝鼎拨交给国家博物院收藏。经过数番努力，终于将宝鼎带往南京，于1946年8月1日，将宝鼎交给中央博物院院长曾昭燏，后运往台湾，现保存在台北故宫博物院，成为镇院之宝。

一个半世纪过去了，经历了天翻地覆的巨变。毛公鼎从出土以来，历经劫难，阅尽世间沧桑，所幸始终没有流往国外，它是我们民族发展史的一块里程碑，也是中华文明史的见证。除了首藏毛公鼎的金石巨匠陈介祺撰写的《毛公鼎考释》外，国学大师王国维也写过《毛公鼎铭考》，著名历史学家、文学家郭沫若也写出《毛公鼎之年代》等论著。这件国宝重器，体现着我国古代政治家问鼎天下、重整山河的雄才大略和抱负，始终像一颗璀璨的明星，在历史银河中闪烁着奇异光芒！

这年，陈介祺还得到“晋率善羌邑长”印，这也是一枚珍罕之品。不久，另一位金石大家吕佺孙又将“孝建四铢”珍稀古钱币的手工拓片寄赠给他，拓片内还有其他五十四种古钱币，每枚古钱币下面都钤着吕佺孙的印章，还有鉴定各种古钱币的说明文字，这让陈介祺对古钱币的研究眼界大开，有了新的兴趣。吕佺孙，字尧仙，常州武进人，道光十六年（1836）进士，官至福建巡抚，也是一位酷爱金石收藏的大家，生前著有《运甓轩钱谱》四十卷、《金石存考》二卷、《古砖录》三十四册，收藏著述斐然。

同样在这一年，故乡传来刘喜海去世的消息，为了恩师一生呕心沥血搜集的珍贵藏品不至于流散各地，陈介祺抓紧时机，陆续将刘喜海的邢仁钟、兮仲钟、纪侯钟、虢叔旅编钟等一股脑地收入箧中。从此为他的十钟山房藏钟奠定了基础。刘喜海生前著

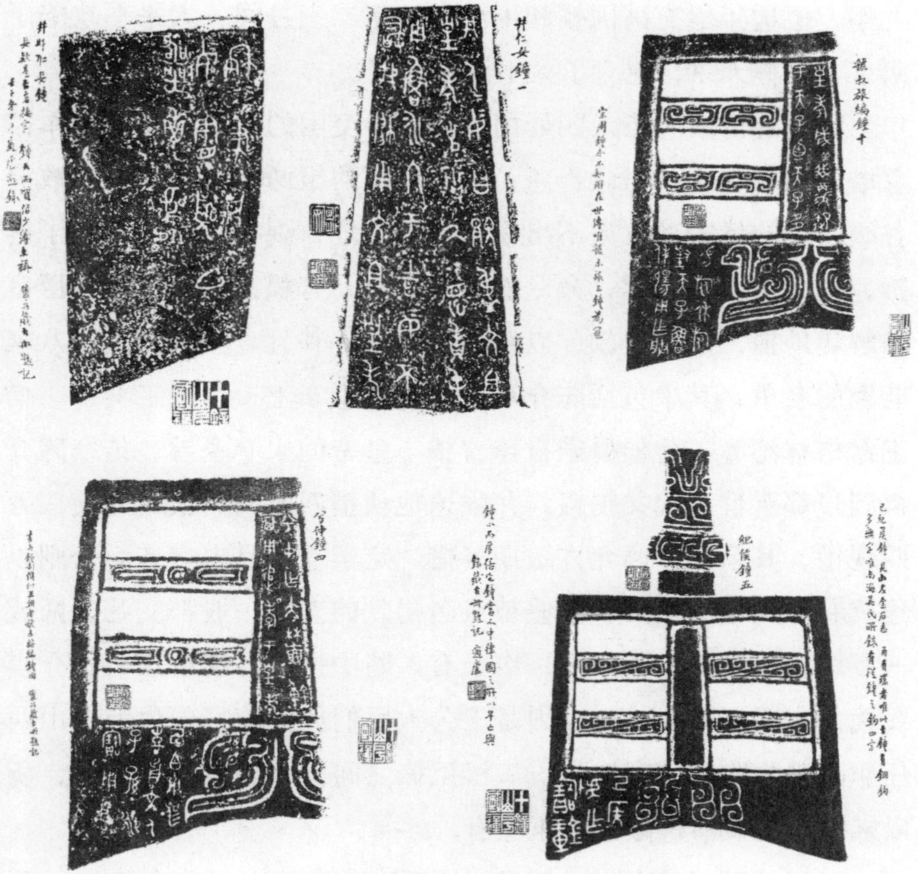

陈介祺从刘喜海后人手里购得的四架古钟拓片

作的《古泉范》一书，也由他的后人送给了陈介祺。后来，陈介祺又将散落在坊间的刘氏未刻完的《长安获古编》书稿也寻访到手。所以，咸丰二年（1852）是陈介祺收藏史上大丰收的一年，这里面有他无比辛勤的努力，也许还有天意。

第七节　被逼代捐　倾家荡产

有大起，就有大落；有一帆风顺，就有逆水行舟。这仿佛是人生的一条规律。咸丰三年（1853），陈介祺 41 岁，已过了不惑之年，但这年他充满困顿和困惑。这年二三月间，太平军攻陷了南京，改称天京，建立了太平天国政权。

这时的清政府陷入四处用兵、内外交困的局面。军饷和军需急增，国库空虚，财政告急，由于户部的银两储蓄已空，连政府各级官员的俸禄都发放不出去。情急国危，副都御史文瑞写了奏折，请咸丰皇帝下旨，命令前朝有资历、有积蓄的十八家老臣富绅解囊助捐，聚集巨款，以解燃眉之急。并且直接罗列出十八家老臣的名单，其中包括陈介祺家。不久惠亲王、恭亲王奕䜣、僧王僧格林沁等王公侯爵亲自捧着咸丰皇帝的朱笔圣旨，传令陈介祺到户部听旨，代父捐银，并强迫他认捐四万两白银，先交二万两现银，其余二万两允许缓期筹措。定于三个月内交齐，否则以违抗君命和军令论处。这些被点名捐款的老臣一般都交几千两或一万两，最多的交二万两，由于有人暗中挑拨，唯独点名陈介祺要代父交四万两银子，原因是王公大臣们风传陈官俊生前在山西任职时曾收购过一家银号。满汉臣僚之间又充满猜忌和矛盾，所以嫉妒他的人借机敲诈打压陈府。

清初按照政府规定：官员的俸银（工资）一品官每年一百八十两白银，七品知县每年才四十五两白银。乾隆朝后期，因官员贪污成风，朝廷又给有实权的官员发“养廉银”，总督和巡抚每年一万至一万五千两，七品知县发一百六十两白银。陈介祺作为翰林院编修，只是正七品官员，相当于知县一级，翰林院是个清水衙门，每年只有二百多两银子。父亲在世时家里虽有较为厚实的积蓄，但经不住父母、祖母等老辈去世四五年来连续大操大办殡葬，再加上近几年收购大量贵重藏品，积蓄已消耗大半，陈介祺面对突如其来的这笔巨额捐款命令，诚惶诚恐，一筹莫展。

他唯恐交不上朝廷的捐款，惹来大祸，被清缴家产。因此，三月初接到圣旨后，他首先安排车马将妻子李氏和年少的次子陈厚滋以及女儿陈厚培，一起送回故乡潍县，寄住在城北莱章村六叔祖和九叔祖家里，并写信向他们借钱求援。当然，同时倾巢运走的还有他那些珍贵的金石藏品。为了怕路上有所闪失，他专门从京城请了镖局押运。

紧接着，他向翰林院告病请假，车马劳顿地赶往山西、河南等地到处筹款。京城里留下叔父陈官侨帮助刚刚成年的长子陈厚钟，那年陈厚钟刚满 20 岁，就担负起变卖商铺产业、筹集款项的重担。筹集上交完第一笔白银二万两后，他于四月初八日启程，火急火燎地赶往山西太原，月底又马不停蹄地赶往介休，在那里抵押了自家的当铺，五月初又赶往绵上，辗转上千里后又回到太原，直到六月初才回到京城。这时，朝廷三个月的期限已到。他东拼西凑，好不容易才将捐银凑齐，交了上去，有惊无险地躲过了这场大灾难。这时他已感到心力交瘁，万念俱灰。

事后，咸丰皇帝在论功行赏时，为陈介祺捐出巨资支持军费开支，特地记了军功，赏戴双眼花翎，晋升他侍讲学士衔（从四品，相当于知府），赐二品顶戴（不是实职），给予一串徒有虚名的官职和荣誉。花翎分单眼、双眼，双眼的高贵，又称“大花翎”，所以后来潍县人都把陈介祺称作“大花翎”。

花翎是清代官员的冠饰，用孔雀翎毛饰于冠帽后，以翎眼多者为贵。清朝看重花翎，按例应随官秩（官职高低）戴翎。宗室中，以贝子戴三眼花翎为最尊贵，镇国公戴双眼花翎为稍次，镇国将军等戴单眼花翎，而亲王、郡王虽然爵位比以上更为尊崇，但是非蒙皇上特赐是不能戴花翎的，而且已经赐有花翎者，遇到朝冠觐见时仍不能戴用。

凡是由皇子分封的亲王、郡王，都不赐戴花翎，这是因为戴

陈公鉴宝图（潘宝昌绘）

花翎是“臣僚之冠”，而亲王、郡王、皇子等都是宗室贵位，戴花翎有“纡尊”之嫌。

清代有品位的官员之例有花翎者，内廷王、御前大臣、领侍卫内大臣、直省将军、内大臣等以及领侍卫府官、满员（满族官员）五品以上皆冠戴孔雀花翎，六品以下者只能戴褐羽蓝翎，也就是俗称的“野鸡翎子”了。

清代的亲王、郡王中赏戴花翎的，仅见于乾隆朝。当时，顺承勤郡王泰斐英阿，因为当了前锋统领，便向乾隆皇帝乞赐花翎。乾隆皇帝说，花翎是贝子之制，诸王戴了就会失制。军机大臣傅恒就代为说情：郡王年幼，想戴花翎玩玩，以为美观。乾隆皇帝这才答应了，同时赐给另一位皇孙三眼花翎，说：“都是孙辈，以为美观可也。”

清代勋臣中，功勋卓著或恩宠有加者，才能得到皇上赏赐的双眼花翎，比如权相傅恒、和珅、福康安等。而且，清代定制，外任文职官员无赏花翎者。只是到了乾隆朝，有一位叫方承观的直隶知府，受到皇上特别眷爱，他在古北口大阅兵时，曾特乞皇上赏戴花翎。此后，外任各省总督、巡抚等大员，也就屡有蒙恩赐花翎的事情。

外任武臣中，非军功卓著者不可蒙赐花翎。康熙朝时，福建提督施琅收复台湾，诏封靖海侯，子孙世袭，而施琅却上疏辞侯，恳请皇上赐花翎。当时，在外领兵的将军、提督都还没有赐戴花翎的先例。康熙皇帝乃特旨赐施琅戴花翎。

由此可见，在当时文武臣僚心目中，赏赐花翎比封侯还要荣耀。正因如此，后来的清代文官对赏戴花翎特别重视。除军功外，非“异常劳绩”不得褒奖花翎，而且，限定每案不得超过三名。

惊魂未定的陈介祺本来从他父亲一生的沉沉浮浮中已经看破

了宦海险恶，这次几乎倾家荡产的遭遇更使他深深体会到“热闹场中良友少，巧机关内祸根蟠”。从此，他决心急流勇退，托病辞官，回到故籍潍县，潜心于收藏鉴赏、考释和著述，期望过“林下田间”的隐士生活。

他于咸丰四年（1854）42岁那年回到潍县，与前一年早已返回故乡的妻儿团聚。

第四章　避世隐居　难脱红尘

第一节　海滨病史　隐逸六年

陈介祺于42岁时回到潍县，但故籍已没有他的立足之地，城里北门大街“翰林院”老大门到他祖父陈祥桂那辈兄弟六个的家眷，又繁衍了两三代人，里面住满大大小小几十户人家，很多眷属早已把自己的住房卖给外姓人家，陈祥桂原住的后排九间明代草顶砖房东头那三间小房如何能安排陈介祺从京城带回的一大家人呢？所以陈介祺还是决定全家居住在莱章村，暂时安定下来，再从长计议。

莱章村是潍县城西北十五华里的一个自然村落，依照当时的海岸线推算，再向北七八十华里就是渤海莱州湾，所以他自号“海滨病史”并刻了这么一枚闲章，聊以自慰或自谑。

潍县西北乡的莱章村，是潍县通往京城官道上的必经之路，村西四华里的流饭桥是这条官道的重要桥梁，由此向西经利津、海丰（今无棣）、沧州，可直达天津、北京。陈介祺虽然离开京城在此定居，但他和他的家人与京城还有千丝万缕的联系，不断有亲友往返于京城与潍县，所以住在这里较为方便。再说，这里本是他祖辈的老墓田，他的祖父陈祥桂就安葬在这里。莱章村本是他六叔祖陈祥醴的庄园，九叔祖也住这里，“祥”字辈的总堂号是玖思堂，他们都是玖思堂堂号下的一家人。陈介祺全家的到来，使他们门楣生辉。莱章村的民居形状如一个“凸”字，陈氏家族占据了中央部分，从南到北都是他们的高大住宅，西旁则分居着一些帮工、农民和守墓人的住房。村里东西大道路南的陈家大门，住着陈介祺的六叔祖和九叔祖，大门上镌刻着一副世代不变的楹联：

先世居人里，
大夫有祭田。

据说，这是陈介祺的遗墨。隔街与陈家大门斜对面是陈介祺新建的大片住宅，中间一条砖铺甬道，甬道的东西两边是两座拔台子大屋，屋子前面出厦。屋前屋后都有宽敞的院落，院里种满树木花草，屋后面还有大片菜园，这正是“林下田间”的真实写照。陈介祺专门为此刻了一枚“林下田间”的闲章。院外西邻是陈氏

潍县北乡莱章村今貌。陈介祺曾在此隐居六年，故居已荡然无存。

陈介祺书写的“无数青山拜草庐”匾额

家族聘请的塾师魏兆凤的住宅，魏兆凤是嘉庆九年（1804）举人，做过济南府府学教授，所以玖思堂陈氏家族常年聘请他做塾师，为自己的子弟们培养人才。由于魏家六代以教书为生，陈介祺还亲自为他家题写了一块匾额“陆堂宣教”。

在莱章村建房居住安定下来以后，陈介祺与族人曾多次商量修建围子墙，以备不测。但由于村子小，人口少，建墙不易，守墙也不易，所以建围子墙的计划始终未能实施。计划不如变化快，后来随着形势动荡不安，太平军开始北伐，捻军也在北方呼应，陈介祺意识到一个小小村落的围子墙即使建成，也绝不可能抵御太平军、捻军的强大攻势，所以他又决定改变隐居林下田间的生活，举家迁往固若金汤的潍县城，以避兵灾之患。

因此，陈介祺虽然过起了“林下田间”的农村生活，但这六年中，他没有地方摆设陈列他的藏品，无心无力也无暇顾及搜集新的藏品。他在忙什么呢？首先，他嘱托在京留任的叔父陈官侨帮助留京的长子陈厚钟变卖京城的产业，尤其是西安门内经板库那座父亲留下的陈氏官邸，慢慢将资金回笼起来，在潍县城里选购宅基地，筹建房屋。同时，还投资将北门大街路西陈氏家庙重建并装修一新。

这六年，他与京城的宦门朋友几乎断绝了通讯往来；这六年，他从京城运回来的藏品一直封箱未动；这六年，他从京城热闹场中抽身隐退，悄悄消失在帝王和权臣的视野中；这六年，他唯恐京城中有人再拨弄是非，逼他捐献巨款，这种事情如果再来一次，他真的永无翻身之日，万劫不复了！

回到潍县的第三年，也就是咸丰六年（1856），他的良师益友、金石至交吴式芬去世了，这给他很大的震动。由于吴式芬生前已与陈介祺商定，将陈介祺的女儿许配给吴式芬的儿子吴重憙为媳，陈介祺亲自操办了这门亲事，所以两家已从至交变为亲家。

青岛收藏家庄珩收藏着咸丰八年（1858）陈介祺写给吴式芬的长子吴重周的一封信札，信中涉及他们与何绍基和许瀚的交往，并商定了吴重憙和陈介祺女儿大婚的日子。

庄珩先生还写了关于这封信的浅释，今附录如下，以飨读者：

陈介祺的书信是写给清道光进士、官至内阁学士、金石学家和考古学家吴式芬（山东无棣县人）的长子吴重周的，时间是咸丰八年戊午（1858）十二月十八日，临近过春节，陈介祺赠送给长饴（吴重周）礼品四盒，从信的内容看出是长饴给陈介祺来了一封信，陈介祺回了这封信。并探讨了吴式芬的书籍是否续订，让他不要给别人看，并问何绍基（子贞）是否看到过，是否让何绍基写个序言，当时何绍基就在济南泺源书院。

开始称谓：长饴是吴重周，字长饴，号镜秋，行一，吴式芬长子，下文中有解释。书信中提到一个人——印林。许瀚，字印林，山东日照人，自幼博读经史与金石文字，道光

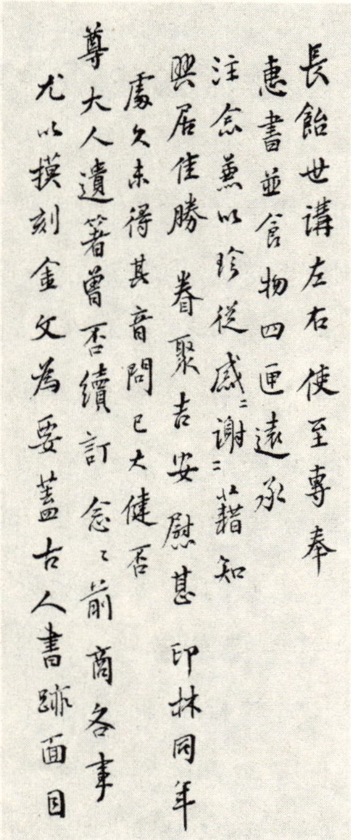

長飴世講左右 使至專奉
惠書並食物四匣遠承
注念兼以珍從感感謝謝藉知
興居佳勝 眷聚吉安慰甚 印林同年
處久未得其音問已大健否
尊大人遺箸曾否續訂 念念前 商各事
尤以摸刻金文為要蓋古人書跡面目

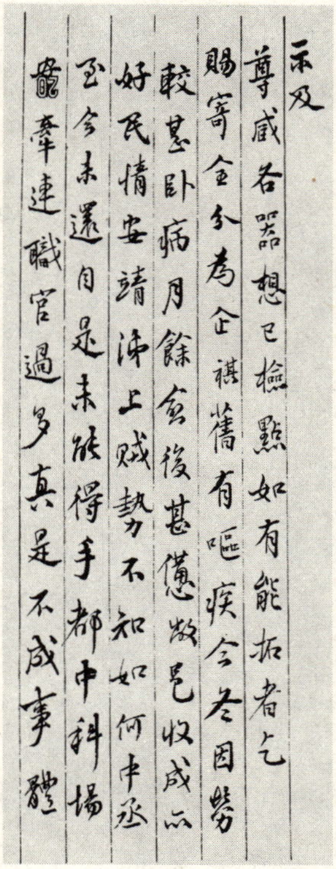

示及
尊處各器想已檢點如有能拓者乞
賜寄全分為企 祺舊有呃疾今冬因勞
較甚臥病月餘食後甚憊數日收成亦
好民情安靖海上賊勢不知如何中丞
至今未還自是未能得手都中科場
齮齕連職官過多真是不成事體

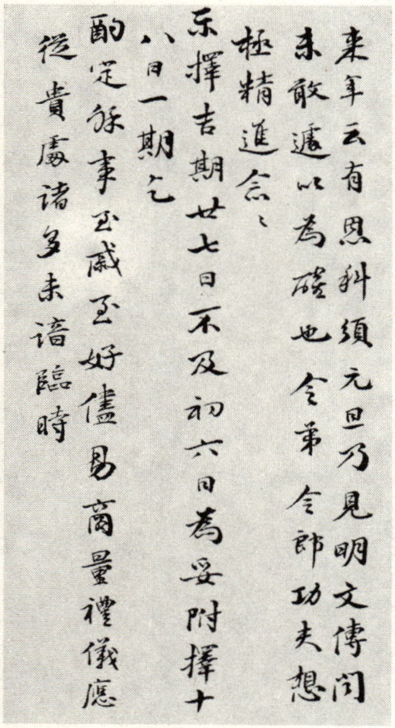

來年云有恩科須元旦乃見明文傳聞
未敢遽以為確也 令弟 令郎功夫想
極精進念念
示擇吉期廿七日不及初六日為妥附擇十
八日一期乞
酌定餘事至戚至好儘易商量禮儀應
從貴處諸多未諳臨時

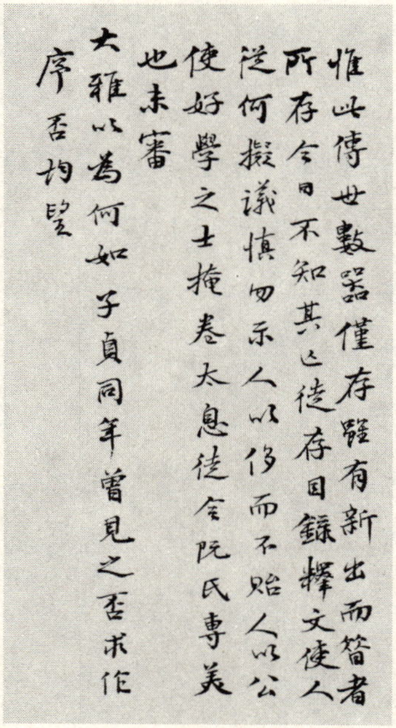

惟此傳世數器僅存雖有新出而箸者
所存今日不知其已徒存目錄釋文使人
從何擬議慎勿示人以仿而不貽人以公
使好學之士掩卷太息徒令阮氏專美
也未審
大雅以為何如 子貞同年曾見之否求作
序否均望

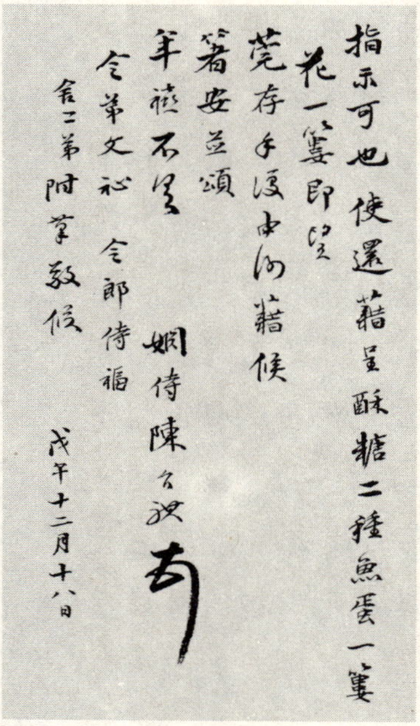

指示可也 使還藉呈酥糖二種魚蛋一簍
花一簍即望
莞存 手復由河藉候
著安並頌
年禧不具
令弟文祉 令郎侍福　姻侍陳介祺頓首
舍二弟附筆敬候
戊午十二月十八日

陈介祺写给吴重周的信札

五年选为拔贡，道光十五年中举。在第二张所提：子贞。何绍基咸丰八年（1858）60岁在山东任职，主讲济南泺源书院。

从时间年代及书信中所提到的人物来看，因陈介祺与吴重周家是世交，吴重周的父亲吴式芬去世了，吴重憙是吴式芬的次子，陈介祺将长女许配给吴重憙，陈介祺是吴重周的长辈，因此开始称谓是“长饴世讲”（称朋友的后辈为“世讲”），此封书信之后还有两张，在落款一张左上角写：“舍二弟附草敬候”，说明对吴重憙还有事情要讲。因陈介祺是吴重周和吴重憙的长辈，所以后面两张开始所书“示及”两字（是长辈对下辈的称语）。书信是讲的吴家藏的文物，陈介祺索要拓片，并说自己身体不好，朝廷科考案等政事，以及来年恩科让吴重周的弟弟和儿子去考试。其后说了吴重憙和陈介祺的女儿大婚的日子，可能当时吴家选了吉日是廿七日，陈介祺选了初六或者是十八日，把陈吴两家的大婚之日也定下了。据史料记载，吴重憙与陈介祺女儿结婚是吴式芬去世的第三年举办的。此信写于咸丰八年（1858）十二月，他们之间商定日期是咸丰九年（1859）（据《海丰吴氏文存》及梁廷灿著录《年谱考略》）。吴式芬于是年二月买舟北归，四月抵海丰。自浙归途中过淮，造访丁晏家。丁晏在《颐志斋感旧诗·吴子苾侍郎》小序云：“余在都往还颇密。自出为浙江学政，以病乞归，过淮犹造访余家。归后旋卒。”按上述考证，吴式芬咸丰八年（1856）四月回到无棣老家，就去世了。按守孝三年的习俗，吴重憙与陈介祺女儿是在四月以后大婚，与史料记载相符。

吴式芬的二儿子吴重憙，是陈介祺家族后半生的一个重要人物。由于吴、陈二人为至交，陈介祺将长女陈厚培许配给吴重憙，他们是在吴式芬去世三年后才成婚的。吴式芬死后，陈介祺督促吴重周邀请他的老师、日照人许瀚整理校勘吴式芬的遗著，终将吴氏的《捃古录金文》等著作付梓刊印；并将吴氏所藏封泥考释稿《汉封泥考》，再加上自己收藏的封泥并入该书，叮嘱吴重憙合编并考校，于光绪三十年刊印成书《封泥考略》。吴重憙每逢赴潍驻岳父家，陈介祺必与之谈论治学之道，授以作字之法。吴重憙还多次为陈介祺整理缮写金石文字的著录。陈介祺对这位女婿寄予了厚望，陈介祺曾在吴重憙为他抄写的《潍县陈氏宝簠斋藏器目》题跋中说："我对于女婿寄予的希望大且重，仲饴（吴重憙之字）勉之哉，勿以此夺志也。"吴重憙出身于官宦世家，又深受陈介祺点拨教诲，年轻时就追随长兄吴重周宦游各地，恪守庭训，好古而博综经史，后来步吴、陈先辈之足迹，与潘祖荫、王懿荣、鲍康、左宗棠交谊颇深，并拜潘祖荫为师，与王懿荣结为亲家。他先后任陈州知府、江安督粮道、福建按察使、江宁布政使、署理直隶总督、河南巡抚等要职，民国后寓居天津。在他的荫庇下，陈介祺的嫡裔多寓居津门。

吴重憙，字仲饴，号石莲，是吴式芬第二个儿子，他自幼聪颖好学，"好闻道先世轶事"，受父辈嘉言懿行的影响，他遍读家藏诗书，年纪轻轻便立志光耀门楣。19 岁时，吴重憙失去双亲，茕茕孤露，与兄嫂相依为命，便愈加发奋努力，时刻激励自己莫坠先人家声。同治壬戌年（1862），他中举人，援例授工部郎中，擢升为河南陈州知府。据《吴氏世德录》记载，吴重憙在陈州任上时秉承父辈遗风，"为官清正，慎于折狱，崇经义塾，尤以振兴文学为先务"。当时恰逢郑州黄河决口，大水漫溢至府西数里之外，吴重憙亲自督促民伕分段修堤抗洪，并设立粥厂赈灾，救活了无数灾民，深得当地百姓爱戴。虽然政绩卓著，然而吴重憙仕途蹉跎，在陈州任职多年未得升迁，直至转任开封知府。调任开封以后，他审结全省重案，断狱公正，无枉无纵。在任时荥泽保和寨发生工险，他率领民众连续两昼夜冒雨抢护，赤足立于泥沼中，不休不眠，指挥若定，最终化险为夷。

甲午战后，国难沉重，吴重憙与许多忧国忧民的知识分子一样，一直苦苦思索和不懈地探求救亡图存的道路。

光绪二十六年（1900），八国联军入侵北京，慈禧太后与光绪皇帝仓皇逃往西安。吴重憙时任江南江安粮道，奉两江总督刘坤一之命赴西安进献地方特产，然后又随行护驾返回北京，得以接触到朝廷的最高统治者。吴重憙深知等待已久的机会来了。他在途中倍加照拂，又仿唐代杜甫诗作“麻鞋见天子”，集成诗册《麻鞋草》进献，深得慈禧欢心。吴重憙虽有谄媚之嫌，但此行不虚，很快便得到了提拔与重用。不久他被擢升为福建按察使、江宁布政使。后来又历任直隶布政使、护理直隶总督、北洋大臣、驻沪电政大臣、仓场侍郎、江西巡抚、邮传部侍郎、河南巡抚等职，成为晚清政坛上叱咤风云的人物。

吴重憙作为吴式芬的儿子、陈介祺的女婿、许瀚的学生，深受家学的熏陶和父辈治学精神的影响，对金石考据学有广博的见闻和精深的研究。他帮助父亲整理金石收藏，为父亲修订书稿，在父亲去世后又几次奔波，请许瀚校正父亲遗稿《捃古录》《捃古录金文》，并且主持刊印所著诸书。辛亥革命后他寓居天津时，还经常与章钰、缪荃孙等知名学者讨论金石学术问题。

结婚后，他深受岳父陈介祺的点拨、关爱与教诲，不仅继承了前辈的金石学问，而且在图书收藏方面也做出了突出的贡献。清末以来，文献活动极为活跃，校书、刻书、编目、题识，盛极一时。吴重憙藏书多是珍品，见于著录的善本有42种，其中手抄本30种，而且大多经过名家珍藏、批校、题跋。

另外，他还藏有著名的西周晚期的颂簋盖全形拓轴，该拓轴金文，15 行，计 150 字，又重文 2 字，拓轴纸芯高 132.5 厘米，广 32 厘米，极为珍贵。吴重憙还藏有唐人所书《四分律》一卷，硬黄纸本，朱丝栏，纵 22.8 厘米，长 281 厘米。著名书画鉴赏家陈药洲欣赏后，自谓平日所见法书名画甚众，而得遇唐人小楷墨迹极稀。吴重憙复请何绍基、严长明、张之洞、王懿荣等大家为之题跋，其珍稀可见一斑。

吴重憙晚年闭门谢客，专事编辑《吴氏文存》《吴氏诗存》《吴氏试艺》《吴氏世德录》，付梓印刷，被称为吴氏“小四库全书”。《吴氏诗存》集有诗词专著《石莲庵词》，还有古风、乐府、律诗、词曲若干卷。《吴氏文存》长篇巨著有《大清律例通考》《金石汇目分编》《捃古录》《捃古录金文》《封泥考略》《双虞壶斋八种日记》《宁远书钞》《人海丛谈》《南安书院记》《家训纪闻》等，均具很高的学术价值和史料价值，为国家图书馆馆藏著名典籍。另外还著有《石莲庵诗文集》《石莲庵词集》及奏议若干卷传世。他于 1921 年在天津病逝。

第二节　重修家庙　凝聚族人

五年后，也就是咸丰九年（1859），陈介祺 47 岁，他用变卖京城房产的钱，首先将陈氏家庙重修建一新。陈介祺从小在京城长大，与故乡潍县的人们并不熟悉，与城里的远房亲戚也很少往来，更何况陈大观家族从元末迁潍，至清代中后期已发展到数千人，他也无法一一联络。尤其是到咸丰后期，太平军北伐，占据了半个中国，国内形势大乱，太平军已节节逼近山东，如果潍城被围，受灾受难首当其冲的是他们这些朝廷命官。当时，要团结人们抗争，保护生命财产，他首先要依靠本族的力量，要依靠本族的力量当时只能依靠传统的封建宗族关系，把他们的心凝聚在一起，所以，陈介祺迫不及待地修建陈氏家庙。虽然他的宅第筹建比家庙早，但牵扯陆续购买多家多户的房产，又要陆续拆除旧房，所以宅第的工程拖延了四五年才基本完成，而重建家庙的工程比宅第提前一年竣工。

潍城陈氏家庙，最早建成于乾隆五十六年（1791），坐落在县城西北隅撞钟院前街路口以南的北门大街西侧。早在康熙年间，陈氏族人就屡屡提议修建家庙，雍正三年（1725）续谱时又计议此事，但仍未付诸实施。据该家族老长支、现年 82 岁的陈瑞曾先生回忆，陈氏老三支十二世的陈尚志，因弃学经商致富，与其子阳敷、阳旭、岭南等，先后捐出大笔资金修筑了县城西北一段城墙及学宫、文昌阁等，受到两任知县赖光表、郑板桥的器重，因此老三支后人对于朝廷号召光宗耀祖的修家庙之事更为重

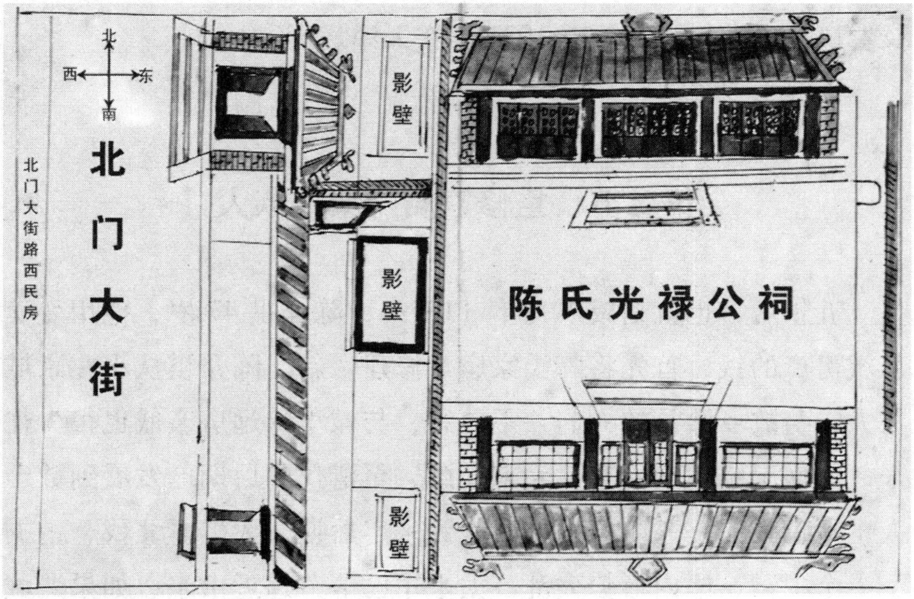

陈氏光禄公祠示意图（刘凤周绘制）

视。乾隆三十五年（1770），族间出资在北门大街祖宅附近买了家庙的基址。又过了二十年，陈氏的第十三世至十七世，以陈岭南、陈之铎、陈化淳、陈汝智、陈秉孝等带头，主要由老三支陈岭南等出资，各支三十五人董其事，在乾隆五十六年（1791）建成了家庙。

嘉庆元年（1796）端阳，家庙安神开祭，阖族代表议定了《家庙条规》五项。其中规定：正祠中列始祖、二世祖三位，永不许更添神主；祠前西厢，凡上世举孝行、历仕籍、受封典者，各支子孙禀明族长，会同族众，立神位送入；祠内一切房屋，不许借存神主，不做馆借居、寄物，并强行侵占；春秋伏腊务致敬尽礼。后来，将道光版陈氏族谱放入祠堂，便于寻亲问祖者拜读查阅。

当时建设家庙，要求“礼”尊、“貌”严。陈氏家庙虽然建设得庄严肃穆，但其建筑格局并不十分宏伟。除了大门高筑平台、跨过厅进入广阔庭院，有正祠五楹飞檐斗拱，西侧有厢房，是一个三合院。另有二门及临街平房。

在家庙建成后的50年，由于十六世到十八世子孙中出仕做官的人多，也给家庙的老祖宗带来了荣耀。其中，最突出的就是清道光二十七年（1847）时任工部尚书，曾入直上书房，当过道光皇帝老师的陈官俊（老三支十六世）在其母夏氏九十寿辰时，皇上御书了“耆臣寿母”匾额与“福”字、“寿”字，以示殊荣。于是，就将匾额和“寿”字悬在了家庙的正厅上，与始祖神位摆在一处供奉了起来。道光二十五年（1845），陈官俊之子陈介祺中进士，授翰林院编修、国史馆协修。他在咸丰四年（1854）借母丧丁忧回潍后再不做官。这位以金石收藏和书法著名、人称“陈大花翎”的老三支十七世子孙，曾在光绪初家庙维修时，让他的义子、刚中状元不久的曹鸿勋题写了“陈氏家庙”

的匾额，悬挂在门楣中央，自己撰写了大门楹联："孝友泽长，念尽性尽伦，系出自妫之后；德功祀重，庸示俭示礼，观于平仲之乡。"二门楹联："莫不尊亲，入庙共知同血气；无远兄弟，推心自己有儿孙。"

从乾隆五十六年（1791），到咸丰后期，时间已过去了将近七十年，皇帝也换了四代。由于家庙初建时规模较小，陈介祺由京回潍时，看到家庙已经残破陈旧、狭小拥挤，所以他又出资重修。重修后的家庙，自然是仿照京城达官贵人家庙的规模和气派，与往昔不可同日而语了。

据从小就生长在陈氏家庙附近的刘鸿翱家族后裔、现年 83 岁的刘凤周老人回忆：陈氏家庙中间三间大厅房大门有三米见方，是安在二檩下面，这是按照官职级别而定的装潢标准，在潍县只有陈家和丁家是三间屋的二檩下安门，外有红色方木栅栏护卫，下面是五层水磨石的台阶，两边有两根旗杆，三间厅房的两

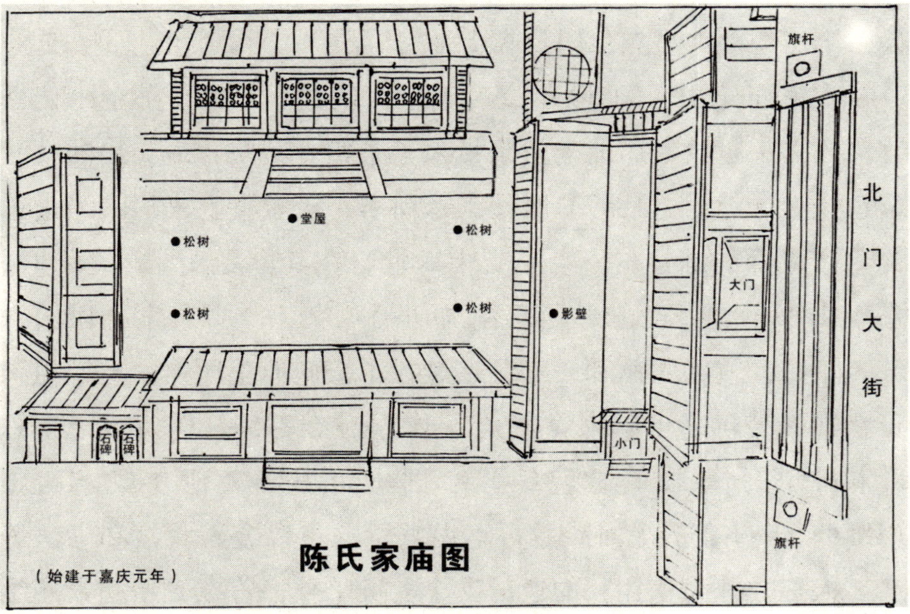

陈氏家庙示意图(刘凤周绘制)

头各有耳屋两间。北边两间耳房朝街开一小便门，是守庙人居住的地方；南边两间耳屋是在院内，开有一门一窗。

两扇大门是大红色的，还能看到画有门神的痕迹和两个吊环的痕迹，吊环是固定的，而不是活环。门的下面有一尺高的屉子（即高门槛，可以提起来拿走，以便通行；晚上再插下去防盗），门上边有红色金边金字的匾牌，镌刻着“陈氏家庙”四个大字，左边有陈官俊的题词。进来大门，里面是四根大红色的明柱，支撑着三间大厅的门洞。大红色的明柱每根直径约有五十厘米。抬头可以看到上面是重梁重檩，没有雕梁画栋，檐檩上也没有雕刻的花板。檐檩下只有六个铁鼻，是准备过节挂灯笼用的。下去二层台阶，眼前是三间屋的影壁墙，用水磨青石砌成，两边各有四扇门的便门一个，北边的便门常年关闭着，是守门人的住处。

南边的便门有四扇门，进了南便门下二层台阶是东西约三十米、南北八米的院子，南面、西面是高墙，北面是三间屋的过厅。西山下有两块石碑，有两间小耳屋护着。东面是两间屋，一门一窗。进了过厅，在门洞里能看到四根深绿色的方形明柱支撑着、用立粉式的画工彩绘的三根檐檩。重檩没有雕刻花板，其他梁檩还是红色。

再下二层石阶是长宽约十五米的天井。四角原有四棵松树。抗日战争爆发后，仅剩西北角的一棵，有十米高，约六十厘米粗，日本投降后也不见了。正北是三间大厅，十二扇隔扇，红色的明柱。三根彩绘檐檩下是透雕的花板，每间屋的隔扇都能敞开两扇。隔扇是用方框圆孔形，全是大红色，有起鼓，无雕刻，中间门上有一块红色的金框牌匾，是道光皇帝御书的“耆臣寿母”匾额。进屋后能看到红梁红檩，在后墙上面有黑色大牌匾，一块中间有金色菱形两个框，框内写着“福”“寿”二字，也是道光皇帝御书。题词是金色，黑牌没有金边，表示福寿无边。三间屋

陈氏家庙里的祠堂碑记

内靠北墙有三个神阁，全是黑色金边。中间一个神阁有圆形“寿”字，窗户两个神阁下面有三张红色方桌，祀拜时摆放瓷制烛台、香案等，平时空着。神阁里的神主没有见过，也不知道多少或分几支。

站在北厅的阳台上能看到全园的景致，西北角有个小空院，西南角也有个小空院，都不过两米至三米见方。东北角有花墙是个圆形十字方孔墙，是守庙人向内观察的地方。东南角也有一个方形的空地，很小，没有用处。正东是三间屋长的影壁墙。唯有西面是三间青砖到顶的西配房。一门两窗，都是博古图窗棂，没有隔扇和明柱，里面存着瓷器和祀器，都用红木箱子封装着，还备有祭祀用的方桌和板凳。

正面的陈氏家庙是由四十米见方的地面组成的，大小共分四个院。第一院是街景和大门以及影壁墙；第二院北面二间耳屋是守庙人住的地方；下去南便门是第三院，后来是镇公所办公用的；再进了过厅有北屋、西屋、天井，这是第四院，也是主院。

这四个院共有大大小小十八间屋。

这些房屋全是水磨青砖和筒瓦、白灰砂浆建成的，没有一点泥土。砖和砖缝之间都有铆钉连接。砖瓦全是特等料。十八间房屋，包括墙壁，全是清一色的砖瓦。

第三节 相府落成 搬迁城内

家庙重新修建后的第二年，陈介祺在潍县城内的宅第已基本修建完工。这年，太平军已逼近山东，居住在没有任何设防的农村，陈介祺感到极为不安全。他原想从京城回到潍县，下半生可以终其所好、悠闲度日的，却不料树欲静而风不止，命运又把他推到刀光剑影、风雨飘摇的风口浪尖上。因此，他抓紧采购调运砖瓦木料，再三催促工匠加快城内住房的工程进度，终于在咸丰十年（1860）基本完成了府第建设，尽管北半部分的后花园和附属建筑还没动工，他还是迫不及待地举家搬进县城，以防不测。由于陈介祺的父亲做过协办大学士，职位相当于副相国，所以潍县人尊称他的住宅为“相府”，陈介祺在自己家内祠堂的祭品底部也特别烧制上“潍县相府”等字款。

陈介祺的府第坐落在增福堂街上，东侧是罗家巷，就是现在“陈介祺故居陈列馆”的位置。

增福堂街是老潍县城的一条普通街道。这条街因街上有“增福堂”庙而得名。位于旧城区西南隅、西门大街以南、八仙巷以北，东西两端连接布政司街和西下洼街。

增福堂（又称观音堂），庙址在街道东段路北。始建于明成化十八年（1482）。明正德五年（1515）、清康熙五十七年（1718）、清道光年间曾三次重修。内祀增福财神。当年庙门上的对联是“赐福赐与修福主，增财增在惜财家”。这里原来有两进

明代弘治年间所铸观音大士铜佛（原在增福堂庙中供奉）

殿堂，前殿还配有东西两庑（极小的三开间）。庙内最主要的神像是一尊三头六臂观音大士坐像。铜胎鎏金，造型精美，明代弘治年间铸造。佛像三面均慈眉善目，胸前双臂合十，其他四臂各擎法器，盘膝趺坐于莲座之上。虽年代久远，依然金光灿灿。寺门东侧的墙头上还建有一座绿琉璃瓦顶、四根石柱的四角亭子，俗称“魁星楼”。内塑一座魁星立像，表情肃穆，右手执笔，左手抓斗，一脚翘起，正是民间传说中的“魁星点状元”造型。

陈介祺家的大宅院在街的最东头，路北并排两座大门，东大门是过去大户人家为进出马车而专设的大门，不拔台子（仅一级台阶），门面宽（车、轿可直接出入），青砖灰瓦，绿漆门柱，素雅大方。门洞内是一天井，再向里便是进入内宅的回廊。西大门才是传统的高大门楼，雍容典雅，三级青石台阶，两扇黑漆大门，门下有近一米高的门屉，两边对称放置雕刻精美的石鼓。再向西是六间临街群房。再向西还有两个较小的街门，建造也很讲究，是陈宅的别院。再向西是一处草房院落，北、西、南共十几间房子，规格低，估计是下人们的住处，后来成为大杂院，人称“小马号”。西边就是增福庙。

在增福堂街，陈宅东大门上方的匾额题词是“康济功深”，地面用青石板铺设出甬道，对着大门有一大影壁，院内走廊、过道和所有地面均用青砖铺就。院内除临街南屋外，正中经过三道过厅，可直达最后一幢有高台阶的大堂屋，即陈家的祠堂。祠堂南面的大厅正中，也高悬着道光皇帝御书“耆臣寿母”金字大匾，东面的大匾为“文懿”，亦为道光皇帝御笔，西面的匾额题写着“泽逮枌榆”。祠堂东旁有一座五楹的二层楼，原名“东楼”，后人称之为“万印楼”，至今依然保存完好。

陈家大院四周都是不规则形的，东面从东大门开始沿罗家巷向北，曲曲拐拐次第向外延伸，直到万印楼。南面、西边和后院都有相似之处。路南东首为陈家的南院，对门是五间二层楼房，据说是盛东西的仓库。临街有东屋三间，西面正房则是宽敞明亮的书苑，北面有一连九间的临街屋，书苑南面是一座小巧玲珑的花园。

南院以西隔一条丁家小窄过道，就是陈家的马号院。临街有

陈氏住宅东临罗家巷，这是东楼。

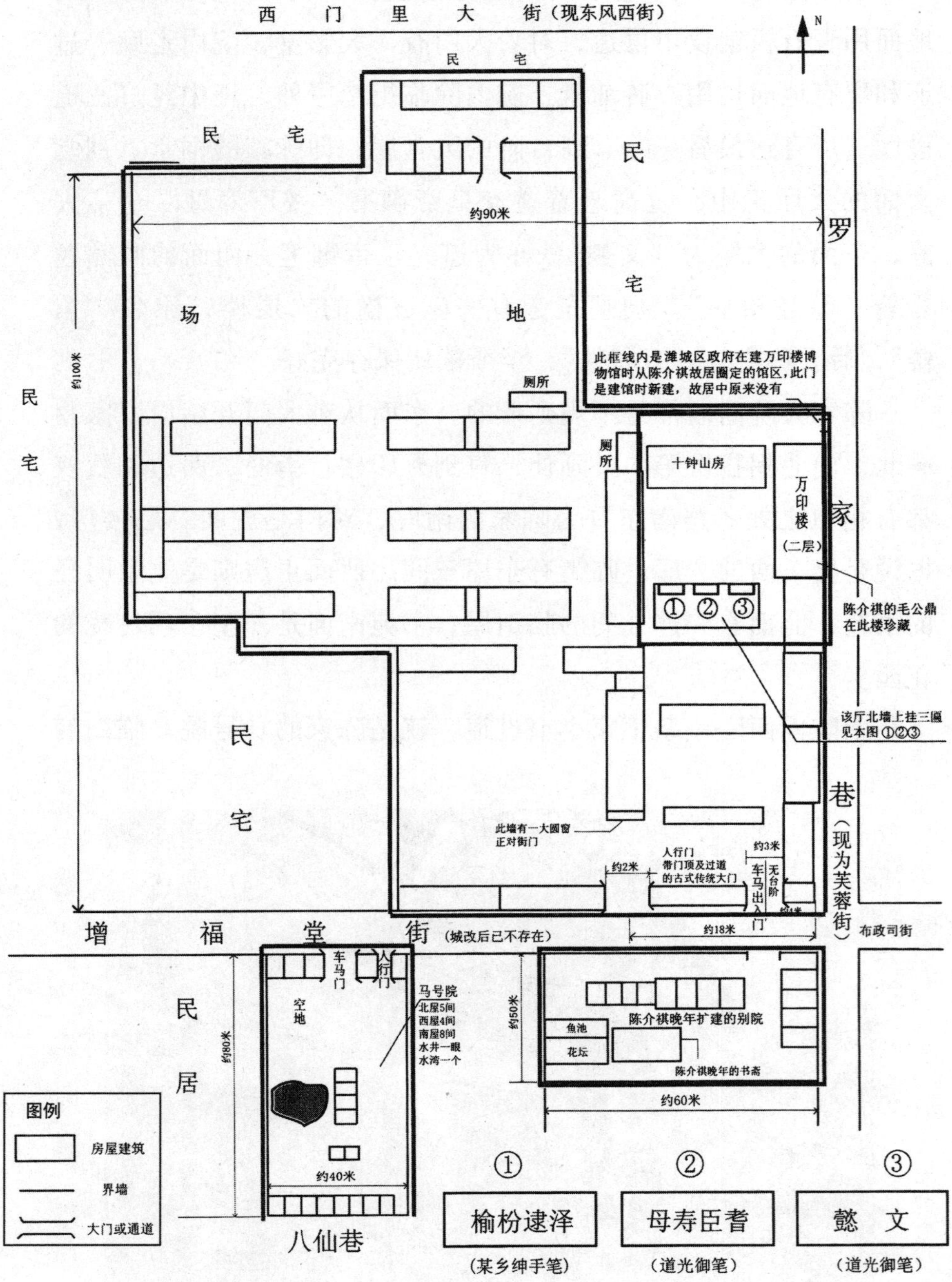

陈介祺故居简图（张德民、阚龙山绘制）

潍县增福堂街的陈介祺旧居

一扇大车门，东面有一口水井，车门两旁为四间耳屋和敞篷房，可放车辆、养马，也可住人。南院的最东头不是房子，而是一座宽、高均有丈余的水磨方砖大影壁，小庑殿顶，壁中心砌有菱形的砖雕图案，宏伟壮观，与路北的大宅门相对相衬，显示出高官大户门第气度不凡。

紧靠大影壁西侧，是一个高台阶的小门，建造同样讲究。进门曲折迂回，经过三开间的二层小楼，进入另一个院落。院内只有一座造型如船的房子，被称为“船房”。五开间没有隔断，南北向，东山墙是门，建成游船的船头模样，南北两面墙上两溜木窗，可以撑起放下。窗外檐下石阶环绕。院中广植花木，点缀数块太湖石，景色优雅，类似花园优游之所。这处庭院被称为“南房子”。

陈氏府第的建筑有许多与众不同的特点，一是它的住房不是一个个的小院，也不是连环套的四合院，更无亭台阁楼，除了前宅稍有规模以外（其祠堂、客厅、过厅也不过是“大三间”），后宅却是整整齐齐的两排六栋（每排三栋）的七连间排房。有人说陈家是兵营。以至于陈氏的嫡传后裔陈继遵先生都发出疑问：“真不明白这是一种什么设计思想？这与当时潍县各大户的宅第迥然不同，如与丁六宅相比，陈家的确是像兵营，与北京的诸多

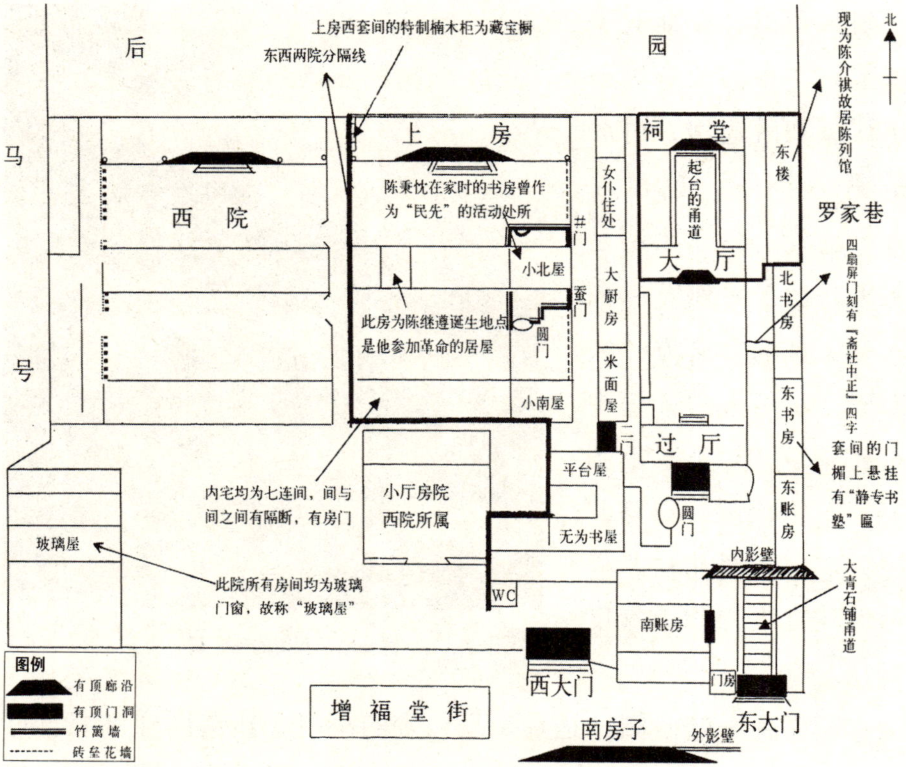

陈介祺故居示意图（陈继遵绘制）

府第更是不一样，的确独有特色。现在全拆了，应该是很可惜的。陈宅房子的质量是独一无二的。磨砖对缝，糯米汤和泥，石基部分全灌了铅，格局又是那样的独特，确有可研究的地方，单从建筑思想来讲，结合当时的环境，就大有可研究之处。陈介祺为什么这样设计他的府第，也是研究他的思想的一部分呀。”陈继遵先生根据记忆画了一张草图，供读者们了解当时陈府的布局。

对于这个问题，笔者思考了很久，也请教过一些建筑专家，但大家对此都莫名其妙。后来，笔者经过反复推敲，并结合当时的形势逐渐想通了：陈介祺从小在京城长大，居京四十多年，见惯了北京的四合院。他对四合院一定有很深的了解，这种建筑格局其实好看并不好住，南屋和两厢又狭又小，常年不见阳光，冬寒夏热，只有坐北朝南的正房才是最舒适易居的房屋。所以，他决心在自己的住宅内打破传统，开创新格局，让家人们都住上采光亮堂、冬暖夏凉的大北屋。再联想到他在莱章村住宅的建筑布局，都是一脉相承的。由于他崇尚古代建筑，还将一些厅房的窗户建成圆形，那是仿唐代建筑的式样；就连北门大街的陈氏家庙庙碑，他也仿汉碑式样，将明、清流行的方碑碑额改为半圆形。因此，陈介祺的建筑思想里既有革故鼎新，也有仿古摹古。

还有一个重要原因是：当时太平军进逼，战争迫在眉睫，他来不及在宅内修建亭台楼阁，也来不及对建筑精雕细琢，所以后来就干脆盖成两排六栋（每排三栋）的七连间排房，这样不仅可以加快建设速度，一旦敌人攻入院内，也可以迅速组织家人抵抗或逃跑，比被敌人堵在一个个各自封闭的小院里显然要高明得多。至于后面建的连排房屋是不是在战时有蓄兵屯兵的设想，就不得而知了。在陈府最北面拆除旧民房后，留出一大片空地，陈介祺原来打算修建一座后花园，但因战争和赈灾拖延，后来又因财力和精力全都用在金石研究上，加之上了年纪，后花园的蓝图作废，只好在那大片的城中空场上挖出一个大坑，种上荷花，致使陈府规划中的后花园变成了一片碧波荡漾的荷花池。

陈氏祠堂原貌

第五章 十年动荡 矢志收藏

第一节 抵御捻军 从兄阵亡

咸丰十年（1860），潍县知县张楷枝就接到上司的命令，建立团防，准备抵御太平军。同年九月，他将团练总局设在县城中心，大十字口路东边的考院内，共十个团。城内四个镇的团防，东北镇叫“信义团”，西北镇叫“力义团”，东南镇叫“由义团”，西南镇叫“成义团”。城外的六个关，设六个团，东关叫“公义团”，西关叫“和义团”，南关叫“喻义团”，北关叫“集义团”，东北关叫“仁义团”，西南关叫“志义团”。城外六个关因巨贾富户人家少，难以筹集经费，所以团费由总局补助一千五百余缗，并发给各种军械。这时，恰巧河南归德府知府陈介眉卸任返乡，县绅们一致推举他担任县团总。

在潍城陈大观世家中，陈官人是十五世祖陈祥桂之兄祥年的次子，是陈官俊的堂兄弟。其兄陈官义是道光元年（1821）辛巳恩科举人，道光十二年（1832）壬辰恩科进士，任江西丰城县知县，署南康府同知，其子名介坤。陈官人有长子陈介眉和次子陈介锡。陈介眉是道光十七年（1837）丁酉科拔贡，朝考一等第一名，以知县分发，先后任江苏常熟、仪征、宿迁、江宁、桃源等县知县，特授河南归德府（今商丘市）知府，署理开封府知府。陈介眉与陈介祺是从（堂）兄弟。他的府邸在潍城布政司街东段到大十字口。咸丰十一年（1861）三月底，太平天国燕王张宗禹率领十万大兵进入县境，首先击溃了举人亓祈年在远里庄的民团防线。农历四月一日，连续攻破集义、力义、信义、成义四个民团防线，乘胜进入城西三里庄，兵临潍城郊区。起先，太平军只有先头部队的数十名骑兵杀到三里庄，团总陈介眉在城头上看到以后，立刻命令打开城门，率部迎战，不料太平军的后续部队陆续赶到，将其团团围住，用车轮战术与他们大战。据说，太平军中有许多河南籍将领和士兵，听说围住的是归德府知府陈介眉时，他们格外亢奋。陈介眉在归德府任内以知兵闻名，镇压过许多次农民起义。仇人相见分外眼红，双方大开杀戒。刀光剑影中，陈介眉落马而死，其堂弟陈介封和团总头目多人也遭太平军

潍城西门瓮城与城门，当年陈介祺就在城上坐镇指挥。

砍杀，剩余的团勇纷纷向城中逃命，太平军随后追杀，少数团勇逃到城中，太平军也逼近城门。在城头督战的陈介祺见状，急令放下千斤闸。许多未逃进城内的团总士兵眼看被关在城外，叫苦不迭，唯恐性命不保。随着千斤闸落下，突然从西北方向涌来一团乌云，黑风骤起，刮得蔽日遮天，刹那间白昼变成黑夜。太平军见状鸣金收兵，没来得及逃回城内的众团勇各自藏身，保全了性命。

黑风过后，还是一片晴天，太平军见陈介眉已死，且攻城无望，便不再恋战。随后城中也升起千斤闸，城外的团勇陆续返回城中。太平军在城外盘桓许久，见城防戒备森严，便撤围向东南方向开去。

陈介祺接受这次血战的教训，建议团总尽量避免出城与敌短兵相接，与知县和乡绅筹集资金，冒着酷暑，亲自设计在城墙外上筑起三座高大牢固的空心炮台，将城墙西北角、西南角和东南角拐角处各向外延伸出几十丈，加筑空心炮台，炮台上备足大炮和火药。以便用火炮轰击围城之敌，使敌军无法迫近攻城。这一招果然奏效，到八月太平军又经过潍县时，发觉城墙上设有多处炮台，知道攻打不易，怕伤亡惨重，绕城而去，全城百姓的财产性命得以保全。

陈介祺亲自设计并筹建的西北炮台

陈介眉、陈介封战死沙场后，清廷追认他们为英烈，牌位供奉在京师昭忠祠。潍坊市博物馆至今留有记载这段历史的一座石碑。

咸丰十一年，陈介祺亲自设计并筹建的东南炮台。

同年，咸丰皇帝驾崩于行宫，紧接着6岁的皇子载淳登基，改年号为同治，第二年为同治元年（1862），这年陈介祺50岁，进入“知天命之年”。在陈介祺50岁到60岁这十年中，社会继续动荡，太平军和捻军相继在潍县一带流动作战，尤其是在同治六年（1867），太平天国的天京被清军攻陷后，遵王赖文光与鲁王任化邦组成的南捻军，在山东境内往返流动作战，五月渡潍水东进。冬十月又从西北绕潍城向东南行进，骑兵和步兵浩浩荡荡地开进。任化邦甚至坐在八抬大轿内，黄旗黄旌作为先导，敲锣打鼓地绕城郭进军，并在擂鼓山下放马，后又进攻浮烟山，但未能攻克，然后从西南方向出境。十一月，该部又杀回潍县。清廷命直隶提督刘铭传等名将统兵追杀，在禹王台西边、寿光境内与任化邦部队交战两昼夜，在戈翟庄一带将其杀败，俘获两千余人。二十三日，又在弥河沿岸杀败捻军。十二月初一日，刘铭传驻在潍县城东南郊区的草庙村蒯氏花园内，下令屠杀战俘。据史志记载，从禹王台到寿光境内的弥河方圆四十里内血流成河，尸横遍野。

此后太平军和捻军逐步被清军剿灭，社会又逐渐稳定下来，出现了同治和光绪年间相对的稳定局面，史称“同光中兴”，这也是封建社会的回光返照。

第二节　收教义子　高中状元

在 60 岁之前的十年中，陈介祺搬入城内新居，战争结束后，有了宽敞的住宅和相对稳定的生活，所以逐渐将从北京带回的藏品开箱整理，并归类库存，以便今后拓制研究。

同治元年（1862），50 岁那年，他考释了汉代“圁水”半通印，并写下《圁水印考》的考证文章。后来，又为“栒傑印信”等印写出批记，为“鄛令之印”进行考证，为“㭊左尉印”进行考证。这一年，他还给陕西古董商人苏兆年写信，向他索购出土

文庙建于明代，立于城内东门大街（今东风西街大槐树以北），文庙前的两座牌坊（匾额上的题字分别是“德配天地”和“道冠古今”）。

的精品玉印、官印，以及各种古器精品、封泥、旧玉等，说明他已从九年前被迫捐献巨款以及告病辞官、回乡隐居等一系列的打击消沉中逐渐复苏，也说明他的经济实力应对购买古物已经绰绰有余。

这年，他题写了“敬宽书屋”的横幅，挂在西书房的墙上，闭门谢客，亲自为自己的孙子陈阜启蒙，从“四书五经”逐步教起，特别用心教他《易经》和《诗经》。

这年，他所器重的长女女婿吴重憙考上了举人，成为家门幸事。

51岁那年冬天，陈介祺早年所患呕吐畏寒的旧病复发，并且咳嗽不止，整个冬天都不敢出门。他一直在家用自学的医术调养身体，配制煎服中药。

52岁那年，听说他的从堂兄弟陈诒卿有从政之志，想起父亲和自己在官场上起起伏伏一系列不幸的遭遇，悲从心来，特地写了一首诗，表达对官场的厌倦和痛恨：

满地干戈行路难，况经宦海有波澜。
莫将旧德先畴弃，遽作高官厚禄看。
热闹场中良友少，巧机关内祸根蟠。
老兄迂妄多忧虑，杕杜兴歌嗟影单。

53岁那年，陈介祺的老对头科尔沁亲王僧格林沁被捻军砍杀，战死在山东菏泽境内。消息传来，陈介祺必定大大松了一口气。

54岁那年，长子陈厚钟的媳妇病亡，第二年他帮儿子续了继室，娶了本城名绅张仞千先生的孙女为妻。

这几年，掖县（今莱州）著名画家张士保和翟云升的儿子翟齐经过潍县，顺便到陈介祺家中拜访。他为翟齐题写了一首七言律诗，纪念潍县出土的战国“齐”字古砖，这种古砖陈介祺也收藏着几方。陈介祺将自己收藏的三十多方玉印，钤印了一本《玉印合编》，并专门为之写了序。

他陆续购得了刘喜海遗留的齐国刀币陶范，由于这是世所罕见的奇品，所以高兴地写诗记叙这件事。他还考证了“太公区”，并在太公区的摹图纸上书写《太公区考》一文。后来，又购得了五种秦始皇时朝的秦量诏铜版，这是秦朝统一度量衡的诏书，是稀世之宝，也是考证秦代度量衡的实证之物，非常有考古价值，所以陈介祺喜而赋赞，其中说：

兵销祖龙，遗兹量铜；
归我簠斋，海东日红。

53岁那年除夕前，陈介祺因事乘车出城。返回时，刚进东门，想到文昌阁庙户（庙宇管理人）每年都求自己为庙里写对联，不知何故，今年尚未求书春联，打算前往探明，即命车夫掉转方向，沿东马道南行，直奔文昌阁。等到登上文昌阁，面前春联已是焕然一新，这让他大为惊疑。庙户闻声出迎，解释说：“今年阁上春联皆学生曹鸿勋所书。此人住西南关新巷子，时年二十岁，家贫好学，不断来此。该生书法颇佳。所以今年阁上楹联皆为其所书。请评定。”陈介祺听说后，细心观看。先由庙户庐舍经庙中客堂继而向东，进入文昌阁院内，阁上下二层、楹柱、大门都已张贴对联，书体学欧阳询，有一定功力，不觉点头称赞。

回家后，他常想这件事，晚饭后，追思其人，越发想见见这位年轻人，于是迫不及待地让仆从驱车到西南关新巷子将其接

魁星亭以北是文昌阁前殿（两层）、后殿（单层），陈介祺于春节前到这里见到了少年曹鸿勋写的对联，深为赞赏并将其收为义子，聘请王之翰，共同将他培养为状元。

来。曹鸿勋闻叩门声而出，仆从说明情况。曹母将年节备用衣服拿来为其穿戴。到达陈府，迎入招待。问其所学，对答如流，陈介祺悦服。送返时馈赠给他很多东西，装至车满，曹鸿勋推脱不掉，只好带回。

春节，曹鸿勋往陈府拜年，陈介祺留待酒饭，并恨相见之晚，即收为义子。问到曹鸿勋之授业老师，并非贤达名流，恐贻误学业，于是替他邀请了翰林王之翰为师。王之翰是陈介祺的表弟，时年46岁，正辞官在家。从此，曹鸿勋即在陈家攻读。经名师指教，义父辅导，学业大进，书法也有极大提高，由于陈介祺不时资助其家，使曹鸿勋更安心学习。有时陈、王两人交谈曹鸿勋，探讨他将来的前途和成就，王之翰说：“与你我之辈相同。”可见他们确有先见之明。其后，曹鸿勋经过县、府、省应试，均名列前茅。

在曹鸿勋的后面，有大名鼎鼎的义父陈介祺和授业恩师王之翰两个翰林的支持，只要继续努力，便可达到自己理想的目的。果然在他28岁的时候，同治十二年（1873）他以拔贡赴京考试。当时曹鸿勋家境仍很贫寒，根本无力赴京考试。为此陈介祺出面为他募捐盘缠，城内名流大贾、富绅官僚无不捐资出力，他们认为这是巴结陈介祺的好机会，当然不能错过。这样曹鸿勋赴京的费用介以顺利解决。曹鸿勋带了足够的银两和陈介祺的书札，到京后进见了义父的同僚，生活起居及考试的一切事宜都得到诸多方便。曹鸿勋果然不负众望，顺利地考取了一等第一名。由于陈介祺的年兄年弟潘祖荫等人从中周旋，曹鸿勋做了刑部的一名七品京官，从此步入仕途，进入了官场。

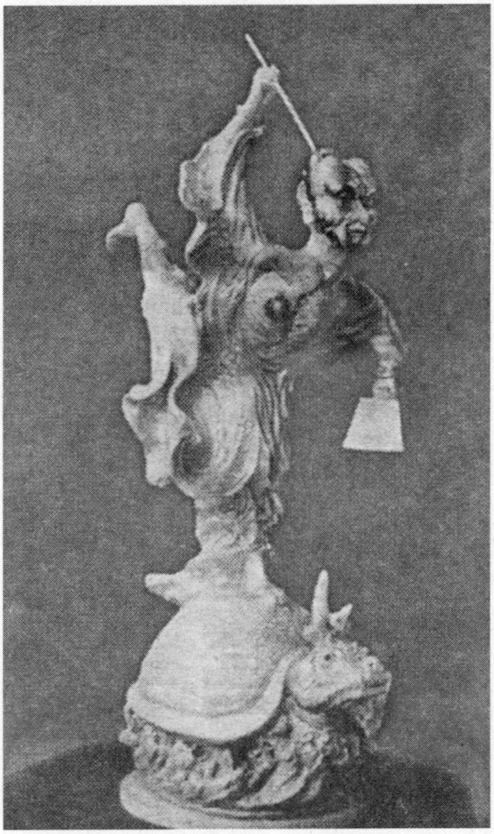

潍城城墙东南角魁星楼内塑像，据说因魁星手中之笔对着西南关新巷子，所以才连出曹鸿勋、王寿彭两名状元。

曹鸿勋是在30岁（光绪元年）的时候，在顺天府投考恩科，得中109名举人。第二年参加会试，连捷进士，以第一甲第一名及第，中了读书人最终向往的状元，授翰林院修撰。

光绪五年（1879），曹鸿勋任湖南副考官，两年后改任视学。任职期间，

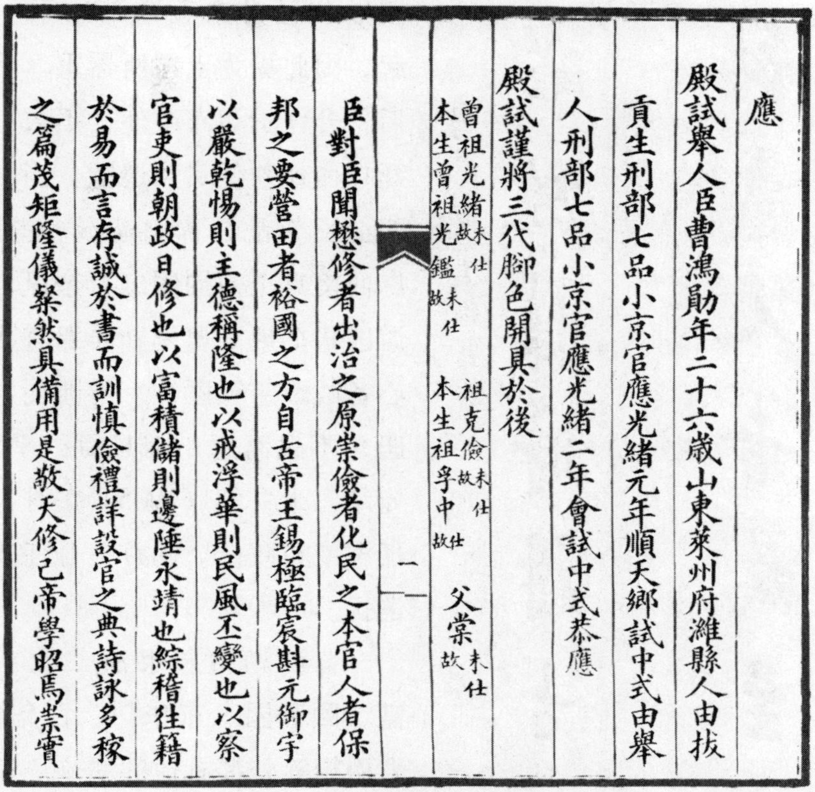

應
殿試舉人臣曹鴻勛年二十六歲山東萊州府濰縣人由拔
貢生刑部七品小京官應光緒元年順天鄉試中式由舉
人刑部七品小京官應光緒二年會試中式恭應
殿試謹將三代脚色開具於後
曾祖光緒 故未仕 本生曾祖光鑑 故未仕
祖克儉 故未仕 本生祖孚中 故仕
父棠 故未仕
臣對臣聞懋修者出治之原崇儉者化民之本官人者保
邦之要營田者裕國之方自古帝王錫極臨宸斟元御宇
以嚴乾惕則主德稱隆也以戒浮華則民風丕變也以察
官吏則朝政日修也以富積儲則邊陲永靖也綜稽往籍
於易而言存誠於書而訓慎儉禮詳設官之典詩詠多稼
之篇茂矩隆儀粲然具備用是敬天修己帝學昭焉崇實

曹鸿勋的状元卷刊本首页

为改善湖南地区的文化状况，开办书院，选送优秀学员入院深造，以开阔视野、丰富知识，使边区学风大变。光绪十三年(1887)，到上书房教载润（惠端亲王绵愉之孙，奕详之子，袭贝勒，系光绪皇帝兄弟）读书。

光绪二十三年（1897），曹鸿勋任云南永昌知府。永昌地处云南边区，多个民族杂居，难以治理。曹鸿勋到任后，对每起巨案都反复调查，掌握案情，依法处理，百姓称赞他执法严明、判案公正。他同时深入民间，了解百姓疾苦，千方百计为百姓排忧解难，深受人民爱戴、上司赏识。不久，调任云南知府。光绪二十七年（1901），升任云南按察使。云南巨案往往连年积压，曹

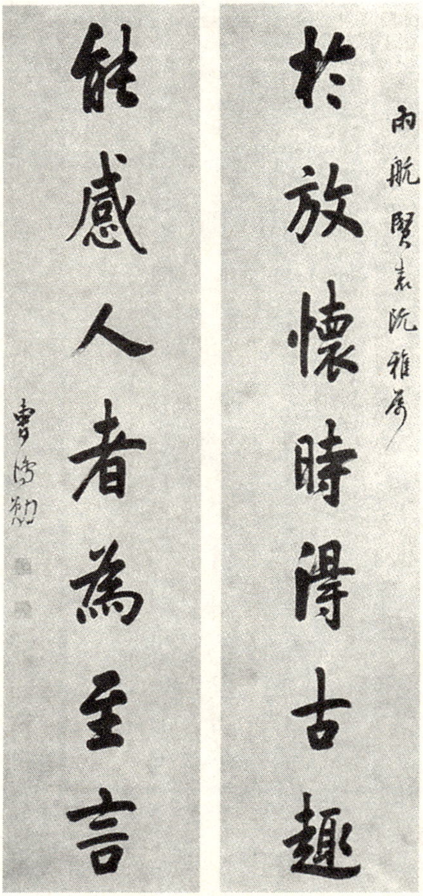

曹鸿勋的书法

鸿勋到任月余就断结巨案十余起，因此更为上司所器重。两年后，升任贵州布政使，不久，朝廷任命他暂任贵州巡抚。当时广西游匪作乱，曹鸿勋奉命围剿。广西南丹土州周围二百余里，为游匪根据地。曹鸿勋号召官兵齐心备战，誓灭匪徒。游匪闻风丧胆，不战而逃，南丹得以平定。光绪三十一年（1905）正月，调任湖南布政使。同月，升任陕西巡抚。

曹鸿勋擅长书法，北京故宫、颐和园、东华门、西华门、大栅栏等处都有他的墨迹。家乡潍坊则有《重修玉清宫碑》（俗称“四面碑”）、《十笏园记》等石刻传世。

宣统二年（1910），曹鸿勋病逝，终年65岁。陈介祺慧眼识珠收他为义子后，他在陈府读书七八年，其间帮助陈介祺抄抄写写，兼做文秘，在朝中为官期间也为陈介祺办理了许多事情。

54岁那年，陈介祺因组织并督导潍县的军民抗击太平军和捻军有功，保全了潍城，因此山东巡抚丁宝桢向朝廷上书，奏请皇上下旨，给他赏加三品官衔。这年，他的金石好友许瀚去世后，陈氏痛心疾首地为许氏作了一副挽联：

经训古康成，更释迈薛阮，韵订顾王，文而又儒真不愧；

字学今叔重，惜桂版燹焚，吴编病辍，人犹有憾竟云亡。

陈介祺56岁那年，女婿吴重憙来潍拜访岳父，后来专门去日照为他的老师许瀚推举乡贤，拜谒恩师故里的住宅，并到许瀚墓添土叩首，深深悼念。

这年秋天，孟康把许瀚的遗稿和收藏的金石书籍转交给陈介祺。不久，陈介祺去诸城岳父家中小住，专门到诸城南部黄皇店以南山区，游览了晾甲山和五莲山。五莲山上的光明寺是山东省“四大禅寺”（另外有长清灵岩寺、青州法庆寺、诸城侔云寺）之一，可见它的地位之高。五莲山原名“五朵峰”，大大小小二十八座山峰组成层峦叠嶂，峰峰奇异；山上遍布一百一十八景，景景多姿。山峦间经常飘着轻纱似的云雾，缭绕在山峰峡谷之间，其中最高的天竺峰、莲花峰、望海峰、大悲峰和挂月峰矗立其间，好像五朵盛开的出水芙蓉，因此得名。明代兵部右侍郎臧

五莲山的护国光明寺是山东四大寺庙之一，明代万历皇帝敕建。

惟一在山上留有一块诗碑，其中两句便是：

怪得芙蓉青不谢，泱泱大海是莲池。

五莲山当时属于诸城，宋代叫“密州府”，大文学家苏东坡在此做密州太守时，正值38岁，年富力强，他多次登临五莲山，并在一块巨石上留有题铭“奇秀不减雁荡”。明代礼部尚书、翰林院侍读、大学士翁正春赞美五莲山是“其千崖万壑，竞秀争流，真齐鲁间最盛地也”。清代李焕章评论说：“岱以崇隆显，崂以幽窅显，五莲以峭削显。”他把峻峭的五莲山与著名的泰山和崂山相媲美，足见五莲山在齐鲁名胜中的地位。

这时天下又逐渐恢复平静，陈介祺在晾甲山和五莲山畅游时，不仅观赏了雄伟壮丽的自然风光，还观赏到历代前贤的圣迹名作，十分惬意。回潍后，写下许多金石佳作。当他看到金石好友王石经为青州云峭老人重新装裱《竹嶂图》后，诗兴大发，写

五莲山望海峰上的望海楼建于康熙年间

出四首诗，并书写了墨轴。当他托人将秦量诏版拓制装裱后，又诗兴大发，写了《咏秦量诏版》八首诗，并作题记。

这年，他细读了阮元的遗著《积古斋钟鼎款识》，作出释文，进行考证，并写下跋语。这年，他还写信给潍县知县讨论官盐的问题。由于潍县北边沿海一带是产盐丰富的地区，这就为征收官盐和贩卖私盐带来许多问题。陈介祺为当地整治这些问题提出了不少自己的看法并建言了一些办法。

这年，他还娶了宗氏为侧室，按照明、清官宦人家不成文的规矩，50 岁以前不准纳妾，理由是 50 岁以后，老妻年迈，又要相夫教子，无力周到地伺候丈夫的饮食起居，理应娶纳一房年轻女子担任侍奉老爷的专职，所以 50 岁以后纳妾似乎成为一个冠冕堂皇的理由。娶得宗氏后，为了避免与家人产生纠葛，陈介祺将她安排在增福堂街对面的南房子院内居住。

第三节　乡梓知音　共飨收藏

同治八年（1869），陈介祺 57 岁那年，潍县本地的一位金石学家郭麐开始编纂《潍县金石志》。

郭麐（1823~1893），字子嘉，清末学者、书法家。出身于书香门第，精研六书，酷爱金石。好考证，性情傲僻，不随俗流，洁身自好，严于律己，分外之财毫厘不取。虽贫穷，而不移其志。他曾被做过知县的郭熊飞聘为家馆教师，随其宦居南北十余年。返籍后，在城西杨家庄置田十余亩，筑舍居住，名为“杨峡别墅”。因住处濒临大于河，将居室命名为“听漪山房”。他隐居乡间，埋头著述，并于荒冢破寺中、断碣残碑间，剥剔苔藓，搜集古迹文献，十余年得 90 余种。自乡居后，郭麐六七年不入城市，更不与缙绅交往，独于考证篆籀、辨别碑版真伪时，与陈介

郭麐（1823~1893），字子嘉，潍县著名学者和诗人，著作等身，是陈介祺的好友。

祺共同研讨，补订得232种，辑为八卷，取名为《潍县金石志》。

同治八年（1869），郭麐开始纂修这部著作，请陈介祺考订。陈介祺将他自己收藏并拓下的潍县各种有关金石器物，毫不保留地赠给郭麐编入该书，并嘱托次子厚滋和助手王石经具体协助郭麐，用了整整三年工夫，于同治十年（1871）十月才将这部著作的初稿完成。《潍县金石志》受到潘祖荫和王懿荣的极力推许，后来又补录51种，汇为一编，陈介祺还于光绪十年（1884）七月为之写下《潍县金石志》校刊记。

陈介祺回潍后结识交往的本城金石好友不仅有郭麐，还有王之翰、王石经、高鸿裁、陈介锡、陈子懿等著名金石学家。

王之翰是陈介祺的表弟，二人分别是道光二十四年（1844）和二十五年（1845）进士，又同为翰林院编修，他从内阁学士一直做到礼部侍郎等职，他也是咸丰初年借亲丧丁忧，返回潍县不再做官的人，所以他们二人学识相近，经历相似，极有共同语言，交往也颇为频繁。王之翰家住城隍庙街西头路北，距陈府不到一华里的路程，来往非常方便，他不仅帮助陈介祺将义子曹鸿勋培养成状元，而且帮他解决了许多学术上的疑难。后来，他以教授生徒为主业。同治三年（1864）典试河南，同治六年（1867）和同治九年（1870）任顺天乡试同考官，光绪二年（1876）典试广东，所取多知名人士。在史馆十余年，因其学识渊博，熟悉典章制度，后辈皆奉为楷模。他为人厚重缄默，不务虚名，胸怀磊落，人皆敬仰。后主讲顺德龙岗书院、广平清晖书院、济南泺源书院，皆负盛名，选取和培养了大批人才，是近代著名的教育家。

王之翰工诗词，精书法，小楷尤妙，笔法类似砖塔铭，从无苟笔，对后世深有影响。所作《九九消寒歌》反映农家生活，富有田园诗风味，曾在潍县民间广为流传。光绪十年（1884）冬，王之翰卒于济南泺源书院。

王之翰的名气，绝不仅仅在于他是清代进士、翰林或礼部侍郎这样级别的高官，而是在于他的学识与书法，还有他培养的大

位于城隍庙街的王之翰故居

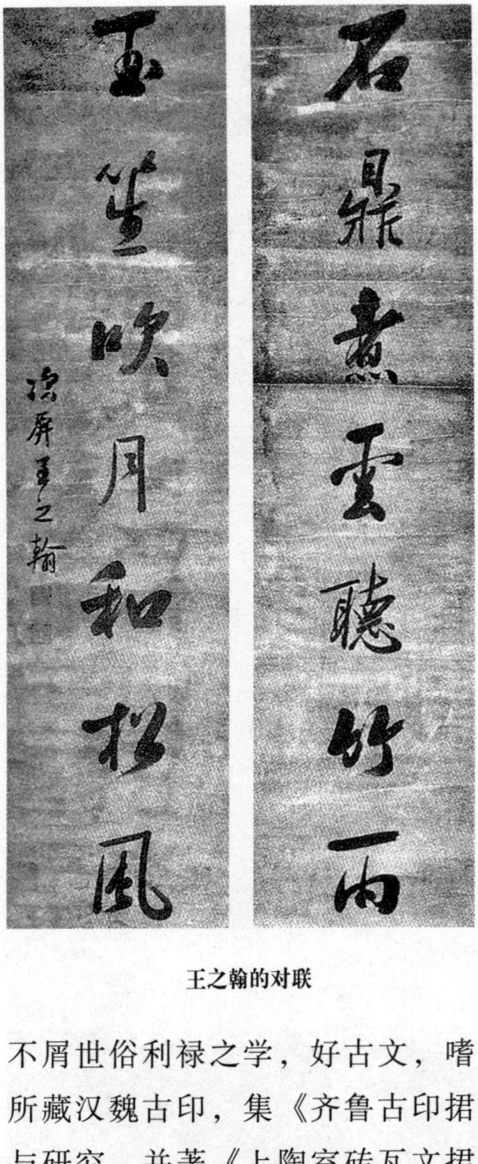

王之翰的对联

批人才。他主讲过许多著名书院，潍县状元曹鸿勋就是他的入室弟子，是陈介祺邀请他与其共同培养的出类拔萃的人才。曹鸿勋更是念念不忘师恩，在他去世后，亲自题写了“王之翰墓碑”和“王之翰墓志铭”。

高鸿裁（1852~1918）也是书香世家出身，祖上高桂早在明万历年间就考取进士，做过泰兴知县、礼部仪制司主事、贵州思石道监察副使等。高鸿裁，字翰生，潍县西关人。其父高庆龄酷爱金石、古印，集有《齐鲁古印捃》。受家庭熏陶，他自幼胸襟旷迈，不屑世俗利禄之学，好古文，嗜金石，既长益笃。曾得于濂芳所藏汉魏古印，集《齐鲁古印捃补》一卷，后专心古砖瓦收藏与研究，并著《上陶室砖瓦文捃》十二册。他精研汉学，且好藏书，凡宋元版本及秘抄禁书均刻意搜求，达三万卷，分经、史、子、集、丛书、类书六类。著有《齐鲁遗书十八种》《历代志铭征存》《辨蟫居藏书目》。他生前不仅与陈介祺交往颇深，并经陈介祺介绍，与时任国子监祭酒的大金石学家王懿荣也很有交情，王懿荣还到他家观摩过他的藏品。光绪十三年

(1887)，他从河南得到汉代祠壁一砖，共十二字，曰：“海内皆臣，岁登成熟，道无饥人。”由于砖文押韵，王懿荣将它命名为“十二字韵语砖”，并专门为他写了一幅题跋：“翰生所得，订为秦制，翁阁学所谓以文字定时代也。正拟借此语为今日天家祝厘耳。”高鸿裁用红木特制了一个精致的木盒，将此砖珍藏在里面，木盒上刻着王懿荣的跋语，但这方古砖后来被考古学家鉴定为汉砖。

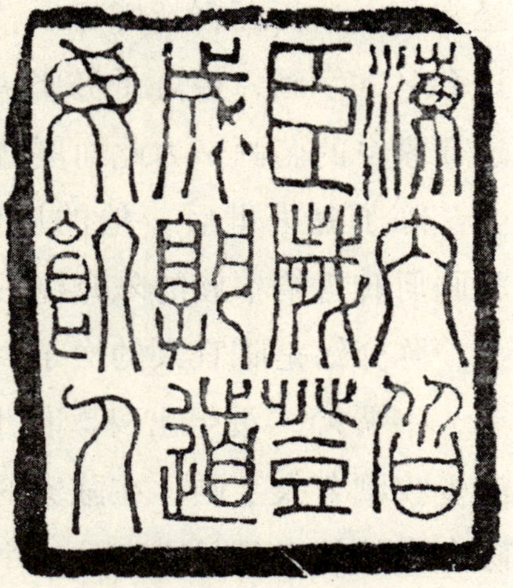

高鸿裁收藏的著名十二字汉砖拓片

高鸿裁也是陈介祺金石研究中最亲密的朋友。他曾参与编校《山东通志》，在京任史馆编修。晚年生活困顿，所藏之物陆续售出，上陶室砖瓦于1930年被日本人购去，运到青岛时，被海关扣留，但是那块稀世汉砖被日本人秘藏盗运出国。

在近亲中，陈介祺的收藏知音也不少，如书画收藏家陈子懿、陈介锡等。陈子懿是陈介祺的堂叔，字秀则，道光二十年(1840)庚子恩科举人，做过江西广昌县知县。在他入仕前，就极为爱好书画。道光十六年(1836)，胶东地区遭受大灾荒，莱阳富户左家为度荒年，把一套珍藏的名画七十八册《桑梓之遗》拿到潍县出售，陈子懿不惜重金将画购得。这是一套大型书画册，早在乾隆四年(1740)，胶州著名画家高凤翰，将自己平生收藏的山东历代书画家的真迹编辑装裱成册，题名为《桑梓之遗》，后传给即墨老友郭廷翕，郭氏又多方搜求，增补成七十八册。郭氏去世后，嘉庆初期转归莱阳左家。

陈子懿在江西广昌任职时，随身携带这套画册，闲暇时间，经常翻阅。江西督抚知道后，欲以调他到省城任职为条件，索要这套名人字画，被陈子懿坚决拒绝，他表示绝不会为升官而送出这套家乡的名画，为此而屡遭迫害。

陈子懿去世后，他的后代因生活困难，咸丰九年（1859），将画册转售给本族的陈介锡。

陈介锡是陈官人的次子，陈介眉的胞弟，也是陈介祺的堂兄弟，字晋卿，贡生出身。他生于清代中期，正是家道兴旺之际，酷爱收藏名人字画。在陈家的十几位堂兄弟和从堂兄弟中，他与陈介祺的关系是最亲密的一个。他们有着共同的家庭背景，共同的收藏嗜好，共同高雅的鉴赏水平，互相交流切磋，可谓志同道合。在大半生的交往中，友情深厚。凡是打听到哪里存有名人字画，即使遥在几百里外，陈介锡总是不辞劳顿，前往搜求，不惜重金购买或以家藏珍宝古玩交换。当他从陈子懿后人家里买到七十八册《桑梓之遗》画册后，异常兴奋，并将自己多年收藏的字画照此装裱成册，续为后集；后来又经多年奔波搜集，终于在晚年凑足一百册之巨，不

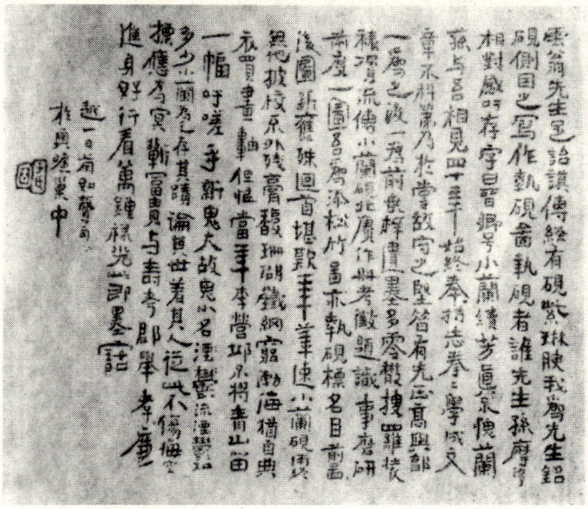

陈介锡画像及像赞，载于民国三十年《潍县志稿》。

愧集山东名人字画大成的一部巨书。

其兄陈介眉被杀后，陈介锡举家迁往高密避难。家境也逐渐衰落，但他矢志不渝，后半生的经历大都用于这部巨册的续编、研究和著述。他的著作有《桑梓之遗目录》十卷、《桑梓之遗录文》十卷、《桑梓之遗考略》一百卷、《文石杂识》二卷、《文石山房诗钞》二卷。

至今，经过近一百五十年改朝换代、内忧外侵等沧桑巨变，这套珍贵的巨型画集已散失殆尽。新中国成立初期，有人从北京购得一册，现存于潍坊市博物馆。几代收藏家费尽心血搜集的《桑梓之遗》，是齐鲁之邦文化的结晶。如今魂归何处？我们期待着它长留人间，重见天日。

第四节　悬壶济世　续交旧友

陈介祺在京做官时，友人曾经送给他一本乾隆年间王洪绪著作的《外科全生集》手抄本。由于当时潍县城缺医少药，还有很多人买不起药品，所以多年来，陈介祺参照书中的药方给亲朋好友治病。后来，许多本城的百姓也闻讯向他求医求药，他帮助这些人治好了无数痈疽疮疖等外科疾病，被人们尊赞为“药到病除，百无一失”。他自己也说：“里居二十余年，远近闻风就医者日众，咸称余为外科圣手。”一个朝廷大员，虽然辞官隐居，却既有象征二等军功的大花翎，也有新赏的三品官衔，还能坚持二十年为亲朋好友和邻里百姓治病，说明陈介祺确实有了不起的仁爱之心和善举善行。同时，为了让更多人学到更多的治病医术。同治八年（1869），他花重金刊刻了王洪绪著作的《外科全生集》，并亲自为该书作序。该书刊行后，更多医生掌握了外科疾病的妙方妙药，使潍城百姓受益匪浅。

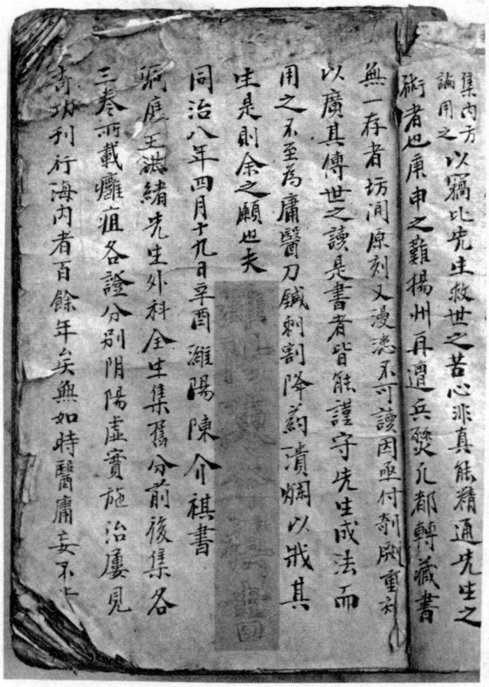
集内方論用之以寫此先生救世之苦心非真能精通先生之
術者也庚申之歲揚州再遭兵燹几都轉藏書
無一存者坊間原刻又漫漶不可讀因亟付剞劂重刻
以廣其傳世之讀是書者皆能謹守先生成法而
用之不至為庸醫刀鍼刺割降药潰爛以戕其
生是則余之願也夫
同治八年四月十九日辛酉濰陽陳介祺書
洞庭王洪緒先生外科全生集舊分前後集各
三卷所載癰疽各證分别陰陽虛實施治屢見
奇功刊行海内者百餘年矣無如時醫庸妄不

陈介祺藏手抄本《外科全生集》书影

由于陈介祺在遗训中不准子孙后代做官，也不准他们经商或搞信佛信道的活动，所以家庭的生活费用和经济来源成了问题。陈介祺出资，让二儿子陈厚滋的家人在县城中心办起了裕仁堂药店。药店位于大十字口东路北（今东风西街东段），开设时间是清朝同治、光绪年间，股东是陈介祺的后代、家住南门里的二儿子陈厚滋。门楣上悬挂着曹鸿勋在光绪年间用金字书写的牌匾。清末时经理是陈执甫，雇用几位店员。主要业务是零售煎剂及京广蜡丸等，也配制部分成药。其自制“紫雪”“局方至宝丹”等，选料精细，炮制严谨，因而疗效显著，为潍县药店之冠，饮片加工也属上乘。新中国成立后由陈永泉接管，改为广仁堂，仍能继承以前优点。陈永泉是一东二会计，岳彬为经理，雇用店员二至三人，聘有坐堂大夫，1955 年 12 月以后公私合营。

从同治六年（1867）起，陈介祺就与山东巡抚丁宝桢建立了联系，到同治九年（1870），陈介祺与丁宝桢在学术上的交流更加频繁。这年三月，他在给丁宝桢的书信中，谈论刊刻《四书大全》和《易本义》等书。四月，丁宝桢回信后，陈介祺又给丁宝桢写信，并赠送《殿本十三经注疏》及原装明代刻本一部，提供资料和样本，帮助丁宝桢刻书。

丁宝桢（1820~1886），字稚璜，贵州平远人，咸丰三年（1853）进士，早年曾在湖南为官，后调山东，是晚清一个颇有名望的官员。丁宝桢于同治二年（1863）起任山东按察使，当时僧格林沁在鲁豫间与宋景诗农民军作战，丁宝桢曾主张招抚，被僧格林沁弹劾降职。农民军失败后，丁宝桢被起用为山东布政使，由于曾国藩和山东巡抚阎敬铭的推荐，于同治六年（1867）接替了阎敬铭的巡抚之职。当时正是捻军兴起之时，丁宝桢协助李鸿章击灭捻军，后又驰援河北，击败西捻，获清廷嘉奖。

丁宝桢是一个学者型的官员，也是一个有作为的官员，他曾以敢于先斩后奏地杀掉慈禧太后的亲信太监安德海而闻名天下，深得人心。他非常钦佩陈介祺的才学，以全省最高长官的身份与陈介祺私交甚笃，也证明了陈介祺的人格魅力。

丁宝桢像

同治九年（1870），陈介祺开始教授长孙陈阜《诗经朱子集传》等书，并将《诗经》汇纂后抄录下来供孙子阅读，还在里面作了不少题记。

这年，他的女婿吴重憙和女儿回娘家居住了一个多月，由于吴重憙即将到济南金泉书院终结学业，陈介祺帮他准备了大量文史资料，以备科考之用，到十月下旬才离开潍县赴省府济南。

这年初冬，陈介祺收到西安古董商苏兆年的信后，立即给苏兆年回了一封长信，谈到购买“绥和雁足灯”的事，并且叮嘱苏兆年为他购买古物时，一定要先将其拓片寄来鉴别，以防买到赝品，并且教苏兆年如何鉴别古物。这年，陈介祺在隐居多年后，给他的另一位金石好友李佐贤写了一封信，李佐贤收到后惊喜地回信说：“二十余年阔别，忽奉手书，如获良觌，为之狂喜者累日。”

这年秋天，李佐贤迫不及待地来访潍县，见到陈介祺收藏的从周秦到六朝的各种奇异钱范一百多种，非常吃惊。陈介祺将这些钱范的全部拓片装订成册赠给他，他非常珍惜，并打算续编钱谱《古泉汇考》一书。

后来，李佐贤将长孙女嫁给陈介祺的长房长孙陈阜。李佐贤

李佐贤所著《续泉汇》书影

是山东利津人，曾任福建汀州知府。他擅写诗词，勤于著述，并爱好收藏研究金石书画，对古钱币尤有研究。道光十五年（1835）中进士，后在京翰林院由庶常到编修，与陈介祺既是同事又是乡友，并与吴式芬、刘喜海、戴醇士、吕尧仙交往颇深。陈介祺归潍隐居后，与外界多年不再联系。李佐贤的两个儿子枚卿、伟卿也爱好收藏古物，都经常与陈介祺频频书信往来，探讨研究学问。两家缔结了婚姻后，在婚礼上，陈介祺专门书写了“富俭贵勤直德妇，理明辞达是文人”的对联，赠给他们作为勉励。当时，陈介祺、鲍康和李佐贤三人交好，且都是从官场上隐退，故效法古代三位高士范蠡、张翰、陆龟蒙，也戏称为“三高”，陈介祺曾在李佐贤书写的《金刚经》手卷上题过一首诗：

归田卅载岂师陶，不学今衰日月慆。
把卷自思增俯仰，渐闻知我拟三高。

这一年，他还与另一位金石好友取得了联系，那就是鲍康。

鲍康（1810~1881），字子年，号观古阁主人，安徽歙县人，道光十九年（1839）举人，做过内阁中书和夔州知府，是著名的古钱币专家，有多种著作传世。他客居长安时，刘喜海恰在长安做官，便于刘氏朝夕相处，遍观刘氏收藏的古钱币和关中古器物。后来，他辞官居京，与远在齐鲁的陈介祺飞鸿传书，频频交流探讨金石学识，二人互相为对方的著述提供实物拓片，以补不足，并刊刻对方的论文作品。鲍、陈两人互相往复的一百二十多封书信已成为古钱币学、金石文字学及书法研究的重要历史资料，被收入多种编著。

鲍康辞官后，自号“臆园野人”。他曾经写过一首诗，名为

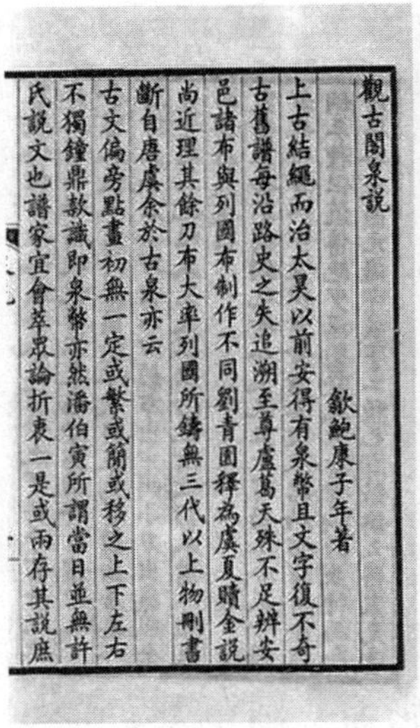
觀古閣泉說
歙鮑康子年著
上古結繩而治太昊以前安得有泉幣且文字復不奇
古舊譜每沿路史之失追溯至尊盧葛天殊不足辨安
邑諸布與列國布制作不同劉青園釋為虞夏贖金說
尚近理其餘刀布大率列國所鑄無三代以上物刪書
斷自唐虞余於古泉亦云
古文偏旁點畫初無一定或繁或簡或移之上下左右
不獨鐘鼎款識即泉幣亦然潘伯寅所謂當日並無許
氏說文也譜家宜會萃泉論折衷一是或兩存其說庶

觀古閣叢稿三編卷上
雜題泉冊四十二則　歙鮑康子年著
余為李竹朋刻續泉匯手寫定本有不能無言者輒贅
說於後並重定為十六卷增益者四百餘品余藏者十
之六七然本竹朋極慎之意僅見拓本未經審定原泉
者仍不載吳平齋寄拓其戚過雲樓藏泉間有新異以
未敢深信姑置之
翁氏古泉匯攷余所見稿本未嘗繪圖繩幼雲所得者
聞圖亦並載幼雲謂諸拓有泉匯未備者宜入續編然

觀古閣叢稿三編
光緒丙子孟秋　胡義贊題

鲍康的部分著作书影

《陈寿卿太史》，是专门为陈介祺作的：

倾心十载余，邂逅艰半面。
轩车忽先施，闻声已惊抃。
道气和若春，清谈蔼忘倦。
韦平世泽长，似君尤罕见。
古器富周秦，请观惜未遍。
宝鼎日父厝，光怪众目炫。
金章文字奇，泥印华彩绚。
锡我曾百朋，活碧滴葱茜。
海内几巨公，同时出齐甸。
鲰生亦良幸，捧袂恕愚贱。
会少离别长，北望切攀恋。
伊古重神交，何嫌隔乡县。
飞鸿傥寄书，墨本乞一卷。

这首诗表达了他和陈介祺的旧交新谊，并希望通过书信频繁交往的心声。

第五节　妻丧子亡　命运多舛

同治十年（1871），陈介祺59岁。

捐灾早就过去，兵灾也已消退，天下太平，本来可以过安稳日子了，但好景不长，人生的打击又接踵而来。尚在正月里，原配李氏突然病亡，使陈介祺痛心不已。李夫人与他相濡以沫，从她20岁迎娶进门迄今39年。39年中，从京城到潍县，他们共同经历了太多的风风雨雨，如今他还不满60岁，妻子竟然撒手人寰，弃他而去，陈介祺感到了无限的悲伤，真是人生无常啊！

不久，西安传来讯息，帮他采购毛公鼎和大量三代青铜器的古董商人苏兆年也去世了，这使他倍感怆然。他与苏兆年相交近四十年，西安是十三朝古都，那里是古物出土最多、金石价值最高的产地，帮他坐庄收购的这位古董商从年轻时两人就频繁交往，今后再有需求，向谁托付？

更为不幸的是，五月十九日，年仅38岁的长子陈厚钟竟然也病亡了，白发人送黑发人，陈介祺夜不能寐，唯有长歌当哭，无处话凄凉！

自从家门遭难十八年来，厚钟就奔波于京城和潍县之间，帮他应付各种变故，处理各种疑难，也帮助他筹建陈府，帮他收藏金石，支撑家业。他年纪轻轻，怎么也走了呢？

陈厚钟和陈厚滋是陈介祺的长子和次子。厚钟，字德念，堂号令闻堂。道光二十九年（1849）举人。厚滋是咸丰八年

(1858) 举人，敕授征仕郎，字树德，堂号令怡堂。作为长子的陈厚钟自然是产业的主要继承人，与父亲住在一起，府第在现万印楼和潍坊三中处。毛公鼎和七千余方三代玺印都传给了他这一宗支，但陈厚钟早于父亲陈介祺之前十三年去世，所以他在金石研究领域里帮助父亲较少。

陈厚钟过世后，厚滋是陈介祺的主要助手，帮助编目整理各种收藏品，钤印浩繁庞大的《十钟山房印举》，他起到重大作用。分家后，陈介祺给他买了南门里田家的一处大院，宅第在南门里，今向阳路南段路西。曾伯霥簠、迟簋等一批商周青铜器传到他的宗支，新中国成立后，经他的孙媳郭祖珍捐献给国家，现存中国国家博物馆。陈厚滋的书法很好，留下不少墨迹。

陈阜是厚钟之子，陈介祺的长房长孙，字钴曾，禀贡生。潍县人才济济，官宦辈出，所以缙绅世家很多，民间的很多大事需要有权威的人物协调。为办事方便和统一行动，当时，邑绅民众一致推举陈阜为商会会长。陈阜去世后换为丁四宅的丁毓庚。陈阜有五个儿子：文会、文徵、文郁、文珞、文辚。长子文会又有元章（君善）、奎章（君藻）两子。传到陈继揆已是二十二世。陈继揆离休前在天津师范大学历史系任党支部书记兼系主任，是博士生导师、历史学家。

陈阜的小儿子文辚就是担任过中央军委办公厅秘书处处长、干部处处长、档案处处长和中共中央办公厅秘书室副主任、毛泽东图书馆馆长的陈秉忱。

由于妻子和儿子病亡太突然，陈介祺对这场家庭变故事先毫无预料，更无准备，只得现购买墓地现修墓，所以直到第二年二月才将儿子陈厚钟隆重下葬在羊山。下葬时，女婿吴重憙和女儿陈厚培都来悼唁，他们在陈府住了两个多月，才回无棣。在这期间，一是安慰六十多岁的陈介祺，二是与其交流金石文字。陈介

陈秉忱青年留影

祺拿出拓制的各种青铜器拓片，委托他编辑成册，题名为《宝簠斋金文册目》。还拿出李璋煜、刘喜海、许瀚三位金石大家编订的古代器物集子，加上自己的器物集，分类整理、考证，合编为《宝簠斋集各家彝器释文》。陈介祺借机与吴重憙交谈了许多金石文字方面的知识学问。后来，根据岳父的提议，吴重憙陪同妻子到诸城走外祖父家并顺路游览超然台和五莲山，凭吊名胜古迹，也增长知识，陶冶情操。

超然台是陈介祺和女儿经常提及的一处名胜古迹，陈介祺年轻时每逢去岳父家，经常登临凭吊，这里是宋代大文豪苏东坡在担任密州（今诸城）刺史时，修建的一座高台，原是密州城的北台。

修葺超然台之前，密州连年蝗旱，社会动荡，满目疮痍。苏东坡在《超然台记》中说：“始至之日，岁比不登，盗贼满野，狱讼充斥，而斋厨索然，日食杞菊。”连太守老爷的餐桌也摆上野菜羹，百姓的生计可想而知。面对这残酷的现实，他采取“猛而和”的施政措施，大刀阔斧清除盗贼，奏准允许小盐贩、小商贩经营牟利。加上天公作美，农业获得丰收。因而他说：“处之期年，而貌加丰，发之白者，日反以黑。余既乐其风俗之淳，而其吏民亦安予之拙也。”有了余力和空闲，诗人便“治其园圃，洁其庭宇。伐安丘、高密之木以修补破败，为苟完之计。而园之北，因城以为台者，旧矣，稍葺而新之。时相与登览，放意肆志焉”。

北台修成后，他写信告诉弟弟苏辙并征求题名。苏辙也是一代名士，不久寄来一篇赋记，取《老子》“虽有荣观，燕处超然”之意，题名为“超然台”。

苏东坡得到兄弟的命名，非常满意，读了《超然台赋》，更是喜不自禁。幸会所致，意犹未尽，又挥毫写了《超然台记》。这是一篇融哲理与抒情于一炉的妙文，表达了他“安往而不乐”的情怀，成为文学史上的著名作品。

超然台在城西北隅，高居城墙之巅，呈方斗形，高约十米，顶端平敞，北略大于南，总面积约六百平方米。正门向东，由南面拾级而上，有台阶五十六级，是当时全城最高的建筑。登高望

民国初年的诸城超然台

远，似仙鹤凌云，心旷神怡。苏东坡在密州挥就的名篇佳作，不少都与超然台有关。

历史上的密州故城环境优美，风光秀丽，遥望东南方向，群岭起伏，五莲山、九仙山、马耳山、常山、卢山等一脉相连；西郊扶淇河涓涓长流，台下潍河滔滔北去。苏东坡每逢登台临超然台，便不由诗兴大发，在细雨蒙蒙的春季，他填下《望江南·超然台》名句，道出这里的诗情画意：

春未老，风细柳斜斜。试上超然台上看，半壕春水一城花，烟雨暗千家。

同治十年（1871）八月二十五日，陈介祺为原配夫人李氏举办了隆重的葬礼，将李氏安葬在边家小庄新辟的墓田里。陈介祺72岁病故后，也安葬在这里，夫妻合墓。他的女婿吴重憙夫妇再次回家吊丧，连利津的亲家李佐贤也来了。丧事办完之后，李佐贤和吴重憙相约去游览琅琊台和崂山，因为在山东半岛上，这是极有名气的名胜古迹，也是金石学家和历史学家最仰慕的去处。两位家住鲁西平原的鸿儒，早就对此神往，借此机会结伴访游，也是顺理成章的。

琅琊台位于诸城东南50公里处，三面临海，据《史记·秦始皇本纪》司马贞《索隐》引《山海经》云："盖海畔有山，形如台，在琅邪，故曰琅邪台。"春秋战国时期，琅琊即以"齐东境上邑"闻名，齐桓公、景公曾泛海游之，是当时五大港口之一。公元前473年，越王勾践北上称雄，从会稽迁都于此，并在夏河城东南5公里的琅琊山上筑琅琊台。据《水经注》记载，当时的琅琊台孤立显出于众山之上，下周二十余里，傍滨巨海，台基三层，层高三丈，上级平敞方二百余步，高五里。秦始皇统一中国

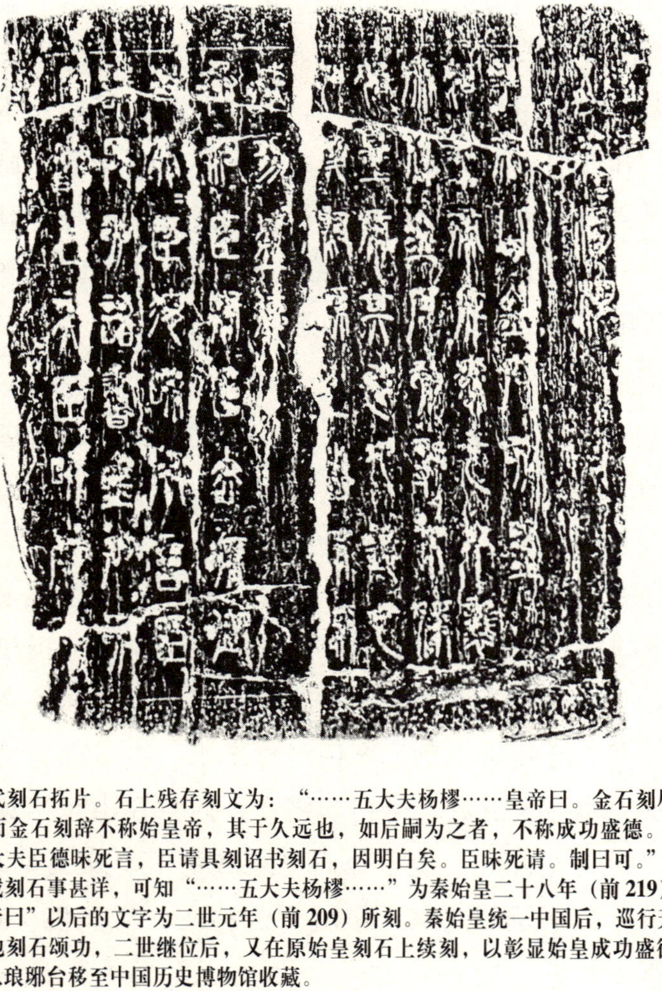

琅琊台秦代刻石拓片。石上残存刻文为："……五大夫杨樛……皇帝曰。金石刻尽始皇帝所为也。今袭号而金石刻辞不称始皇帝，其于久远也，如后嗣为之者，不称成功盛德。丞相臣斯、臣去疾、御史大夫臣德昧死言，臣请具刻诏书刻石，因明白矣。臣昧死请。制曰可。"《史记·秦始皇本纪》记载刻石事甚详，可知"……五大夫杨樛……"为秦始皇二十八年（前219）刻石之残存部分。"皇帝曰"以后的文字为二世元年（前209）所刻。秦始皇统一中国后，巡行天下，曾于峄山、琅琊等地刻石颂功，二世继位后，又在原始皇刻石上续刻，以彰显始皇成功盛德。原石新中国成立初期从琅琊台移至中国历史博物馆收藏。

后，曾三次登临琅琊台，并重新构筑，使其规模更大，又徙黔首三万户于琅琊台下，遣齐方士徐福带童男童女三千人东渡大海求长生不老之药，立刻石，颂秦德。

汉武帝继秦始皇之后两次登临琅琊台，并大事修整。历代的许多公卿官吏、文人学者亦有登琅琊台者，留下了许多珍贵史料。今日，琅琊台原貌早已被破坏，但台基犹存，筑台遗迹尚可辨认。土层断面筑土清晰，内有不少砖瓦石板，台顶建筑遗迹甚多，在台前的山坡上还发现了秦代地下陶管道和秦汉时期的建筑遗迹，为琅琊台这处历史胜地又增添了新的胜景。

李佐贤和吴重憙在登临琅琊台后，又去了即墨县内的崂山，一路上饱览了大海风光。

崂山亦称“牢山”“鳌山”，位于黄海之滨，西起胶州湾，绵延东去八十里，层峦叠嶂，奇峰巍峨，峭壁倚天。山中竹木繁茂，浓荫蔽日，清泉古洞，水帘瀑布，危岩怪石，幽深清邃，云气离合，岚光变幻，自古被誉为“神仙窟宅”“海山名山第一”。其雄奇壮阔、灵秀幽清的自然景色，为内地名山所不及。《齐记》有“泰山虽云高，不如东海崂”之说。秦皇汉武为寻求仙药都曾登临此山。唐玄宗也派王昱、李华周进山炼药，并将崂山易名“辅唐山”。宋、元以来，庙观次第兴建，成为道教名山，现存上清宫、下清宫、太平宫、华严寺、蔚竹庵等建筑，皆石壁瓦

崂山风光

舍，简朴无华，具有道家质朴恬淡的色彩。道家名师丘处机、刘志坚、张三丰等均曾在此修道，文徵明、顾炎武、王士禛、高凤翰、康有为等明清名士亦慕名而至，并多有吟咏题刻。蒲松龄《聊斋志异》中《香玉》《崂山道士》等篇，对崂山的景物有生动描写。

山上的华严寺亦称“华严禅院”，位于崂山东部那罗延山西南山坡上，是崂山现存唯一的佛寺。明崇祯年间即墨人黄宗昌捐资筹建，名“华严庵”，庵未成即毁于兵灾。清初其子黄坦与慈沾法师重建，整个建筑依山势而建，呈阶梯状院落，布局严谨，宏伟典雅。四周苍松翠竹掩映，烟霭横空，白云袅袅，如九天幻境。寺西南的那罗延窟，宽约七米，高、深各十余米，在崂山十二景中称“那罗佛窟”。

这次结伴东游琅琊台和崂山，极大地满足了李佐贤和吴重憙平生的夙愿。以后，每逢提及此行，两人总有滔滔不绝的感慨。在交通极为不便的古代，两位生长在山东西部的“旱鸭子”能饱览山海风光，实为终生之幸事。

第六章　病叟出山　老益弥坚

第一节　老友再聚　恍若隔世

从42岁离开京师，已过去了整整十八年。十八年来，星移斗转，物是人非，陈介祺经历了太多的人世变迁。十八年，从天下大乱，到天下大治；十八年，从壮年才俊，到华发苍颜；十八年，虽未改朝，却已换代，令他畏惧的咸丰皇帝早已驾崩，朝中的宿敌也已故去。而他的至亲至友，一个个离他而去。父母走了，如今妻儿也走了，恩师阮元、刘喜海、李璋煜走了，好友许瀚、吴式芬、徐同柏、叶志诜、王筠、翟云升、苏兆年等也都先后离开了人世，他感到"殊郁孤衷"。在"人生七十古来稀"的那个时代，他甚至觉得自己的岁月也不多了。

人活到这把年纪，很多人往往都消沉下去，在无所事事、无所作为中消磨日子，抑或追求享乐，等待生命的大限。但陈介祺不同，他的性格、他的志向、他的才学、他的教养、他的积累，都不允许他像凡夫俗子那样在年岁中沉沦。天才就是天才，无论在顺境还是逆境中，都有他自己的兴趣和事业，都有与生俱来的使命感。

60岁那年，在处理妻子和儿子丧事的悲痛之余，他萌发了最后一搏的信念，他从年轻时就养成了搜古、藏古、传古的爱好，随着岁月流逝、年龄增长，也随着学识的积累，这种爱好已浸染到他的全身，逐渐变为他的信念和使命。时不我待，他决定从隐居中走出来，从沉寂中走出来，靠一番艰苦卓绝的打拼，让千年的金石学发扬光大，让历史文化宝库更加璀璨。

这年，他在何绍基的著作《东洲集》中得到吴云正在大量收集金石书画的消息后，马上写信给阔别二十余年的这位青年时代的好友，与他恢复了联系，并且索要吴云的金石著作，从此他们之间开始了频繁交往。

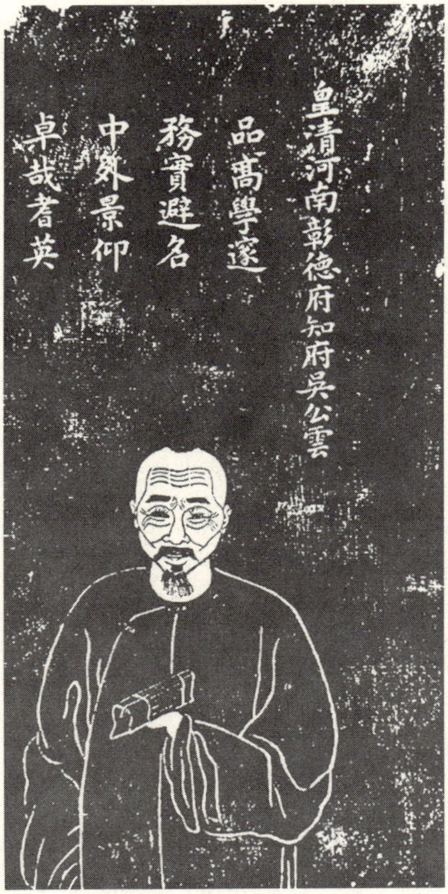

吴云画像拓片

吴云，字少甫，浙江归安人，官至苏州知府。同治元年罢官以后，闭门著述，并以金石书画为娱。太平天国起义后，江浙许多收藏家均遭灭门之灾，藏品散落民间，吴云凭自家的经济实力，重金搜求，将先辈阮元、张廷济和曹载奎旧藏重器收归己有。因获得阮氏和曹氏两家的大、中齐侯罍收藏，所以将自己的书斋命名为“两罍轩”。他一生考古著作颇丰，金石收藏名声显赫。他与陈介祺年轻时在京都就有金石馈赠交往。陈介祺归隐后，连年战乱，彼此断绝音讯27年之久，60岁时又重新通信，相互庆幸欢欣之情溢于言表。陈介祺致信给吴云说："吾两人三十年前踪迹虽疏，行年俱过六十，非以心相契，以书相通，以厚不遗，以直不饰，何以异于流俗耶。"此后，两人在晚年书信频传，相赠物品，除通过邮差传送外，还经过在苏州做生意的潍县人韩伟功捎递。如果有一个月不见对方信札，就惦念不已。

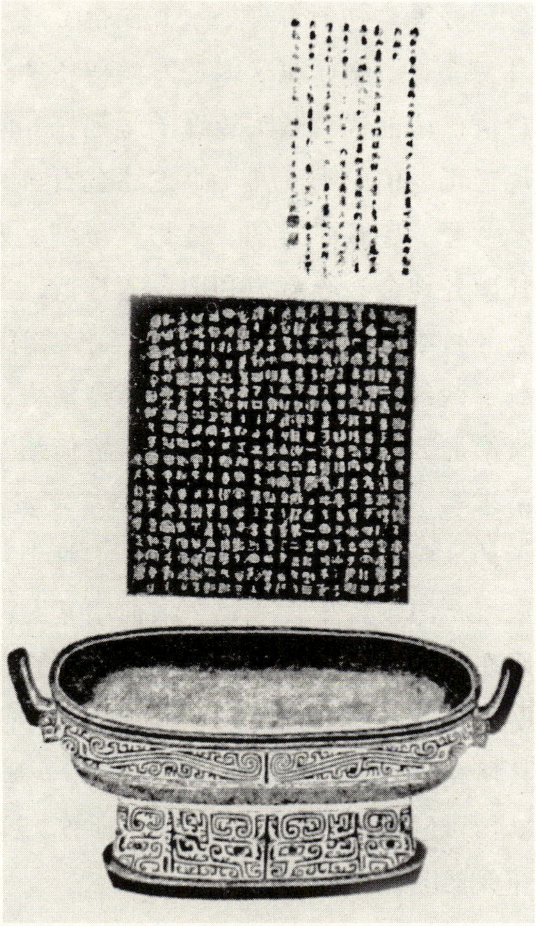

吴云题跋散氏盘全形拓片

出山后的头一年，陈介祺就与吴云频频传书递物。自三月去信后，五月初二日，收到吴云四月十八日的回信，回信写了满满八页纸，并在信中附带赠给陈介祺大、中齐侯罍和永始鼎的拓片，这两件齐侯罍是吴云藏品中的珍宝重器，吴云正是得到它们后，才将自己的书斋命名为"两罍轩"的。陈介祺收到复信和拓片后非常高兴，当天就给吴云回信说："我认为现在首要任务应当是以传播夏商周三代古文字为第一要务，考证解释其次。只有将新发现的青铜器铭文拓制下来，流传出去，后人才能依据这些传拓的古文字进行考释。应当按照《说文》的部目为依据而精心临摹。"还说"何绍基想时过从，乞晤时为道切念”等等。并捎带寄去《齐侯罍考》一文，请吴云过目修改。九月初二日，陈介祺又派遣专差傅冬经过扬州去往苏州送给吴云一封信，请他代为购买长锋羊毫笔，并附上最近刊刻的书额拓片请他斧正。信中写了几十页论述金石古文字和有关的事项，内容涉及考释、鉴藏、辨伪、传拓、摹刻、书法、篆刻等，还一一询问江南各地金石收藏家和旧友的详情，并嘱托他代购制作印谱用的上等竹纸、六吉棉连纸等。二十年前钤印的《簠斋印集》，他只剩了两部，也将其中一部托傅冬捎去，赠送给吴云。两天后，他又给吴云写了一封信，详细了解何绍基的情况，委托他向何绍基请求写一副联语，内容是“家常宝贵（汉镜上面的铭文），门宜子孙（汉代铜钱上的铭文）”。十月十八日，他又给吴云写信，寄去《石门颂》拓片一幅，请何绍基题诗，并询问：“听说何绍基要在扬州修志，是否确有其事？”在信中还谈到考证解释散氏盘中的铭文。十二月，同乡韩伟功从苏州回潍，捎来吴云的回信及其珍藏的金农书写的对联、十支羊毫毛笔、五锭松烟墨，还有《唐石经校文》《说文声类》等书。这年，吴云编撰完成《两罍轩彝器图释》一书。

这年，何绍基73岁，年事已高，身体有病，在苏州养病，吴云常去探望，并向他转告了陈介祺的问候和委托，但他已经无力与陈介祺通讯，第二年在苏州去世。

前面说过，60岁出山的前一年，陈介祺就联系上了李佐贤。李佐贤给陈介祺回信说：“廿余年阔别，忽奉手书，如获良觌，为之狂喜者累日。”

60岁出山后，陈介祺不仅联系了吴云和何绍基，还联系上了鲍康和潘祖荫。

这年六月，鲍康刚从夔州知府任上退职，回到京城定居下来，从此不再过问政事，专心于金石研究，整天与陈介祺、潘祖荫、王懿荣、吴大澂、胡石查等交往，其中与陈介祺书信来往最多，他曾给潘祖荫写信说：“帆收顺水，甘作野人，旋都后不复入衣冠之会。”从此他自号“臆园野人”，不再踏入官场，却与陈介祺这位隐士心心相印，飞鸿传书。从现在能搜集到的部分资料来看，双方在最后十年间的通信达八九十封。

这年十月十四日，陈介祺给鲍康写了长达八页的信，信中说：“弟归里廿年，僻居苦于无友，问学苦无人道，坦白亦甚不多，三年来惟竹朋老兄，小倩仲饴时来过访，为金石之欢。”建议其刻刊刘喜海《古泉苑》。云李佐贤《古泉汇》“虽过前人，然体例尚未尽善，版本也属简率，摹刻唐以上泉，甚为不精”，鼓励鲍康在李氏《古泉汇》、刘氏《古泉苑》的基础上再著一古泉力作，必能传远。还谈摹刻古文字当精审。又有论书语云：“近日狂妄，以为有李斯而古篆亡，有中郎而古隶亡，有右军而书法亡。均以行款姿态，有人之见存，而笔力与法遂失其真，是以好金文汉隶尤笃也。”

收到鲍康的回信后，陈介祺立即于当月回信说：“兹有商河老拓工自历来，携有汉画，检其两城山四种，曲阜公府后门一种、见老子一种、颜氏乐圃一种、普照寺一种、鱼台一种，虽无新奇者，如命以补旧存，并属今有画即拓矣。”“燕翁《长安获古编》原本在弟处，刻本今入厂肆。”并建议鲍康聘请一位拓工。

年底，陈介祺收到鲍康十一月的回信后，立刻写了长达十五页的回信。隔了几天，他又给鲍康写了一封信，谈论金石著述的问题，建议金石家们以《说文》为规范，摹写青铜器上的铭文附在后面，将文字的演变统编成一部著作。并附纸杂谈了一些金石文字鉴定的问题。鲍康晚年著述甚丰，计有《观古阁泉说》《观古阁丛稿》《观古阁续丛稿》《观古阁丛稿三编》等，其中《观古阁丛稿三编》大部分刊载着他与陈介祺关于金石文字探讨研究的内容。

第二节 齐东匋父 发现陶文

在 60 岁出山的这一年，陈介祺有了两项惊人的收获。

其一是他给自己的老乡和同科进士，时任广东巡抚的张兆栋写信，请他与收藏叶志诜遗留的 2700 多方古玺印的何昆玉进行协商，将古印卖给自己。经张兆栋再三说服，何昆玉于秋后将这批藏印带来潍县，卖给陈介祺，这使他的玺印藏品陡然剧增，接近了“万印”规模，所以，他请王石经刻了“万印楼”印章，以示庆幸和富藏。同时，他又劝说何昆玉留下来，帮他钤印一部浩大的著作——《十钟山房印举》，并且给何昆玉安排了舒适的住房，让自己的二儿子陈厚滋协助何昆玉，共同编纂钤拓这部浩瀚巨著。

其二是在家乡发现了陶文，成为最早发现陶文和研究陶文的金石家，从此他请王石经篆刻了另一方印章“齐东匋父”，意思是说自己是身处齐鲁东方的陶文发现之父，这也是他一生突出的学术成就之一。

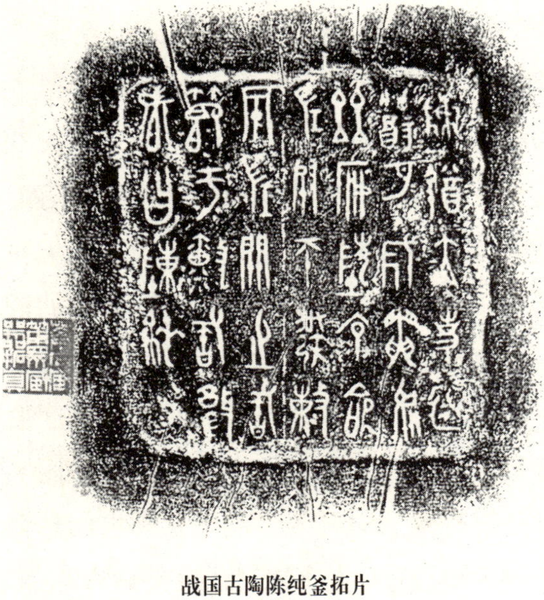

战国古陶陈纯釜拓片

陈介祺发现陶文后欣喜若狂，曾说：“三代古陶文字不意于祺发之，三代有文字完瓦器不意至祺获之。殆祺好古之诚，有以格今契古，而天实为之耶。”陈介祺认识到陶文的价值可与钟鼎玺印等文字并列。他在《簠斋论陶》中说：“余于钟鼎文字，不能识者，百或有一二，又谓刀布文字不过一二，非钟鼎比也。今得三代古陶文字则不可识者甚多，且有正倒不能定者，奇矣哉！石鼓无二，而竟有陶，陶又似古于金石，奇矣哉！是岂可与刀布文字并语哉！古陶与古玺印近，有以玺成者，有刻者，与钟鼎、古货为今存三代文字有四，并石鼓禹书洛字为五。”

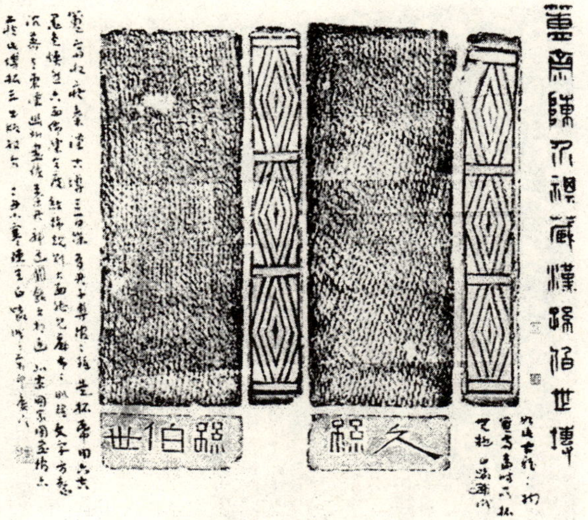

汉孙伯世砖拓片

经过陈介祺的大力宣传和倡导，“瓦器”上的古陶文字引起了国内学者们重视，随后，潘祖荫、王懿荣、济南道台李山农、诸城金石家王念亭等人都参与搜寻，而且都从各地购买到各种带古文字的陶器。从此，关中、洛阳、安阳、临淄等商周秦汉古都相继发现了各种陶文。

自从宋代形成金石学以来，我国的文人学者都专注于金石文字的研究和考证。到清代后期，学者们已从历朝历代发掘出的四千多件钟鼎彝器上发现了两三千个不同的铸刻文字，并考释出近两千个古代文字。此外，访碑考碑，研究秦汉印玺、篆刻也蔚成风气。

我国古代铸刻在金属彝器上面的文字，多为周代遗物，也有少数铸在商代青铜器上的，而且是晚商。所以，金石领域探索考释的古代文字，多为周代至秦汉时期的古文字。当然，陈介祺在

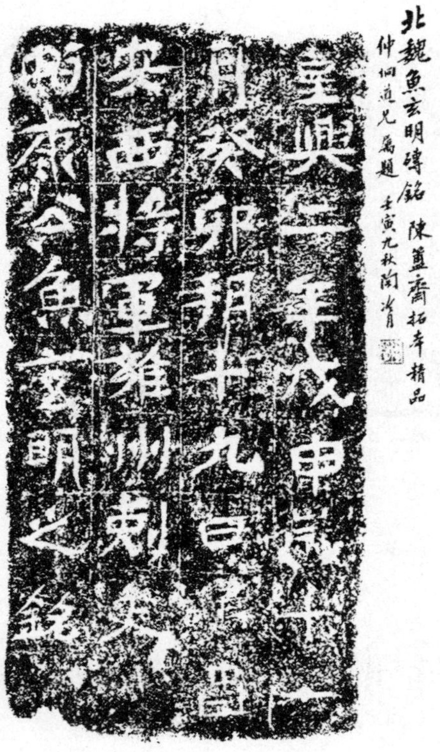

北魏鱼玄明砖铭拓片

金石领域对我国古文字的探索，不仅极为突出，而且是独领风骚。主要表现在：

其一，他收藏了迄今为止古文字最多的国宝重器毛公鼎，发现腹内铸有铭文 497 字，并耗费十年的精力，进行了认真严格的考释。

其二，他从年轻时便开始收藏研究三代古印玺，到花甲之年时，达到 7000 余方，再加上后来从吴式芬那里得到的 2000 余方，已接近万方古印，因此斋号“万印楼”，号称“万印楼主人”，成为金石学界公认的“南有西泠，北有万印”的独树一帜的金石收藏鉴赏家。

其三，他收藏了带铭文的商周古钟 11 架、青铜彝器近 300 件、秦汉铜器近 100 件、古铜镜 200 余件，并拥有数千件古钱币、钱范和铜造像，在青铜文字收藏研究方面纵横捭阖，游刃有余。

其四，他周游各地，访碑拓碑，并收藏有 120 块石刻碑碣。更重要的是，他不拘泥于金石领域的收藏考证，将视野大胆地突破了金石领域，对古陶文进行寻访、传拓和收藏研究。他的藏品中有带字古砖 326 块、瓦当 932 件、封泥 548 方、陶器 63 件、陶文 5000 余片。陈介祺可以在如此大规模寻访探索的基础上追根溯源。

历代的金石学家们对泥制的古陶器不屑一顾，而陈介祺则慧眼独具，一扫金石学界的清规戒律，早在同治十一年（1872）从潍县大户于姓手中购得从齐国名城即墨故城遗址出土的带字瓦器，经他鉴定为战国时期的陶器文字，这使他激动万分，开始在齐鲁各地大量搜购带文字的古陶器，并将这些陶文用墨拓下来，装订成册，寄赠金石好友，共同考释，探索研究。到光绪四年(1878)，他将收藏的3000多片古陶文字编辑成《陶文考释》刊行，为金石学开辟出一片新的领域，为我国史前文字的探索奠定了基础。他自号为“齐东匋父”，将斋名取为“三代古陶轩”，并于光绪九年（1883）亲制楹联曰“陶文齐鲁四千种，印篆周秦一万方”，可见他对古陶文字探索研究的重视程度，胜过了自己收藏的万方古印玺。

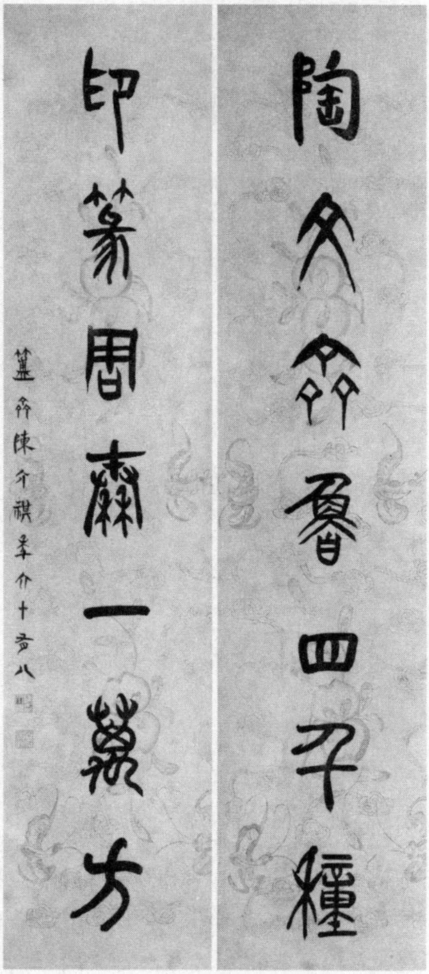

陈介祺书对联“陶文齐鲁四千种，印篆周秦一万方”

特别应当提及的是陈介祺发现并考释古陶文的年代是1872年，比王懿荣1899年发现甲骨文还早27年。陈介祺比王懿荣大32岁，两人既是山东老乡，又有姻亲关系（王懿荣的次女嫁与吴重憙次子，而吴重憙为陈介祺之婿），在收藏鉴赏和古文字研究方面成为忘年之交。陈介祺的嫡系后裔、历史学家陈继揆辑录的《秦前文字之语》一书卷二

甲骨文发现之父王懿荣照片

中就收录陈介祺致王懿荣书信70多封，其中尚缺四年的信札，再加上王懿荣有信必复的答酬，两人的书信往来可达到200封左右，这些频繁往复的通信，无一不是研究探索金石文字的。可见，王懿荣日后识别甲骨文是深受陈介祺影响的，长期探索金石文字为他打下了很好的基础，发现甲骨文也是顺理成章之事。

笔者在这里冒昧推测的是，如若不是陈介祺在1884年已经过世，那么，最早发现甲骨文的恐怕不是王懿荣，而极有可能是陈介祺。因为陈介祺不仅有比王懿荣更踏实的金石功底，内因具备；而且还有比王懿荣更优越的外因，从安阳贩运甲骨文的古董商人范维卿等也是潍县人，范家庄离潍城仅仅十余华里路程，是陈介祺生前带动起来的300多位古玩商之一，他们多数是在陈介祺影响下踏上贩运古玩之路的，他们总不会舍近求远吧。

逝者已矣！请允许笔者姑妄言之。笔者的推断，既抹煞不了王懿荣“甲骨文之父”的荣誉，又可佐证陈介祺古“陶文之父”的地位。

陈介祺对古陶文研究有一段精辟的结论，他说：“古陶文不外地名、官名、器名、作者用者姓名与其事其数。”他在当时历史条件局限下，尽管只能认定这些陶文是三代古陶文字，没有考证出其中应有史前文字，但是他已经意识到人类文明的起源在于文字。早在同治十二年（1872）他与自己的长孙陈阜议论“开辟混沌只是文字，人心亦然”的时候，还赋得一首小诗：

天开混沌由文字，人扩灵明亦在兹。
大义微言常不觉，终归混沌又何疑。

这首诗是确切的历史佐证，证明陈介祺不仅将陶文的研究推到了上古三代，也将古文字的诞生作为人类蒙昧与文明的分水岭。这是由钟鼎文研究跨越甲骨文研究，直接探索古文字源头的佐证。陈介祺与恩格斯是同时代人，虽然国籍不同，但他们对于人类文明起源于文字的见解竟不谋而合。

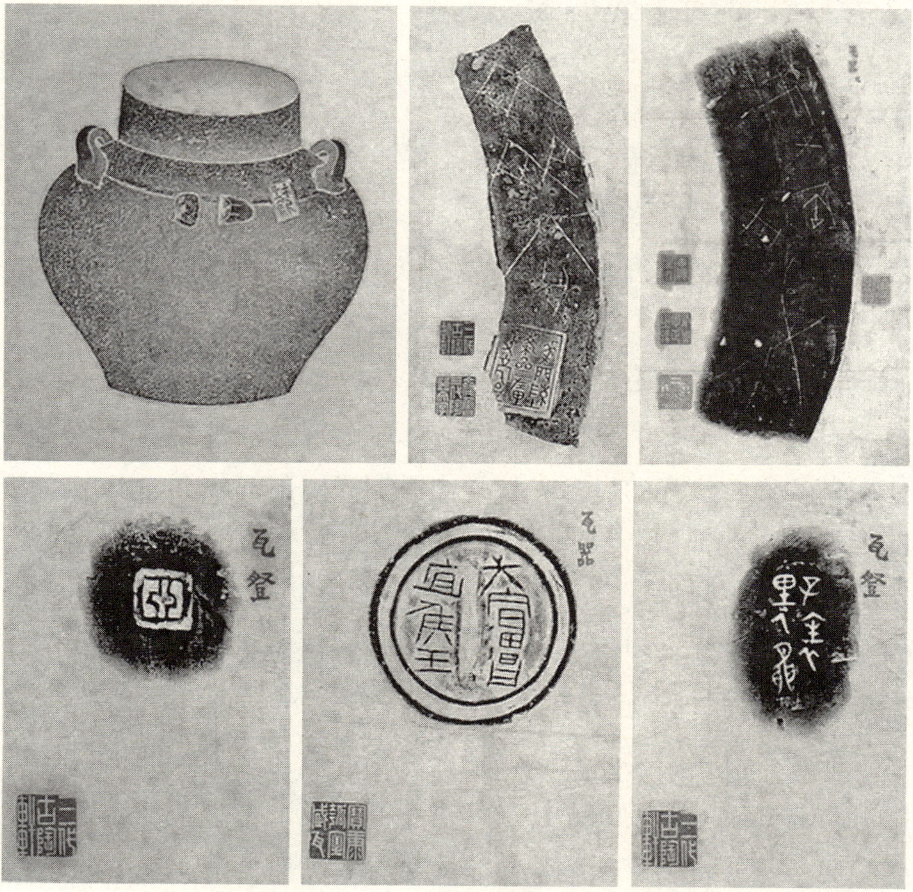

陈介祺藏陶器拓片

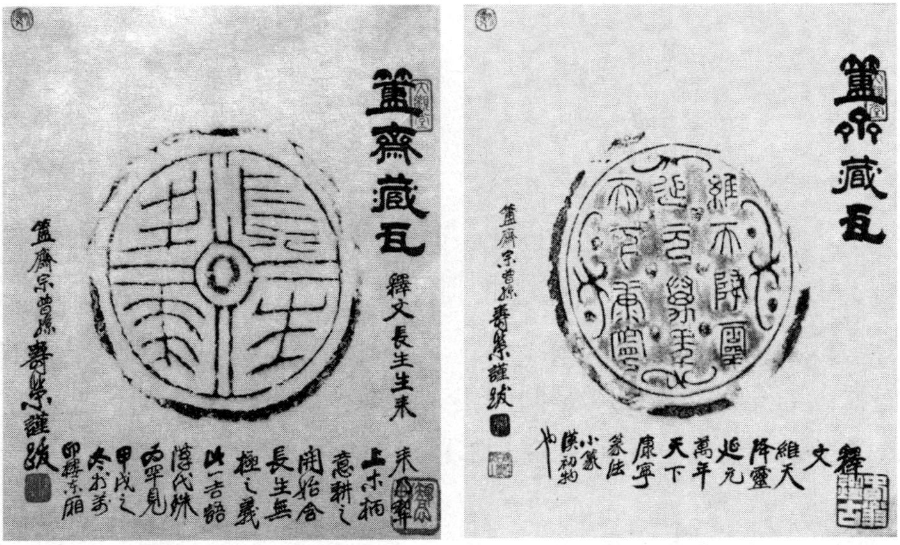

《簠斋藏瓦》拓片

陈介祺在撰写楹联“陶文齐鲁四千种，印篆周秦一万方”时，自己笔注“将及五千”。其长子陈厚钟的后人分到了这批带陶文古器，后来转售给青岛市博物馆，清点者称总数有4800件，据说至今封箱未动。那么，在这批尘封的陶文中有无载有原始文字的古陶片，至今还是个谜。

由于当时交通运输条件限制，陈介祺搜求的古陶文，绝大多数出自齐鲁，最多的出自春秋战国时期齐国国都临淄、山东西南部的鲁地（今邹城、滕州等地）；还有一部分是当初贩运毛公鼎给陈介祺的陕西古玩商人苏亿年，应陈介祺之邀在关中地区搜购的；另外还有来自中华文明史发源地之一河南的。总体来说，以齐鲁大地的古陶文为最。

陈介祺对古陶文收藏鉴赏考证研究的意义是重大的，它是我国对史前文字研究的发端，从这个意义上说，王懿荣是商代甲骨文之父，陈介祺则是比甲骨文研究更为前瞻的古陶文之父，是一位超前的古文字史探索者。

第三节　出山论道　鸿雁传书

在同治朝的最后两年（1873~1874），陈介祺61岁至62岁的时候，是他出山论道，搜古、藏古、鉴古、释古最为活跃的两年。这两年，他不断地与各地的金石朋友互通信函，不断地打听各地老收藏家们过世后藏品的下落，不断地向古玩商们索购金石器物，不断地命拓工拓制各种古物上的铭文和印文拓片，不断地为两个孙子授课督学，不断地编写各种书籍，还不断地与朋友们辨伪与考释，忙得不亦乐乎！尽管这两年他旧病屡发，每每呕吐或不寐不食，但总是夜以继日地工作着、拼搏着。他已从人生的多次低谷中走出来，恢复了元气，使出浑身解数在金石领域里打拼。

情绪好的时候，他找出同治九年（1870）得到的富贵铭文铜壶，与吉祥铭文铜洗一起摹画作图，并将自己的房间命名为“富贵吉祥之室”，还写了联语：

瓦当文延年益寿，
铜盘铭富贵吉羊。

这两年中，他还为自己的长房长孙陈阜办完了婚事，大儿子厚钟已过世，所以一切都要靠爷爷来操劳，按照约定，迎娶了李佐贤的孙女、李枚卿的女儿。他对这门亲事非常满意，特意写了联语：

富俭贵勤直德妇，
理明辞达是文人。

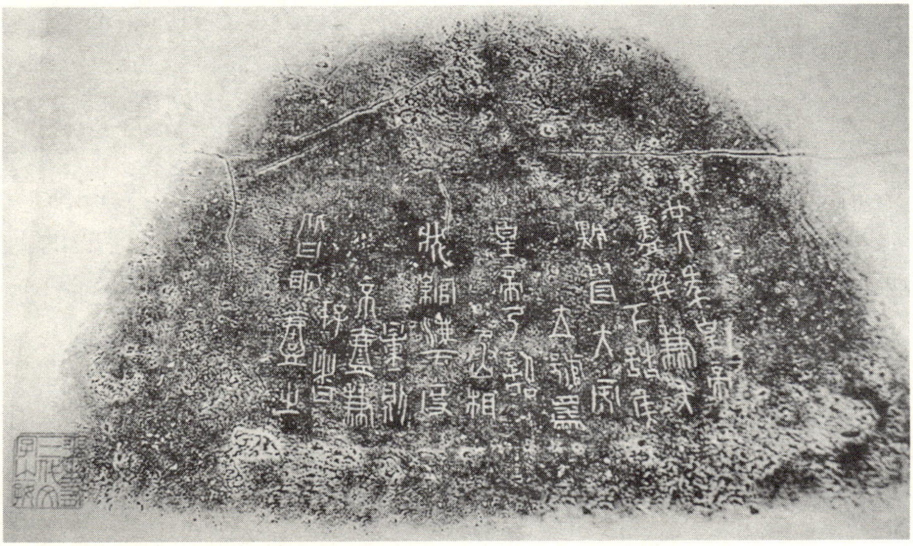

陈介祺藏秦代铜权铭文拓片

女婿吴重憙为婚礼送来幛联和屏烛，陈介祺表示赞赏，并写信询问女儿厚培的身体状况和家务事，还交谈了金石等事项。

这两年，他连续得到西安古董商苏亿年寄来的秦始皇铁权铜诏版。后来，又得到苏亿年寄来的两种秦始皇二十六年诏书。还得到从琅琊台西南的古城遗址出土的一百二十斤重的铁权，并作出秦二世铁权铜版题记。

这两年，他多次委托助手和拓工王石经、丁少山、何昆玉、宫玉甫等人到琅琊台，寻访捶拓秦代刻石、离宫及礼日亭故址等处的古文字遗迹。陈介祺赞许这是“甚盛事也”，并让丁少山写下日记，权当是一起前去访游。他们几个人从八月出发，直到十月中旬才返回潍县，在琅琊台一带整整忙了三个月。第二年正月，陈介祺作《咏琅琊台秦刻石》诗：

今篆上推只至李，丰碑屹立始于秦。
试呼篆祖兼碑祖，珍重柔毫作字人。

他还给潘祖荫写信，寄去何昆玉等人拓下的秦代琅琊台刻石精拓四份，嘱咐他与鲍康分存。并向潘祖荫索要国子监中保存的周代石鼓精拓本，以及羊毫笔等。

潘祖荫是江苏吴县（今苏州市吴中区）人，先后任工部、刑部、礼部、兵部尚书，自幼爱好金石文字。潘、陈两家是世交，潘祖荫之祖父和陈介祺之父曾同朝为官，且又同为京官，潘祖荫叔父潘季玉也曾在年轻时与陈介祺有交情。潘祖荫祖辈都在朝为

潘祖荫画像

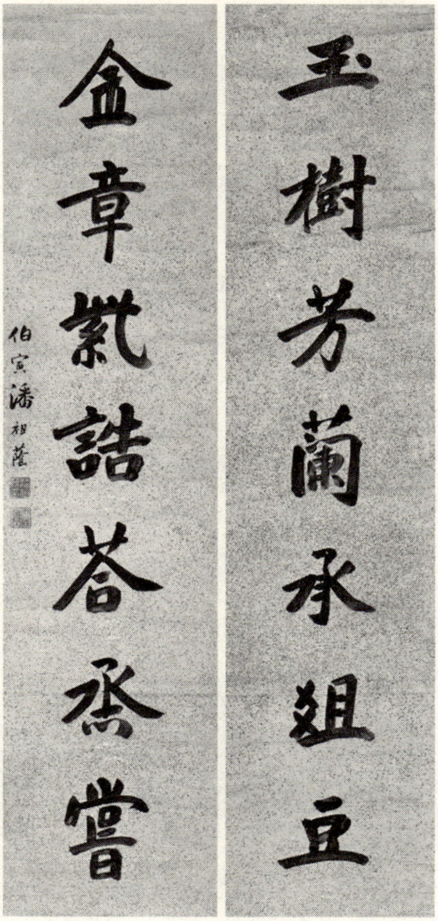

潘祖荫对联

官，势大财足，搜购的国宝重器既多且名贵，如郘钟、史颂鼎、郾侯鼎、孟鼎等等。潘祖荫崇尚道义，凭他的财力，不仅自己著书刊行，而且为先贤和时人刊刻印行了近百种遗著书籍。陈介祺60岁后出山论道，释古传今，与潘祖荫又恢复了书信交往，而且是金石拓片互赠交往最多的一位。潘祖荫虽然比陈介祺小17岁，但一生官运亨通。潘祖荫得到陈介祺论金石文字的书札，极为珍惜，特意为他刻版刊行了《陈簠斋丈笔记附手札》和《传古别录》行世。

在这期间，陈介祺还结识了后来由于发现甲骨文而被誉为"甲骨文之父"的王懿荣。其实，王懿荣以后的成就，完全得益于陈介祺的教诲和影响。王懿荣年轻时，因沉溺于金石收藏研究，七次都没有考中进士，陈介祺多次督促鼓励他继续努力，后来不仅在科考中成功，在金石学领域也独树一帜。

王懿荣，字廉生，山东福山人，祖辈为科举世家，年幼时就随父亲在京师居住，顺天乡试考为副榜第一名，为当时副考官潘祖荫赏识，就拜潘祖荫为师。光绪六年（1880）中进士。王懿荣追随潘祖荫，嗜爱金石碑版与古籍。在京为官半生，有时竟典衣当物搜寻购买古物。光绪七年（1881）二月，王懿荣由福山故乡返回京城，途经潍县，专门到陈介祺家居住三天，遍赏陈府丰富的金石藏品，与陈介祺详细研究探讨，

王懿荣画像。王懿荣与陈介祺是金石切磋的忘年交，又有姻亲关系，称陈介祺为"寿丈"。他对古文字的爱好与研究，得益于陈介祺。

当面求教。尔后，在潍县又遍访收藏鉴赏家。这为他日后发现断识甲骨文奠定了坚实基础。

商代甲骨文拓片

此外，由于吴式芬的二儿子吴重憙是陈介祺的长女婿，吴重憙的儿子吴峑是陈介祺的外甥。而吴峑又是王懿荣的女婿，所以他们之间存在姻亲关系。陈介祺字寿卿，故而王懿荣尊称女婿吴峑的外祖父陈介祺为“寿丈”。王懿荣比陈介祺小 32 岁，他是经鲍康和潘祖荫介绍，于同治十二年（1873）才开始与陈介祺通信交往的，之后频频传书，探讨金石文物，交流鉴赏心得，两人遂成忘年之交。根据现有的资料推算，四年中二人往复书信和赠送拓片资料的函件竟达两百余封，足见关系之密切。

吴大澂比陈介祺小 22 岁，他年轻时就屡闻陈介祺大名，他收集的许多金石拓本都出自陈介祺之手，所以非常仰慕陈介祺的学识和眼光。他曾说“得读大著所释金文，私心向往者二十余年”。进京做官后，虽然经过鲍康等人的介绍，但他一直不敢直接与当代名贤陈介祺通信。同治十二年（1873），陈介祺的长孙陈阜举办婚礼前，他郑重地书写了贺联，托鲍康转送给陈介祺。陈介祺立刻写信向他表示致谢，并说早就从潘祖荫刻印的书中看到您的大著，非常向往，并赠送他二十多幅青铜器文字拓片，表示愿意与其结为金石挚友，希望今后互相交流金石拓本。吴大澂收到陈介祺的来信，喜出望外，随即给陈介祺回信，说想不到您先给我来信，还说了这么多奖掖后进的话，我写的那副笨拙的联语，承蒙您看重赏识，实在无比惭愧。从此两人成为至交。不久，吴大澂被派往西安，任陕甘学政，他把搜集到的金石拓片陆续寄给陈介祺，陈介祺也将齐鲁之邦收集到的金石拓片和考释文字陆续寄给吴大澂，并请他考释。后来，吴大澂将陈介祺寄来的一批批古陶、封泥文字逐渐积累，著成《古陶文考释》一书，认为这些文字虽然是钤印在陶器上，但与钟鼎彝器的文字同样重要，能补《说文》之缺。

陈介祺给他回信说：两千多年来，这些古陶器文字从来没有被人发现和重视，没想到让我发现了它们，而我的朋友您又能读懂它们，这真是莫大的幸事。足见两人确为推心置腹的文字之交。陈、吴二人通起信来，往往一个月多次往返，长篇累牍，有些信甚至长达万言。他们除了谈论金石文字，也谈论朝野时事、治兵赈灾、谋国方略方方面面的大事。在陈介祺的指点教诲下，吴大澂在官场上也顺风顺水，一直做到广东巡抚、河东河道总督、湖南巡抚等职，成为封疆大吏。

吴大澂对陈介祺的评价是："海内真知真好，唯长者一人；知我者，惟长者一人。"但是两个人相知相交十年之久，却从没有见过面。光绪四年（1878），陈介祺在给吴大澂的信中说：我今年都 66 岁了，而您在全国各地任职行程万里，咱们从没见过面。这么远的路途，往返寄信也不容易，能不能拍张"洋照"（当时照相技术刚刚传入我国），让我见到您的真容呢？两个月后，吴大澂在河间给他回信说，您的故乡离这里还有五百多里，遥望您这颗恩德之星，恨不能插翅而飞，亲自见到您的尊容！足见这两位金石巨擘的深情厚谊是多么感人肺腑！

第四节　珍品出众　藏品超群

一、兮甲盘

兮甲盘是陈介祺收藏的一件重器，是周宣王时期的青铜器。它早在宋代已经出土，是一件著名的传世文物，内有153字的铭文，记述兮甲追随周王征猃狁之后，接着又奉命对南淮夷征收贡物，包括帛积等实物之征和力役之征。铭文还规定关于征战与征收的法令，如果淮夷“敢不用命，则即刑扑伐”。铭文翔实而生动地记叙了作为中央政权的周王朝对周边地区的征伐和控制，对当时的政治、军事和经济都有重要的研究价值，是一件罕见的传世文物。

兮甲盘

有趣的是，这件国宝在金元时期的战乱中遗失，据元人笔记中记载，后来在一大户人家的宴会上出现，当作盛饼的大炊盘被端上餐桌。客人中的一位大学者发现了盘上的铭文，仔细辨别后，竟然是著名的兮甲盘！这位学者不动声色地向主人索要

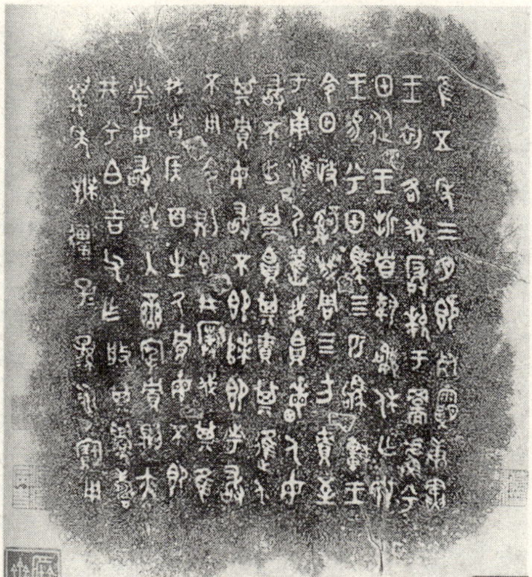

兮甲盘铭文拓片

这只大铜盘，轻而易举地得到了这件传世国宝。清代，兮甲盘落入大金石收藏鉴赏家陈介祺的手里。陈介祺过世后，传到长房第四代曾孙陈文辂处，后来去向不明。直到 2010 年，一位旅居美国的华人在一次拍卖会上发现兮甲盘，并花重金买下。2014 年 11 月，流落海外一百多年的国宝兮甲盘归国首展，引起海内外关注。

二、大丰簋

大丰簋是一件西周著名的青铜器，也是陈介祺早期收藏的一件国宝重器。相传清朝道光末年出土于陕西省岐山县。因作器者是周武王祭祀祖先时的助祭大臣名叫“天亡”而又称“天亡簋”。

簋，是古代用以盛食物的食器，相当于现代的饭碗。古人在宴飨时是席地而坐的，簋放在席上，从簋里取食物，至今，还有些少数民族保留着这种生活习惯。在商周时期，簋是重要的礼器，在祭祀和宴飨时，它和鼎配合使用，标志着贵族的等级高低。

大丰簋（也叫天亡簋）

大丰簋的造型与同时期簋没有大的区别，全器通高 24.2 厘米，口径 21 厘米，侈口，圆腹，圈足，方座。腹附四耳，耳作兽形，均有垂珥，在器腹与方座外部均饰以张口回身的龙纹，圈足部饰变体龙纹带。我们的祖先对龙的崇拜可谓源远流长，在青铜器纹饰中，凡是蜿蜒形躯体的动物，都可归之于龙类。而龙在商周时期人们的心目中也是多种多样的，有爬行的，有卷体的，还有双体的，等等。当时的书籍中对龙的记载也是很不相同的。而大丰簋上的这种龙纹与耳方座的器形，仅流行于西周初年武王、成王时期。结合器内铭文，我们可知此簋制作于西周武王时，距今约3100年。

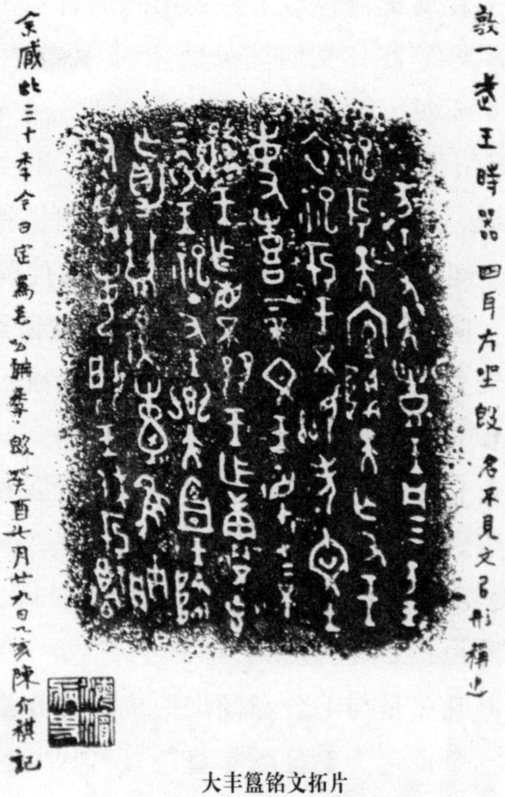

大丰簋铭文拓片

在大丰簋的器腹内，刻有铭文8行，共76字。铭文先说“王有大丰”，“大丰”即大礼，是说武王要举行祭祀大礼，泛舟于辟雍的池中，祭祀于辟雍内的明堂。武王命令助祭的天亡，让他帮助祭祀亡父文王和“事喜上帝”。然后记述武王受到文王的护佑，终于灭商。作器者天亡在记述武王之命后说明，为了称颂王的功德，因而作此簋以为纪念。铭文中的“辟雍”本为西周天子所设的太学，东汉以后，为历代祭祀之所。“明堂”为古代天子宣明政教的地方，凡朝会及祭祀、庆赏、选士、养老、教学等大典，均在此举办。

在《簠斋吉金录》的第三册首页上拓印的就是该器铭文。陈介祺亲笔在铭文两侧分别注明："敦一，武王时器，四耳方座。簋名不见，文以形称之。余藏此三十年，今日定为毛公聃年簋。癸酉七月廿九日乙亥陈介祺记"，并钤"海滨病史"印记。也就是说，陈介祺为考证这件国宝，用了整整三十年时间，才予以定论。可见他严谨的治学态度和对这件国宝的重视程度。

陈介祺的嫡传后裔、历史学家陈继揆在给笔者的信中指出："'天亡簋'应称'聃簋'（簋是大碗的意思，青铜器铭文将铜簋称作簋，古籍内写作段或写作匭）。该器是武王的小弟聃所铸。簠斋有考释，亲笔在我处。旧称'朕簋'也不对，铭文记武王讨纣事，岂能自称'朕'？最重要的一点是：此器与毛公鼎出一坑(簠斋亲笔注明，而大家不注意)，铸器者聃，是文王的小儿子，毛氏是其后。"

既然是与毛公鼎同出一坑，陈介祺又亲笔注明"余藏此三十年，今日定为毛公聃年簋"，所以"大丰簋""天亡簋""朕簋"的命名都不确切，而"毛公聃簋"或简称"聃簋"才是名副其实的命名。它是周武王时期断代标准器，确实应该引起学术界重视，并予以更名。它是与台北故宫博物院的镇院之宝毛公鼎遥相呼应的一件重器。

毛公聃簋（大丰簋）在流传过程中险遭灭顶之灾，也是件有惊无险的趣事。陈介祺过世后，他的子孙们经历了清政府崩溃、民国时期军阀混战、日军侵华的血腥劫掠、解放战争的硝烟战火，这件国宝竟不知何时何地经何人之手遗失，也不知流落何处。新中国成立后，历史学家们费尽心机也无处查访。但后来到了 1956 年，事情发生了戏剧性的变化，文物部门在上海的废品站里发现了这件国宝，它差一点被当作废品送到冶金炉里熔炼。这件国宝现珍藏于中国国家博物馆。

三、万方古印

从42岁辞官返籍，到72岁辞世的整整三十年间，陈介祺痛定思痛，潜心于藏古、鉴古、释古、传古的事业中。42岁归故乡之前，他仅仅收藏到2000余方秦汉古印；但到1872年，他59岁时，藏印竟达到7000多方，其中有万印首品“婕妤妾娋”白玉印、古朴庄重的官印之首“淮阳王玺”、雄浑粗犷的“东郡守丞”和章法清新奇巧的巨印“日庚都萃车马”印等，都是古印中的绝世珍品。此后又得吴式芬所藏古印2000余方，其藏印多达近万方，故命其斋名为“万印楼”，自号为“万印楼主人”，被金石学界誉为“南有西泠，北有万印”。中国书协篆刻艺术委员会副主席、篆刻理论家韩天衡先生评价道：“万印楼不仅是潍坊的，也是中国的，乃至世界的。”

被称作“万印楼”的陈介祺故居陈列馆东楼

陈介祺倾其毕生精力，收集了近万方三代和秦汉古印玺。陈介祺去世后，这万方古印传给他的长房长孙陈阜处，后来又传到陈阜的长子陈文会家；二子陈文徵分到的是富贵壶和吉羊洗。据陈继遵先生回忆：“祖父（文会）死后，万印在伯父（陈元章，字君善）手中，日寇侵华期间，生活拮据，曾典卖一部分。解放后，在五叔

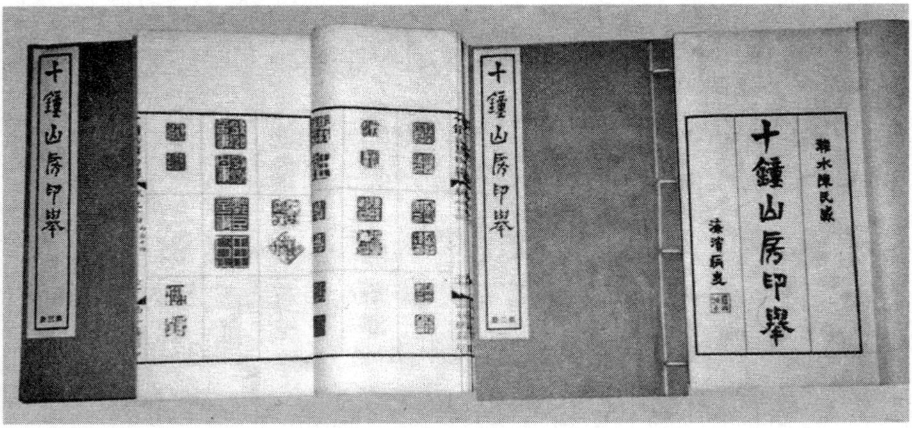

《十钟山房印举》书影

祖陈秉忱同志的动员下，伯父把剩余的捐给了故宫，并动员典买的人也捐了出来。因故宫无专人管理，把这部分印玺和后来从全国各地收集来的古印一起堆进了仓库。后来，秉忱同志建议故宫把这部分印分辨出来，并建议我伯父陈君善去做此事，所以他被聘为故宫文物研究员。不久，因伯父摔了一跤，骨盆骨折，所以在任期间不长。解放后，我父亲（陈奎章，字君藻）把分得的富贵壶、吉羊洗捐给了潍坊博物馆，后被调入山东博物馆，簠斋（介祺）生前曾写过一副自撰对联：'瓦当文延年益寿，铜盘铭富贵吉羊'，下联就是指这两件文物。"

笔者查阅1986年10月的《参考消息》，该报以上、中、下三篇连载《流落海外的中华国宝》，作者是李利国、林清玄、刘黎儿、李柏亨。该文下篇有一小段谈到日本京都的"藤井齐成会有邻馆"所藏重要中国珍宝，原文如下："有邻馆最有名的还是古印的搜集，从周代的铜印、玉印到清代的玉玺俱全，其中包括号称世界第一的陈介祺的搜藏以及吴大澂及端方旧藏古印，总数达六千。"笔者对此感到惊讶，不知这六千方中国古印中，究竟有多少方是陈介祺的旧藏？也不知北京故宫博物院收藏的陈介祺万印整理出来没有？希望有关部门重视这批藏品的研究工作。

四、逢然义洞碑拓

翻过潍城西南郊区的浮烟山，有一个不大的村落，名叫“平寿村”。村子虽小，又地处僻壤，名声却显赫，因为汉魏时期潍坊地区称“北海国”，国治（国都）是平寿。根据民国三十年《潍县志稿》记载：三国魏，北海国，明帝太和六年（232）改置，国治平寿，属青州，辖九县。直到现在，该村周围还经常挖出汉代砖瓦和铜剑。但平寿村不知是否确为当时的都邑？在清代，平寿村成了潍城陈氏世家的佃户村。这个小村早就引起陈介祺的注意，当他去该村访古时，听说早年有一块汉碑，上面刻有“逢然义洞”四个古拙大字，但这块石碑不知何朝何代被砌到一眼石井的井下。据了解，逢然义是逢萌的字，逢萌是东汉阴阳

东汉隐士逢萌碑立于古城营丘

家，白浪河水库以南的汉代营陵古城遗址上还竖立着他的一统石碑。

汉碑是极为稀有的文物，逢然义是汉代一位高士，隐居在浮烟山下的平寿村。陈介祺当然非常想拓下汉碑上这几个大字，但无奈井下有水，无法拓制。后来，他指导该村村主趁旱季水位下降时，调集众多村民用辘轳从井中取水，直到将水抽干，然后派人下井拓出这件汉碑拓片，终于如愿以偿。

遗憾的是，古井后来被农民填平盖上房屋，现已无从觅其踪迹。

五、陈介祺喜获赵飞燕印

有一年，陈介祺让儿子陈厚钟带了数百两银子到北京去办事，几个月后，陈厚钟把钱渐渐花光，迟迟不归。陈介祺闻知，立刻派人到北京追他回来。儿子一到家，陈介祺确知数百两银子已经付诸东流，勃然大怒，要施以家法。儿子急忙从怀中掏出一件东西递给父亲，陈介祺看去，是一方印章。又细加端详，见这方印章是凤钮白玉汉印，上刻篆文“婕伃妾娋”四字。他顿时想起，此印于道光间曾为著名学者龚自珍所得，自从明代项子京收藏到这件宝贝后，历代都断定是汉代赵飞燕（汉成帝妃）的旧物。他立刻转怒为喜，自言自语：“白银易得，一印难求啊！”遂将此印置于万印之首，视为稀世珍品。

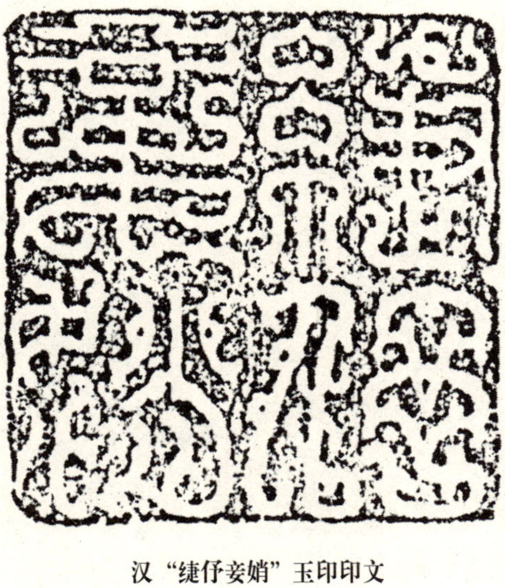

汉“婕伃妾娋”玉印印文

这方汉印，虽然经过龚自珍、陈介祺等金石家考定为赵飞燕印，龚自珍并为此建立了宝燕阁加以珍藏，但后人对此仍抱怀疑态度。光绪七年（1881），陈介祺69岁那年，金石家方浚益到芝罘、蓬莱游历，返回时经过潍县，特地观摩陈介祺收藏的玉印。陈介祺还赠给他古玺印和陶文拓本，方浚益回去后，仔细考证研究，专门写了一篇《汉婕妤玉印考》，文中否定了这枚汉印是赵飞燕印。方浚益是安徽定远县人，中进士后任江苏金山县知县，他有丰富的金石藏品，尤其善于刻印，著有《吉金录》《缀遗斋彝器款识考释》等著作，对玺印特别有鉴别能力。故宫博物院古印专家罗福颐在《史印新证举偶》（载《故宫博物院院刊》1982年1期）上也说：

> 此印传明代即出土，见清陈氏（即陈介祺）《十钟山房印举》著录。前人或作附会之谈，以为是汉宫赵飞燕物，自不可信。案此印白玉鸟纽，印文四字作缪篆，出于汉代是无疑的。倢伃为女官名，见《汉书·外戚传》说：武帝置倢伃、娙娥、傛华、充依，各有爵位。而元帝又加昭仪之号，凡十四等云。倢伃视上卿，比列侯，今此印文，倢伃作婕伃……婕、倢可通假……古人有殡葬专用印……汉魏习俗，男子称臣，女子称妾……此印文之婕伃，乃其卒时之爵位。妾家乃其自称，娋则是其名。古人下对上称多不用姓，单用名……汉人习俗，决无用姓不用名之理，是可断言。有此益证前人附会之妄。

六、陈介祺与韩秀岐

清朝末年，潍县东关有一位高士，名叫韩秀岐，字西周，又字息舟。性朴实古拙，平生从不撒谎骗人。家境贫穷，但从不苟取。幼年聪颖，好读书，专心研究古篆隶，尤精于篆刻，得秦汉家法。本县巨商富室都争着跟他结交，但都不能迎合他。

有一次，一位富户请他一起到北京去。举行酒宴，遍招名妓劝酒。到夜深客散，妓女都被留下，主人回内宅休息。韩秀岐独与诸妓同宿一室。不一会，他竟自己卧倒床上，呼呼睡去，直到天亮。一时传为雅谈。

当时著名金石学家陈介祺也很敬重韩秀岐的为人。同治十年(1871)，陈介祺的夫人李氏病逝，葬礼中需铸一铜盖盖在棺上，陈介祺很想请韩秀岐在上面篆刻文字，永留纪念。但屡请不至，于是托其好友邀约，韩秀岐来到后立即着手镌刻，完工即去。陈介祺送他金帛，不要；送他粮食、布匹，辞多受少；继而想赠他农田若干，以维持其日常生活，他仍然长揖谢绝。陈介祺于是送他一副对联：

踽凉齐饿者，

俎豆古遗民。

陈介祺为韩秀岐书写的对联

这副对联贴切典雅，感慨委婉，极富文采。上联说韩秀岐特立独行的品格，犹如那个“不食嗟来之食”的齐国饥民（事见《礼记·檀弓下》）。“踽凉”，语出《孟子·尽心下》：“行何为踽踽凉凉？”《诗经·唐风·杕杜》有“独行踽踽”语；“凉凉”，自甘寂寞的样子。下联说韩秀岐遁世隐居，不求显达，崇尚古代逸人贤士的高风亮节。“俎”和“豆”，都是古代祭祀、设宴用的器具，引申为祭祀、崇奉之意。《庄子·庚桑楚》有“而窃窃焉欲俎豆予于贤人之间”语。

光绪二年（1876），全县灾荒，韩秀岐食豆皮充饥，面黄肌瘦，病逝，终年64岁。

由于这副楹联是陈介祺带着满腔敬佩的感情创作的，所以不但立意深奥，而且着笔遒劲，传世140年来，已成为他联语中的经典佳作。

七、珍贵佛造像和画像石

陈介祺收藏的古代刻石造像也很有名气，从东汉到隋、唐、宋、金，约有116种之多。这些刻石和造像主要是汉代画像石和北朝佛造像，其中北朝有53尊，六朝有31尊。这些刻石造像中最有名的是以下几种。

1.北魏曹望憘造像

该造像创作于北魏正光六年（525），最早在齐国故都临淄的西桐林庄发现，这块刻石四面都有雕刻图案，其中三面是画像，一面是造像记文字。画像中一面是双狮护卫经幢，一面是打着伞盖的帝王、嫔妃、侍女和宝马，另一面是皇后、侍女和牛车，文字有22行。这件刻石造像于咸丰、同治年间被陈介祺收购，民国十年流失国外，现收藏在美国费城大学博物馆，北京大学图书馆收藏着陈介祺拓制造像的朱拓本，潍坊民间也有拓本流传。

北魏曹望憘造像拓片

王阿善造像拓片

2.王阿善造像

是北魏孝明帝孝昌三年（527）在陕西出土，也是四面刻制，除了佛像、人物、车马外，还刻有造像记和题名。陈介祺去世后，该造像在私人藏家手里辗转收藏，1959年入藏中国历史博物馆，现藏中国国家博物馆。

3.汉代君车画像题字石

该画像石出土于临淄于家庄，光绪初年归陈介祺收藏。这是一幅车马出行图，由于石上刻有“君车”“亭长”等字，所以命名为“君车亭长”画像石。石刻的阳面有隶书题榜，背面是画像。陈介祺光绪八年（1869）的朱拓本现在收藏在北京大学图书馆内，但原石已在宣统初年流失到国外，现收藏在法国巴黎博物馆。

第七章　搜古传古　众星捧月

第一节　商贾奔忙　竞相搜古

在后半生的日子里，陈介祺逐步解决了经济困顿的生活，并将收藏范围扩大到古物研究的方方面面。除了万方古印外，还收藏了珍贵的青铜器毛公鼎、大丰簋、兮甲盘、龙姞簋、纪侯钟、曾伯霥簠等精品。他的藏品门类有青铜器、古玺印、封泥、陶器、陶文、铜镜、碑碣、古砖、瓦当、古币、钱范、兵器、镞范、铜造像、书画、古籍等。门类齐全，无所不收，无所不精。他收藏的商周青铜器有248件，秦汉铜器98件，石刻119件，古文字砖326件，瓦当923件，铜镜200件，封泥548方，陶器63件，陶文5000多片，泉布、泉范、镞范数千件，铜造像、书画、古籍等，亦是质精量大，共计两万余件，不啻为一座规模宏大的私人博物馆。

话又说回来，陈介祺后半生体弱多病，很少外出旅行，他是怎样从大半个中国搜寻这些珍贵的古物，又是怎样传拓，将他的收藏研究成果传之于世的呢？

答案是：他身边陆续聚集了一批专业人才和能工巧匠作为助

手，帮助他完成了巨大的历史使命。

首先说搜古和藏古。专门多方为之奔走搜罗金石器物的主要有四人：高文翰、赵允中、杜锡九、马庆灏。前三位是潍县当地人，马庆灏是临淄人。另外还有远在陕西西安的古玩商人苏兆年、苏亿年、谢景瑀等人。

高文翰，字薇垣，潍县西关人，出身于收藏世家，所以搜古、鉴古颇具眼力，与陈介祺为莫逆之交，经常交流古印玺鉴别心得，并奔波数千里帮助陈介祺搜求购买古物。万印楼所收藏的印玺，很多来自他的搜求。直到光绪十年（1884）的夏天，高文翰受托到河南和陕西搜寻数月后方才归潍，不料惊闻陈介祺已经去世，他怀着无比悲哀的心情，将新得古器的拓片加上吊丧的纸钱，带到陈介祺的坟墓前，边哭泣边焚烧，旷野无人，寒风萧瑟，以慰陈介祺的在天之灵。这件事连陈家的亲属也不知道，可见两人交情之深。

赵允中也是潍县当地的古玩商，后来专门帮助陈介祺搜集古物。陈介祺去世后，曾受陈介祺影响走上搜购古物道路的符山镇范家村人范维清，将安阳甲骨送到了陈介祺的姻亲兼好友王懿荣府上。王懿荣慧眼识宝，鉴定为殷商甲骨文后，赵允中也立即参与到搜集甲骨文的行动中去，并成为潍县乐道院广文大学传教士方法敛和库寿龄的座上客，成为帮助他们提供甲骨文的主要古玩商，这是后话。

马庆灏是临淄葛家庄人，以贩售古物为业，后来主要往来于陈介祺门下，陈介祺得到的齐国故都临淄的器物多数都是他收到的。

临淄，作为齐都，前后近千年。春秋战国时期，齐国在政治、经济、文化等方面有过一段鼎盛时期，达到“冠带衣履天下”的程度。史载当时“齐地方二千里，带甲数十万，粟如丘

重建的临淄齐国古城（齐国历史博物馆）

山。齐车之良，五家之兵，疾如锥矢，战如雷电，解如风雨”，作为齐国都城的临淄，达七万户居民，路上“车毂击，人肩摩，连衽成帷，举袂成幕，挥汗成雨”，人民“家殷人足，志高气扬”。这样的城市，在当时就有“海内名都”的美称，即使在世界上也屈指可数。悠久而漫长的辉煌历史，给临淄大地留下了数不胜数的名胜古迹和珍贵文物，造就了众多的千古风流人物。这里的每一处名胜古迹，每一座古墓下面，都可能有大量的古物，农民在耕作的田地里，在雨后洪水冲刷的河道沟崖中，在建房的地基地槽中，都经常发现古物。

潍县距临淄仅有百里之遥，临淄历代常常出土古印，当地民众不懂其价值，往往卖给铜庄，熔铜铸物，所以多被损毁。马庆灏发现这个线索后，专门走访各处铜庄，尤其是在周村的一处铜庄，发现了大量古代铜玺印，他悉数购买，按重量论价，并转售给陈介祺。后来马庆灏变得狡诡，有的留给朝廷高官潘祖荫，索取高价。当时临淄一带出土的瓦当、汉砖、陶器等物，无人收购。自从陈介祺考证出上面的陶文亦有研究价值后，马庆灏等人受命下乡，无论精品粗品，一律按件收购。早期出土的封泥，也大多数都让陈介祺收购。

齐鲁大地的鲁国、纪国、邾国、杞国等故国出土的古铜器也不少，陈介祺派人挑担子到四乡去收购，按破铜烂铁的价格收到不少。同时也带动了大批古玩商，影响了郭家、陈家、高家、谭家、田家等富裕大户收藏古董，以至于潍县城的白浪河岸边发展成了古董市场，潍县城成了古器物集散地。陈介祺曾亲自记载："三十年白浪河市铜担增至数百，几无遗古，今其能者俱将就东家食。若归同好，得佳拓，于愿已足。"

清末民初寒亭的寒泥城

潍县周围方圆几百公里内，不仅有齐国的都城临淄、鲁国的都城曲阜，秦皇汉武修建的琅琊台、齐国的东邑即墨（朱毛城）和西汉的城阴城遗址等著名古城遗迹，就连近郊方圆几十公里内也有寒亭的古寒国、清池南部的斟鄩故城、坊子的桑犊故城、安丘东北部的杞城故城、寿光南部的纪国故城、寿光城北的益都侯城(王胡城)、昌乐西南部的营陵城等著名古国遗址。此外，还有从石器时代到夏商周秦汉三国两晋的120多处古遗址，几百处古代名人墓葬，古建筑、石窟与佛教造像、摩崖碑铭石雕、古代寺观、庙祠、书院更是不可胜数。潍县古玩商人们整日奔波在这数以千计的古代遗迹遗址之间，搜集出土或传世的古物，逐渐形成了几百人的文物贩卖群体。

下面重点介绍几处当地的古国古城遗址：

1.斟鄩故城遗址

斟鄩故城遗址，位于坊子镇东北12公里，清池镇治浑街村西南。斟鄩国建于夏朝，民国曰斟鄩，《潍县志稿》载："溯自大禹治水，潍淄其道，厥后潍西平原始建四国，曰斟鄩，曰斟灌，曰三寿，曰寒。"《续山东考古录》载："寒浞命子浇帅师伐斟鄩。"《水经注》云："西汉时置县，称斟县，治所于此称斟城。"据调查，现其地有左青龙河、右白虎路、前朱雀台、后玄武埠之传说。西汉末年，王莽篡政后，将古国皆立亭，故斟城又称"斟亭"。在此城址上采集到有汉代的陶缸和夹砂泥质陶片，陶片以绳纹居多。古城的平面形状及构筑方式不详。

2.杞城古城

杞城古城，位于安丘城东北17公里黄旗堡镇杞城村周围。遗址呈长方形，地势平坦，总面积3600平方米，是县内最大的古城遗址。杞城夏属斟鄩国地，周初为淳于国都城。周桓王十三年（前707）为杞国所有，设都城于此，称"杞城"。周贞定王二十四年（前445）被楚灭。西汉时在此设立淳于县，北齐天保七年（556）并入高密。古城历尽沧桑，今已荡然无存。杞城村西200米有一处约300平方米的台地，相传为皇城所在地，暴露的文化层厚约1.5米。已出土的文物有筒瓦、瓦当、陶罐、铁镢、钱范、砚石、铜剑等。

3.益都侯城遗址

益都侯城遗址，位于寿光城北 8000 米的古城街道古城村南。民国《寿光县志》载："王胡城，在县城北十五里，古益都城也。《汉书》王子侯表：武帝元朔二年，封淄川懿王子胡为益都侯，即此。"新中国成立初期出土"大布黄千"库币和石质钱范。1958 年出土方孔铜钱 700 余斤。1983 年出土纪国铜器 64 件，内 19 件有"己"（古"纪"字）字铭文，识者认为铭文有"己"无"侯"，当属封爵前的器物。纪国历史远起商代，迄于春秋，曾拥有郱（在今临朐）、郚（在今安丘）、鄑（在今昌邑）、酅（在今临淄）等邑，历史久远，疆域辽阔。其出土文物为研究纪族部落活动和商周文化提供了大量的新资料。

4.纪国古城遗址

纪国古城遗址为西周至春秋时期纪国国都，城址在寿光城南 14 公里纪台镇。纪国，姜姓，侯爵，始封于西周初。周庄王七年（前 690）灭于齐。城墙系夯土筑成，由外郭与内城两部分组成。内城为纪侯及历代显贵所居，外郭则是一般平民和各种手工业作坊。城郭四周遍布古冢，近城有大冢 8 处，封土最高者 20 米，顶部直径 10 余米，是纪国贵族的墓葬。

古城屡有文物出土，清乾隆年间，曾出土纪侯钟 8 件，铭文为"纪侯虓作宝钟"，据王献唐考证，最晚应是春秋初年之物。1981 年邱辉捐献纪侯簋一件，器盖有铭文"己侯作萦簋，子子孙孙永宝用"。"己"即纪字，为纪侯媵女姜萦之器，时代为西周中期。同年古城西北部出土铜器一组，有鼎、洗、灯、薰炉、鐎斗、鱼铜筛等器，为东汉初期遗物，造型优美，技术高超。

5.营陵古城遗址

营陵古城遗址，位于昌乐县东南 22.5 公里的马宋镇古城村，

残存于白浪河水库南的汉代营陵城古遗址，相传是姜太公封齐的早期都城营丘旧址。

传说姜太公吕望初都于此，《太平寰宇记》载：“昌乐东南五十里营丘，本夏邑，商以前故国。当少昊时，有爽鸠氏；虞夏时，有季荝；汤时，有逢伯陵；周以封太公于营丘。”但此说尚待考证。

营丘城内外分布有许多古迹，如太公祠、逄萌墓碑、窦公渠以及众多古冢等。营丘古城，春秋称“缘陵”，西汉称“营陵”，曾为北海郡治所。北齐撤销，隋复置，改称“营丘”。唐武德八年（625）复撤。

6.桑犊古城

桑犊古城，位于坊子区坊子镇泉河头村东南1000米，西汉景帝二年（前155）置桑犊县，治所在此。遗址南北长1600米，东南宽1400米，面积224万平方米。从断崖采集遗物分析，系一处商周和汉代古城遗址。采集到的商周遗物主要是陶器，能辨认的有罐、盆、壶等。

陈介祺20多岁在京师与苏兆年、苏亿年兄弟交往。苏氏兄弟与谢景禹都是十三朝古都西安的资深古董商，其活动能力与辐射能力远远超过一般古董商。陈介祺以诚相待，并不厌其烦地向他们传授古器辨伪知识，所以他们能及时向陈介祺通报三秦之地出土的重要器物，并提供样拓。陈介祺则可游刃有余地从中选购远自关中地区的古物。比如陈介祺55岁时，四月十七日致苏兆年书两页，谈到："所寄璧尚佳，近极欲得玉印并极红血浸有土气之剑把等物，切切。"同年夏季，陈介祺还得到了远自关中的秦木量铜版等重要文物。陈介祺58岁时，闰十月一日接到苏兆年的信，闰十月八日复信五页，记购"绥和雁足灯"之事，嘱托他务必代为求购。60岁时，回复苏亿年信五页，指出："寄来大鼎拓本，其字乃假刻，以薛书与今器凑成，其字上又似加绿者，足下不知之也。如看不出则眼力不如令兄矣（其时苏兆年已去世）。"并教苏亿年如何鉴古辨伪。61岁时，连得苏亿年寄来的两种秦始皇廿六年诏版后，复信提及"相交近四十年……"可见他与苏氏兄弟交往之深之久。

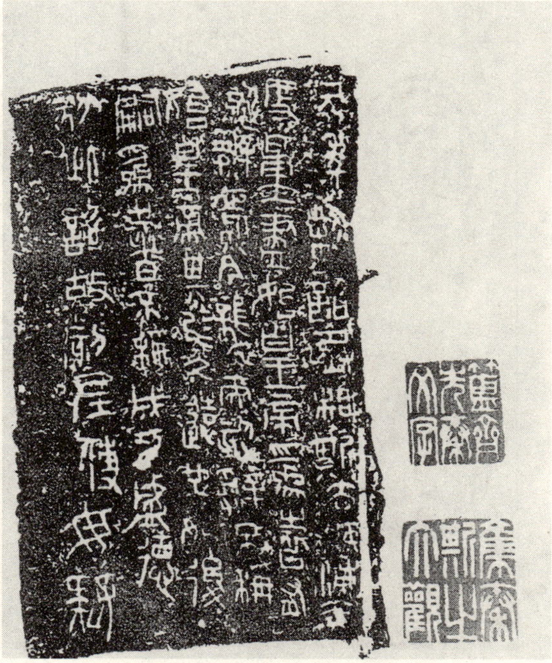
秦木量铜版拓片

陈介祺还通过家乡在外地做官的朋友在广东、福建等地搜求古物。如60岁时，他听说广东的篆刻家何昆玉得到叶志诜原藏的2700多方古印，便写信给当时在广东做官的潍县同乡张兆栋，嘱咐他设法与何昆玉联系，说服何昆玉将古印转售于己。

何昆玉得到的这批古印，主要来自叶志诜。叶志诜（1779~1863），字东卿，湖北汉阳人，官至户部郎中，清中期的著名金石学家，著有《湖北金石录》《平安馆金石文字》《金山鼎考》等。叶志诜与陈介祺父陈官俊有交往，并与其岳父李璋煜有金石厚交，是陈介祺居京时交往较为密切的人，那时叶志诜还将“郑君媿鼎”赠送给他。叶志诜辞官后，晚年跟随他的儿子两广总督叶名琛客居广东官署。鸦片战争爆发后，他的藏品大部分毁于战

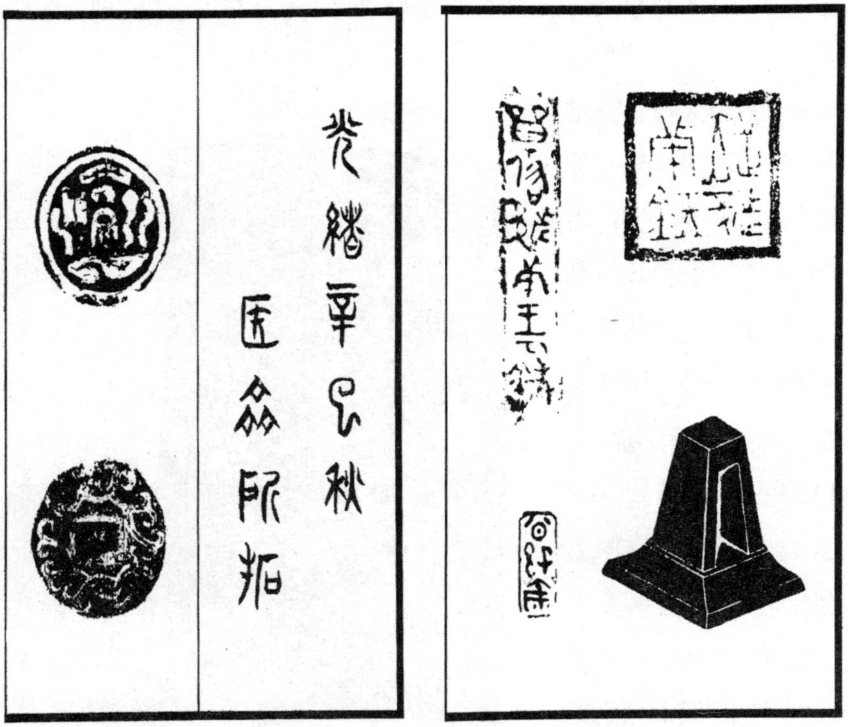

陈介祺收藏的古玺印拓片

火，只有这批玉印玺在战火灰烬中幸存下来，后来被篆刻家何昆玉收购。

陈介祺与张兆栋既是同乡，同为道光二十五年（1845）进士，自然友情如山。经张兆栋的劝说，何昆玉于同治十一年（1872）秋携带着他收藏的2700余方古印辗转来潍，悉数售于陈介祺。何昆玉，字伯瑜，广东番禺人，精篆刻，宗法浙派，尤其善于摩拓古代青铜彝器。陈介祺见他拓制的《吉金斋印谱》式样古朴典雅，非常赏识，劝说他留在潍县帮自己钤拓《十钟山房印举》，并在陈府为他安排了久住的房间，让二儿子陈厚滋做他的助手，两人用了一年半多的时间，终于拓成《十钟山房印举》初稿（壬申本）二十部。陈介祺曾记载说："《十钟山房印举》今腊明正或可就，伯瑜来已十四五月，每部八十本八函。"可见这是一部多么浩繁的工程。在此期间，陈介祺还拿出自己特别珍藏的67方玉印，委托何昆玉拓制成谱，何昆玉钤拓成十册后携归广东，后刊行为《簠斋藏古印谱》，所以说，何昆玉对陈介祺的传拓著作功不可没。

直到72岁病逝前的那年春天，陈介祺还委托担任福建巡抚的张兆栋代为购买周代的青铜器"侯驭方鼎"。事情办成后，在方鼎辗转运回潍县时，陈介祺还找出前人写下的《周器侯驭方鼎释文》仔细拜读，并给张兆栋复信说，喜闻该鼎已经归我所有，"复核抄录之"。

也就是在这年正月，他还得到西安古董商谢景瑀寄来的古代博具铜镂鞠。可见陈介祺将毕生精力都用在了搜古、藏古、鉴古、传古的事业上，也通过各方的朋友，将触角探向了四面八方。

另外，陈介祺还雇有专门为其奔走传递讯息的人，如徐吉、毕芬、傅冬（时称徐足、毕足、傅足）和韩伟功等，他们都是潍

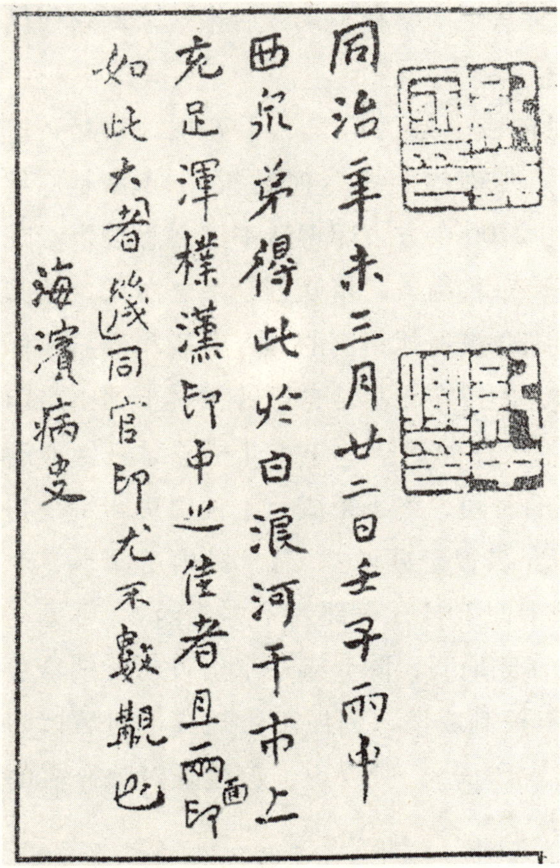

王石经从白浪河市场上购得两方汉印后，陈介祺亲笔题记。

县人，又都是商办信局的信差，他们有的专跑京津，有的专跑苏吴，来往频繁。陈介祺与金石好友或古董商的往来信函、物件均由他们传递。由于他们与金石家们频繁接触，也逐渐弄懂了金石收藏等事，成为兼职为陈介祺搜集金石信息或代办收藏传拓事务的“专足”，而陈介祺的幕僚们也经常到古代郡邑之地探寻，例如丁绍山、何昆玉、王石经、宫玉甫等人多次到琅琊台拓制秦代刻石，到超然台或别处访求碑刻。

这些与陈介祺关系密切的古玩商，也带动起潍县周边许多乡镇的普通贩夫走卒，据陈介祺自己观察，白浪河沙滩大集上的“铜担”最多时达三百余担。所谓“铜担”，就是收破铜烂铁的贩子。他们四处“拉乡”（“拉乡”即古玩商人到农村各地收购文物），无所不及，从破落的大户人家，到古代遗址，从化铜炼铁的作坊，到各个县城的当铺，到处寻寻觅觅，期望找到古物，送到陈府或其他收藏家手里，以此换钱谋生。用今天的话说，陈介祺当时带起了一个搜古贩古的产业，于是，他的藏品源源不断而来。

第二节　高手云集　各显其能

陈介祺传古的方法主要是靠著作、书信和传拓这三种方式。由于当时没有现代印刷机械和技术，也没有照相、复印等技术，所以他传播金石讯息和研究成果的主要手段基本全是靠人工完成的。他与全国几乎所有一流的金石学者都有学术交流，彼此互通讯息、赠送古器物拓片、买卖交换古器物等。生前他写下数千封这方面的信函，极大地推动了晚清时期我国金石研究的发展。

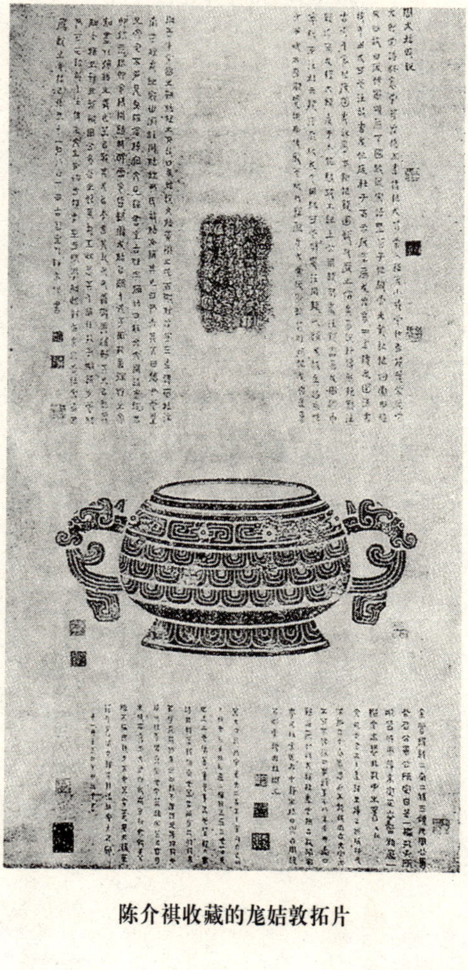
陈介祺收藏的龙姑敦拓片

陈介祺传古的另一种方式，是利用传拓工艺将古物拓下，分寄到全国各地的金石好友处，以利互相观摩鉴赏与交流。陈介祺为整理、考释文物，并在世上流传这些文物，先后聘请的著名拓工有陈畯、李贻功、李泽庚、陈子振、徐凤岐等人。陈介祺以精湛的墨拓技艺，给后人留下了数以万计的金石精拓资料，被推崇为“拓法古今第一”。

尤其是在拓制毛公鼎金文时，由于鼎内深陷，结构拘谨，全部文字又铸造在一个凹面上，若想完整清晰地从鼎内拓出原文，是一件难度极高的手工工艺。陈介祺与传拓艺人们反复推敲试验，不断改进拓制技术，终于取得了成功。陈介祺积累多年的经验，编写出两部传拓工艺专著——《传古别录》和《传碑拓碑札记》。他在著作中介绍了传拓的一些诀窍："用白芨胶水上纸，未干，先上墨一次，以墨浓而不走为准，不可接拓，使墨浸字内，或透纸背。墨胶将干，不黏纸起，乃可再上。干后再上浓墨数次，乃能光彩。浓墨者耐久易摹，惟不可侵入字内耳。"捶制拓片时，根据原件的位置，有的在露天捶制，有的在室内作业，其工艺过程要求精致、细巧、轻盈、洁净。具体拓法是：先把被拓制物件洗净拭干，敷以棉性纸张，然后喷雾滋润，用沙锤微加拍压，使纸与器纹匀称相符，再用墨锤和彩锤反复轻拍，使色泽均匀如一，待晾干后揭下即成。从碑石或铜陶器上初拓下的拓片，字迹真切，纹饰清晰，谓之"初拓本"，以后再加拓制者叫作"复拓本"。

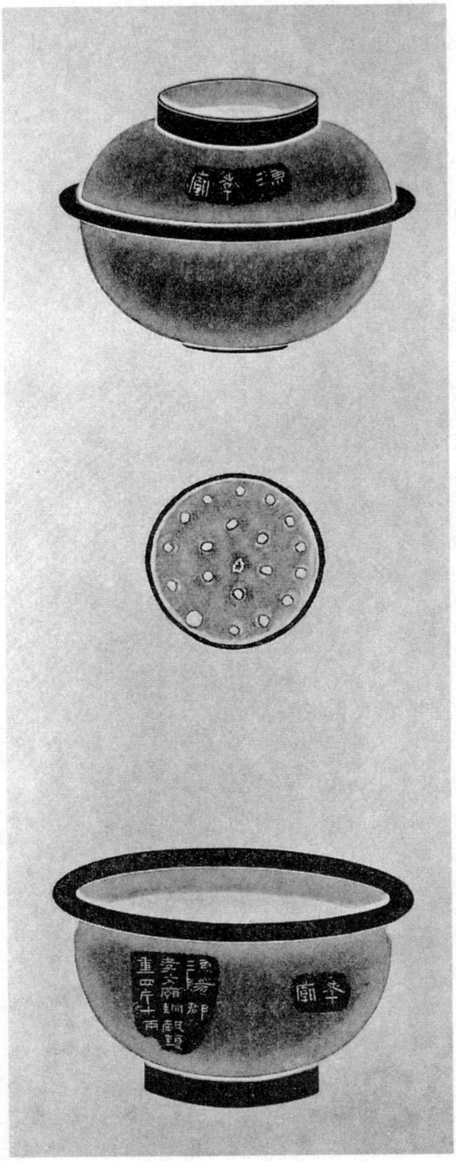

渔阳郡甗全形拓

传拓由于拓法及用色不同，

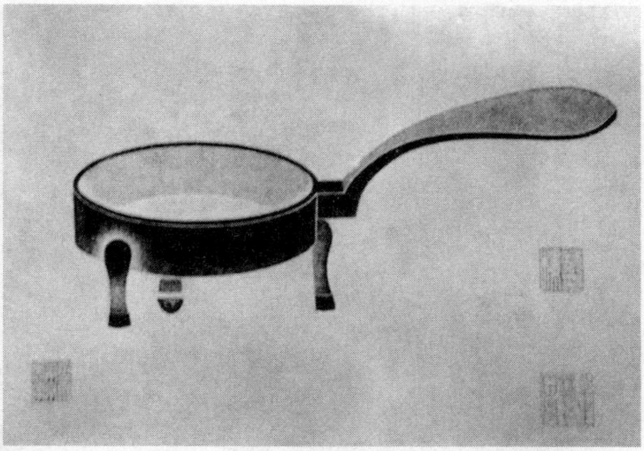
鐎斗全形拓

分为墨拓、朱拓和青绿拓。朱拓又分为拓目和银拓，墨拓则包括乌金拓、密云拓和蝉翼拓。其中蝉翼拓是陈介祺带领传拓工匠们在多年的摸索实践中创立的，是一种不施浓墨，墨渍淡若蝉翼但字迹清爽，立体感强，形象逼真的高超传拓技艺。

在陈介祺之前，其他各地的传拓工艺是用布包裹棉花扎成扑包，沾墨进行捶拓，但棉花吸墨充足，拓出的痕迹浓黑一片，有些地方还侵蚀到字体和纹饰内，漫漶不清或走形。陈介祺创立的“蝉翼拓”则是改用布包裹秕谷，让墨汁浸到扑包的秕谷空壳中去，拓出的墨点像一层芝麻撒在纸片上，星星点点，像蝉翼般透爽，字迹或纹饰的刀工也不会被浓墨掩盖，所以雕刻刀工就呈现出凹凸的层次感和立体效果，能够传神逼真地再现原作风采。陈介祺创立的“蝉翼拓”，使我国千年传拓技艺更上一层楼，是传拓工艺的进一步发展。

42岁以前，陈介祺在北京做官时，曾长期雇请陈畯帮他传拓金石器物。陈畯，字粟园，浙江海盐人，精于墨拓，尤其工于蝉翼拓，而且善于调制印泥和钤印，毛公鼎初拓本就是出自他的手，陈介祺对他推崇备至。陈畯逝世后，他在给吴大澂的信中还极为惋惜地说：“追忆粟园，岂可再得！”陈介祺 38 岁时将陈畯请到家中，并为他安排了住房，长期帮他钤拓编著自己的第一部著作《簠斋印集》，时间长达八个月之久。该印集共十部，十二

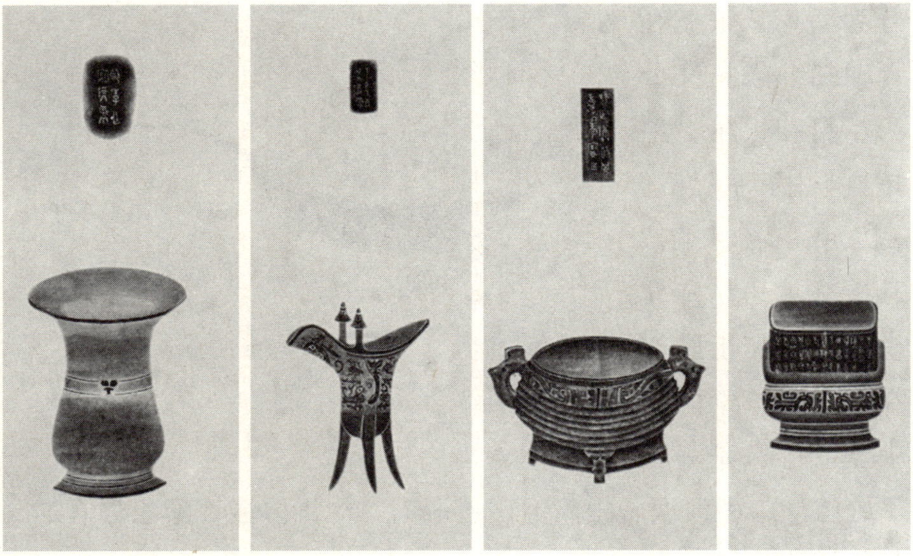

陈介祺用“蝉翼拓”工艺所拓成的全形拓片

册。陈介祺后半生回潍归隐后，随着他大力收藏、传拓、发奋著述，又增加了七位长期聘用的拓工，其中王石经和陈佩纲兼擅治印，王石经尤其出众，是著名的篆刻家。另外，还有张子达、吕守业、徐凤岐和李贻功、李泽庚叔侄。

王石经是陈介祺后半生的主要幕僚和助手，两人倾心相印，亲如兄弟。陈介祺后半生的私家印章和闲章多出其手，其中许多是由陈介祺亲自篆写印文，然后交给王石经刀工雕刻。

王石经（1831~1918），字君都，号西泉，潍县人。他一生酷爱金石文字，善书篆隶，尤精篆刻。他的篆刻取法秦汉印，兼及秦权、秦诏版以及量瓦文字，治印稳健端重，气势博大，风格独特，因而“一时无两，自成一家”。王石经聪颖好学，善于钻研，与陈介祺结为至友，交往密切，相互朝夕研讨。陈介祺在《与西泉论印》中谈道：“凡作印，篆居其六七，刻居其三四。篆佳而刻无力，则篆之神不出，刻有力而篆不佳，则野矣。”又在《论摹钟鼎文作印》中说“摹古今作印，不可一字无所本，不可两字凑一字，不可以小篆杂。一难于形似，再难于力似，三难于神似，四难于缩小……须笔笔见法，笔笔有力，乃能得神，不可好奇太过……”王石经耳濡目染，受益匪浅。他费二十年之力，将陈介祺所藏商、周、秦、汉青铜器上的文字和古代印玺朝夕临摹，潜心研究，贯通文词，取之笔法，悟其奥妙，深得秦汉印之精髓，对其篆刻的提高和艺术风格的形成起到了重要作用。王石经治学严谨，师本不泥古，篆刻十分注重章法。他的作品，多以钟鼎文入印，具有秦汉印之风。他编著了《甄古斋印谱》《西泉存印》以及古印七册，上海商务印书馆分别于 1923 年、1929 年出版。他为陈介祺篆刻的“十钟山房藏钟”“簠斋藏汉瓦当”“海滨病史”等印章佳作，现仍存于北京故宫博物院。金石名家潘祖荫、王懿荣、匡源、盛昱、吴大澂、陈介祺、吴重憙等曾为他的《甄古斋印谱》题跋，对其篆刻艺术给予了高度的评价。王懿荣评赞：“道咸以来，竟无邓石如、陈曼生一字阑入。”吴大澂称：“今观西泉先生篆刻之精，直由秦汉而上窥籀史，融会

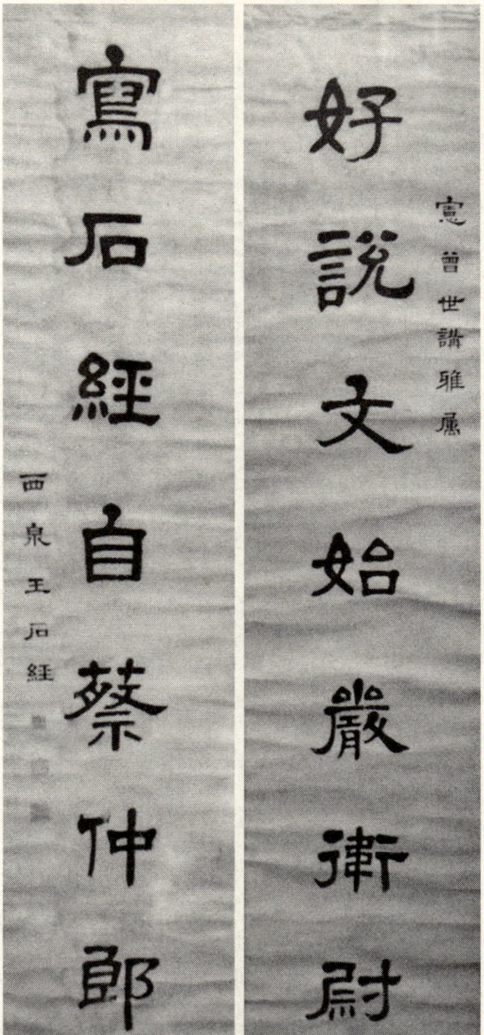

王石经的书法

海濱病史

論語春秋在此罍

寶康瓠室

簠齋藏古

王石经为陈介祺篆刻的印章

吉金、古玺文字于胸中，故下笔奏刀不求于古而合于古，簠斋丈以为无一近时人习，信然。使㧑叔尚在，不知如何赞叹倾倒也。”陈介祺赠诗书后：“王君通隶法，名字采中郎。好古天机妙，多才雅事详。印摹镫诏版，帖抚拓追唐。何日编钟鼎，同登叔重堂?”潘祖荫亦誉此印谱为天下第一。王石经在金石上的见识和治印水平的提高自然都离不开陈介祺的指点，他追随陈介祺三十年之久，直到陈介祺谢世。

陈佩纲，字子振，是陈介祺的族弟，与王石经一起在陈介祺的指导下学治印，陈介祺在给潘祖荫的信中说他：“刀胜于笔，临摹尤长，自篆则逊王远甚，摹古亦仍逊王。”他也曾多次为陈介祺治印，陈介祺还委托他为潘祖荫、王懿荣、鲍康、吴大澂等金石好友摹刻印章。同治十三年（1874），陈介祺将他摹刻的印章集为《古玺印文传》，并寄给北京王懿荣等人，请他为之代销，以助寒士生活所需。后来陈介祺将他推荐给吴大澂做幕僚，但不久猝发疾病而逝。

追随陈介祺做传拓工艺的其他人的简况如下：

张子达，字衍聪，精于仿绘画拓法，他用浓淡墨拓制《曹望憘造像》，颇得其意趣。陈介祺称赞他的拓法："胜东省（山东本地）他人，但聋甚，又多疑，又能使气，又私拓，又不惜护(却未损)，非有人监拓不可。"

吕守业，陈介祺经常称赞他勤勉，并且"从容细致为之，不受迫促，一纸须他人数纸工夫，勿轻视之"。

徐凤岐，精于装裱，陈介祺所有拓本的装制都出自其手，陈介祺在信札中称赞他为"老友"，可见对他的赏识与尊重。他也是一直追随陈介祺的老艺人。

李贻功（字书勋）、李泽庚（字星甫）叔侄两人都是利津人，由李佐贤的儿子李伟卿介绍来潍，帮助陈介祺传拓金石。李泽庚跟随陈介祺最久，深得陈介祺指教，首创用两张纸精拓毛公鼎(在他之前要用多纸拼拓)，堪称绝技。

陈介祺与这些拓工们过从甚密，经常向他们传授知识，切磋技艺。叶昌炽在《语石》中指出："潍县陈簠斋前辈，拓法为古今第一。家藏石刻，皆以拓尊彝之法拓之。定造宣纸，坚薄无比，不用椎拓，但以绵包轻按，曲折坳垤，无微不到，墨淡而有神，非惟不失古人笔意，并不损石。齐鲁之间，皆传其法。"足见陈介祺与其拓工们已将这项工艺研究得出神入化，达到前无古人的水平。

在陈介祺藏古、传古的助手中，还有一些技艺超人的能工巧匠，如姚学乾、田雨帆、胥伦等。

姚学乾，字恭甫，潍坊嵌银工艺创始人，今潍城区南寺前街

嵌银丝漆器

人。初为铜器首饰艺人，为使首饰美观，曾不断改进饰品的花纹。由于他善于吸取古代艺术品的精华，使嵌银艺术获得空前的提高与发展。他制作的器具精巧玲珑，富有情趣，为世人所赞赏。他曾受聘为金石家陈介祺收藏的古代钟、彝、鼎、砖、石、铜器配制底座和撑架。他的配置衬托与古代文物风格融合，浑然一体。

起初，姚学乾在为陈介祺修复文物，为古玩配制底座、撑架等的过程中，遍阅历代精美的文物真品，眼界大开，技艺水平日益精湛。凡陈介祺“所蓄鼎彝古文及花纹，皆能一一摹勒”。同治年间，他参考汉金银器，锐意出新，与拓裱艺人田雨帆一起，创造了在木质器具上镶嵌金银丝的独特工艺。他根据各种文物的色泽和造型，用红木制作的嵌银底座和撑架与古文物珠联璧合。他还能用红木仿制出嵌有金、银丝的“鼎彝型模”，其制品与青铜器鼎彝纹饰一般无二，因而更受到人们的赞赏。

姚学乾、田雨帆在制作红木嵌银漆器上的创新，引起了陈介祺的极大兴趣，就与他们一起为提高嵌银漆器的技艺进行切磋研究。陈介祺的著作中就记述着对嵌银制品从选材、制作、镶嵌到上漆磨光等许多心得："先物色紫檀瘿（细花者），其次黄花梨瘿，必不得已，则豆瓣楠（细花）与老紫檀亦可……得异材，则先以制外椟，其次则作内十二小椟。"同时，他针对紫檀等木质坚硬的特点，强调制作时"须用明榫、密榫，勿使不用榫，只用鱼膘粘合"，主张盒盖要"整木挖嵌，满盖无缝"。对关键的磨光和上漆工艺，陈介祺认为："做成须用细石磨，极光方能去斧凿痕，不可用蜡……以四两香油合一两生漆拭，令漆干入木纹中再拭再磨，使极光见木纹丝为度。"在陈介祺这种细致入微的参与、指导、帮助下，红木嵌银漆器工艺慢慢地发展起来了。

天有不测风云。正当嵌银工艺亟待发展的时候，它的创始人姚学乾却患上了不治之症。深谙嵌银漆器价值的陈介祺，为了使这一独特的技艺流传下来，就将自家雇用的拓裱匠、与姚学乾一起研制嵌银漆器的田雨帆的两个儿子田子正、田智缗收到门下，让他们拜姚学乾为师，学习嵌银漆器的制作技术。在陈介祺诚挚的帮助下，田氏兄弟愈加悉心钻研，刻苦磨砺，嵌银技艺日益精湛。创始于姚学乾的嵌银漆器技艺，终于在田子正、田智缗兄弟的手里继承发展起来。他们嵌制的一件件精美工艺品，受到了人们的高度赞赏。于是，原来的嵌金艺人也纷纷模仿，到光绪年间，潍坊嵌银漆器的制作已相当普遍。

红木嵌银漆器

张謇手书“桐阴山馆”匾额

从光绪末年田智缙在潍县东门开设了第一家嵌银铺子起，潍县嵌银漆器作坊就如雨后春笋般竞相建立起来。其中，先后打出旗号的有雅鉴斋、雅斋、桐阴山馆、吉兴泰等二十多家，分部设到北京、济南、青岛、丹东等地，其主要产品发展到花翎盒、朝珠盒、烟枪、烟灯、手杖等十几个品种。

胥伦，潍县城南胥家村人，本是铸铜匠人出身，早年因嗜赌曾潦倒街头。但他自幼聪颖，喜爱绘画，所画人物、花鸟鱼虫等生动逼真，栩栩如生。他还喜欢仿制小巧物件，所制成品酷似原件，惟妙惟肖。因他善于仿制铜器、古印，得与收藏家陈介祺结识，博览陈府所藏之三代铜器、六朝佛像等珍品，开拓了眼界，技艺更臻精湛。陈介祺引导他将铸铜工艺发展到制作铜印方面，往往由陈介祺亲自篆写印文，王石经操刀刻模，胥伦则翻砂铸造。所铸之印，颇具秦汉古印玺之风范。罗福颐的《古玺印概论》中指出：“咸丰、同治以后金石学盛行，有翁大年、王石经、胥伦等人出，始仿汉铸印，视其为陈介祺所作诸印，能紧随汉人步武。”胥伦制作的艺术品，设计新颖，构思巧妙，玲珑剔透，巧夺天工。他铸印用“拨蜡翻砂法”，先以蜡为坯，在坯上刻好印钮、篆文后，外裹以砂，温火烤砂，蜡熔后以铜浇入即成。但其中有很多技巧，是他匠心独运的成果。62岁那年，陈介祺还派胥伦到蓬莱张允襄处拓图，其中有“长安乐”砖拓和“节墨小刀化”，并把这些拓片寄给王懿荣鉴赏。

胥伦晚年，被陈介祺荐到北京铸印，得到王懿荣、盛昱等京师名家的赞誉。

帮助陈介祺料理金石文字的也有七八人，但这些人是在陈介祺一生的不同阶段出现的，有的时间长，有的则短，比如：陈畯主要是陈介祺在京期间，帮他钤拓编著《簠斋印集》等著作。何昆玉是在后期帮助钤拓编著《十钟山房印举》和《簠斋藏古玉印谱》。其他的人主要有王石经、丁艮善、曹鸿勋、吴重憙、陈厚滋、王之翰、郭麐等。

王石经是陈介祺长期的助手，起的作用最大，前文已经介绍过。丁艮善，字绍山（也写作少山），山东日照人，年轻时一直追随许瀚游学，由于他品学兼优，学政汪鸣銮褒奖他为翰林院侍诏衔，他生平著有《吕氏春秋校录》，并帮助许瀚和陈介祺校勘过多种书籍。许瀚去世后，丁艮善长期客居陈氏之门，协助整理文字。陈介祺还委托他和王石经、何昆玉、宫玉甫等到琅琊台秦代刻石、秦代离宫及礼日亭故址等处寻访、捶拓。陈介祺认为这是“甚盛事也”，并让丁艮善作日记留念，“以当同游也”。丁艮善还与陈介祺的女婿吴重憙长期交往，并获邀帮他校刊吴式芬的遗著。丁艮善保存了《簠斋金石文考释》的原稿本，后来的金石学家罗振玉从丁艮善家中得到并以“云窗丛刻本”刊行。

曹鸿勋是陈介祺从潍县民间慧眼识珠发现的一位少年才俊。先是收为弟子，后又收为义子，并聘请了道光二十四年（1844）进士、翰林院编修、著名教育家王之翰到家塾中共同培养曹鸿勋，直至曹鸿勋31岁考中状元。

曹鸿勋像

曹鸿勋（1846~1910），字仲铭，又字竹铭，号兰生，清末状元，潍城西南关人。他擅长书法，对欧、虞、褚各名家临摹功夫很深。行、草多学明代名家。仿董其昌对联，翁同龢竟真赝不辨，可谓当时书法名家。在京时间，除为皇宫大臣书写外，东华门、西华门、大栅栏等地都留有他的墨迹。在家乡他的遗墨更多，匾额有“陈氏家庙”“岳王庙”等，碑文有“王公（之翰）墓碑”、“重修观音阁碑”（卧石）、“重修玉清宫碑”（俗称“四面碑”），墓志铭有“王之翰墓志”“孙葆田墓志”等，均为欧体楷书。“十笏园记”也是他的手迹。

曹鸿勋从十几岁进陈氏“相府”，到31岁中状元前的十年里，在陈府帮助陈介祺抄录整理金石文字，做了不少事情。陈府每年的对联、屏风等文墨有许多出自其手。曹鸿勋帮助陈介祺做缮写工作，陈介祺在金石拓本上的题跋、文稿、信函等，也多数由他代录。

在陈介祺的金石交往中，其女婿吴重憙更为得意之人。吴重憙（1838~1918），字仲怿，《簠斋尺牍》中写作“仲饴”。他是吴式芬的次子，清同治元年（1862）举人，历任陈州知府、江安督粮道、福建按察史、江宁布政史、直隶总督、河南巡抚等，民国后寓居天津，晚号石莲居士。咸丰九年（1859），娶陈介祺长女陈厚培为妻。吴重憙每逢到潍县住岳父家，陈介祺经常与他谈论治学之道，或者教授作字之法，后来吴重憙根据陈介祺传授的笔记整理成《作字之法》一文，并于光绪十八年（1892）附于《家塾授蒙浅语》中刊行于世。吴重憙在潍期间还经常帮助岳父整理缮写金石文字。

陈介祺在同治十一年（1872）吴重憙抄本《潍县陈氏宝簠斋藏器目》一书的题跋中说："仲饴既手录余斋金文各册，竟复为录所藏吉金成目。余自甲寅归里后，居无友朋之乐，室家之安既惩夺志，又扰守望之。年来始稍稍检拓，思装册汇目，存其昔好，久未能就，今得仲饴相助，旬余而毕，业成于勤，即此可推。第吾所望于仲饴者大且重，仲饴勉之哉，勿以此夺志也。"陈介祺对吴重憙寄予了厚望，而吴重憙也确能步陈介祺之后踵，笃好金石，与潘祖荫、王懿荣、鲍康等结交，拜潘祖荫为师，后又与王懿荣结为亲家。

次子陈厚滋是陈介祺后半生相依为命的子嗣，由于长子陈厚钟英年早逝，死于同治十年（1871），年仅38岁。当时陈介祺59岁，正是发愤著述的时期。第二年，何昆玉携2700余方古玺印来潍，陈介祺便嘱托厚滋与何昆玉共同钤拓《十钟山房印举》，两人用了一年半多的时间，才初步完成这部浩繁著作的初稿。此后，陈介祺晚年的金石文字整理工作多依赖于陈厚滋。而厚滋虽然因陈介祺被迫捐献巨款以解国库匮竭，于咸丰八年（1858）被晋京引见，奉旨赏为举人，但他始终遵循其父"子孙不准做官"的教诲，居家守户，帮助陈介祺搞他的金石研究。

另外，陈厚滋还是一位古钱币收藏家，而且造诣很深。由于陈介祺的主要精力是收藏青铜器和玺印，后来又大量收藏研究古代陶文，所以对瓷器、字画和古钱涉猎较少，虽然这些方面他也收藏了不少精品，但多是顺手牵羊所得。因此，陈厚滋拾遗补缺，专项收藏并研究起古钱币来。再者，其父的金石好友中，不乏钱币大家，如刘喜海、鲍康、李佐贤、吕佺孙等都是国内数一数二的古钱币收藏鉴定家。近水楼台先得月，他得到了不少珍罕之品，也得到了许多收藏考证古钱币的著作，可谓见多识广。他的藏品和见解也帮助陈介祺提高了古钱研究鉴赏水平。他的藏品中以四朱种类最多，连以往的钱谱上都没见过。受此影响，陈介祺对批注《观古阁泉说》《续泉说》《古泉汇》等钱币著作很有见地，也很有眼光，比如他对鲍康编著的《观古阁泉说》的批注就有33处，每一处都是秉笔直书，句句中肯，得到钱币收藏家们一致的好评。

第三节　簠斋吉金　终成著录

陈介祺的十钟山房和万印楼享誉天下，他收藏的毛公鼎、大丰簋、秦诏版、曾伯霥簠、兮甲盘、龙姞簋、器侯驭方鼎等青铜重器，更是名闻海内外。遗憾的是，陈介祺生前将他收藏的许多三代彝器铭文拓片先后赠送给全国各地的学者友人，自己并未造册出版专集，使世人无法见到他金石收藏研究成果的全貌。

清末民初，上海聚集了大批国内一流的学者和金石家，其中有浙江余杭人章炳麟（号太炎）和褚德彝（字守隅），也有广东顺德人、收藏家、美术出版家邓实（字秋枚）及收藏家邹适庐等人。他们志向远大，学识渊博，趣味相投，以研究和传播中国灿烂的古代文化艺术为己任。他们曾不约而同地将目光聚集在陈介祺身上。

清代太史江建霞曾经两次将陈介祺收藏的青铜器目录记载并刊印在灵鹣阁丛书中，为后人搜集他的青铜器铭文拓片提供了较

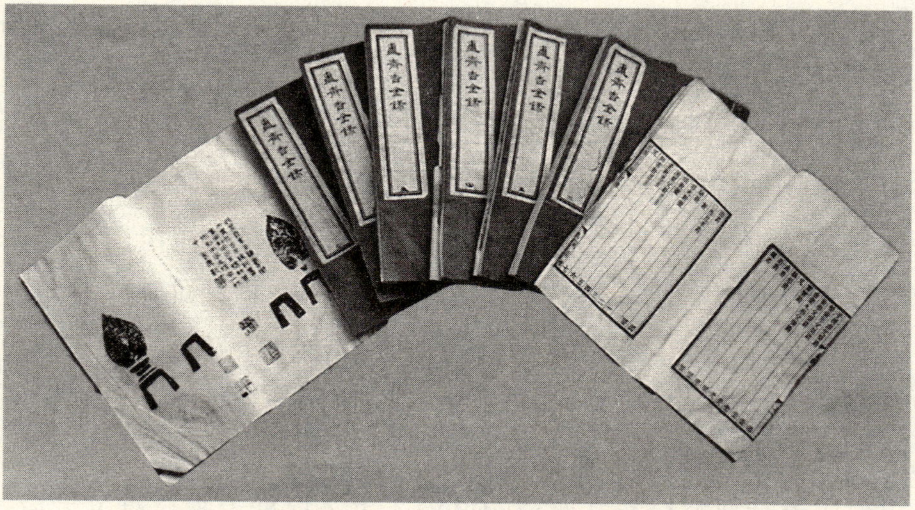

上海风雨楼《簠斋吉金录》书影

为翔实的资料依据。清末，邓实由广东来到上海，主办《国粹学报》，反对君主制，是一位跟章太炎、邹容志同道合的革命党人。他将自己的住处命名"风雨楼"，并创立"神州国光社"，编印美术丛刊，刊印历代画集，对我国美术事业的传承贡献极大。邓实也爱好收藏，尤其对古书、字画和竹刻，更是庋藏丰富。这位艺术造诣极深的美术出版家，用十几年工夫刻意搜求陈介祺拓印的三代青铜器铭文，准备影印出版，但每每核对江建霞留下的目录，发现陈介祺的精拓将近半数流往国外，还有许多散落民间，不知所终。后来，他结识了褚德彝和邹适庐，才知道他们也刻意搜求陈介祺的遗拓多年。民国七年（1918）夏天，邓实将两家的藏本合起来，加上自己的藏品，发现总目已经突破了江建霞的编目，其中增加了秦始皇统一度量衡时颁布的各种诏书铭文以及汉代弩机、钱范、铜造像等古物上的文字拓片，共计 389 件，比江氏目录居然多出 126 件器物铭文拓片。他们皆大欢喜，于是委托邹适庐重新编目，决定付梓影印。

陈介祺生在齐鲁之邦，乃古物荟萃之地，辞官时又从京城带回大量珍藏，他生平抱有搜古传古的远大志向，老而弥笃，是集三代青铜器研究之大成者，可惜他生前考证太严格谨慎，对许多铭文的解释不敢擅自专断，而是将自己收藏的三代彝器铭文精拓出来后，附上简练注释，不断寄给好友潘祖荫、吴大澂、王懿荣、吴云、刘喜海等金石名家，以期共同研究。潘祖荫曾任兵部尚书，是收藏大家；吴大澂曾任苏州知府，是书法名家；王懿荣虽比陈介祺小 32 岁，但他们是忘年交，也有姻亲关系，二人切磋金石研究的书信往复竟达二百余封，足见陈介祺对王懿荣研究金石文字影响之深，也足以推论陈介祺过世后，王懿荣断识殷商甲骨文绝非一时灵感，而是站在巨人肩上的伟大发现。后来，随着清朝灭亡和一代金石大家们相继辞世，陈

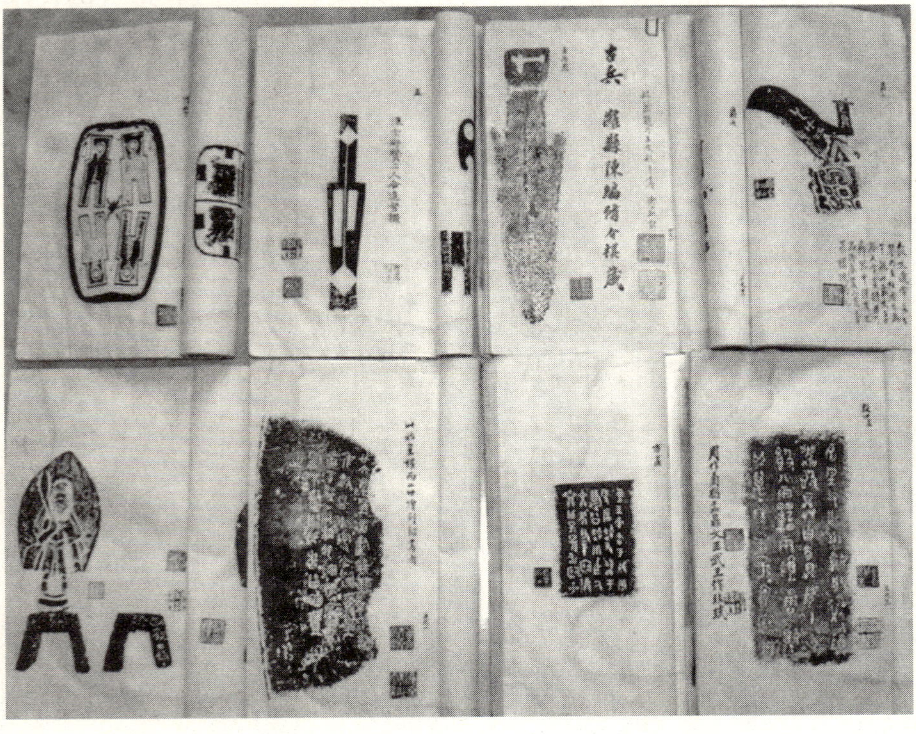

《簠斋吉金录》选页

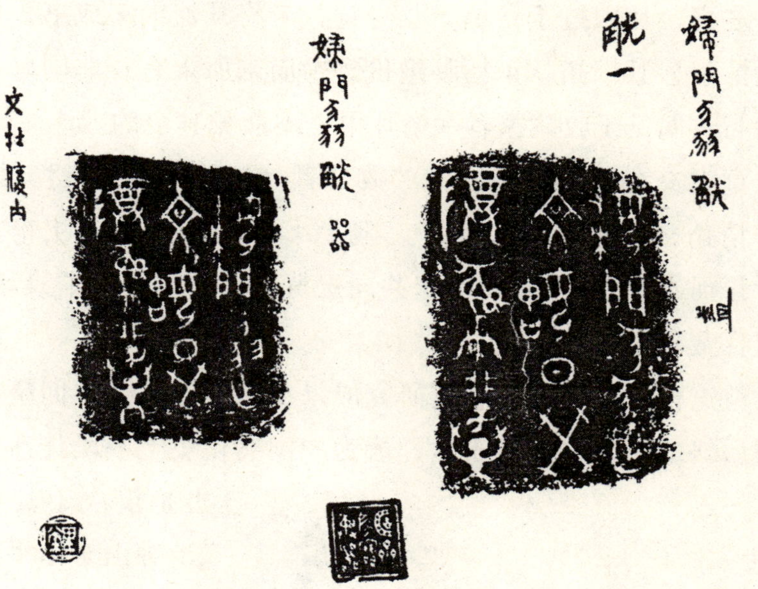

陈介祺收藏的青铜器铭文拓片

介祺的拓片散失民间，甚至流向国外，这可以说是中华民族文化的巨大损失。

陈介祺去世 34 年后，著名收藏家兼美术出版家邓实出资将陈介祺的这套金石代表作以自己在上海的室名风雨楼影印出版，出版时将其命名为《簠斋吉金录》。该文集共分为八册，但当时受各方面条件限制，只印了 300 套。著名学者、篆刻家、画家褚德彝和章太炎分别挥毫为该书写了长达千字的序言与题辞。

在序言与题词中，他们对陈介祺的收藏研究和传拓技艺推崇备至，给予极高评价。

褚德彝指出："近代收藏彝器之富，推吴县潘氏、潍水陈氏，潘氏曾编《攀古楼款识》，学者借以窥见一斑；陈氏收藏彝器，鉴别精审，远胜《攀古》。"还说："其致吴退楼书曰：传古在精摹文字，多见则释可通，而缺疑以待后，则书易成。洵真知竺好之言，然因过于矜慎，及身竟，未将藏器编集成书，好古家以为憾事！其椎拓款识精眇绝伦，为向来所未有；非同好者，不轻赠与，偶见于收藏家者一鳞片甲，不能见其全豹。”

章太炎在题词中指出：“数公者（指陈介祺）皆博闻多识，能辨情伪，而文犟精六书。”“陈氏所集纸墨椎拓之工精矣！稍附考订而不敢恣其辞。”他们共同祝贺邓实“集其墨本景印传世，簠斋吉金菁华悉粹”。

就这样，陈介祺的金石研究成果在诸多国学大师们精心搜求整理后终成正果，流传于世，成为中国文化史上一段佳话。这应当是仅次于其代表作《十钟山房印举》的第二部作品。

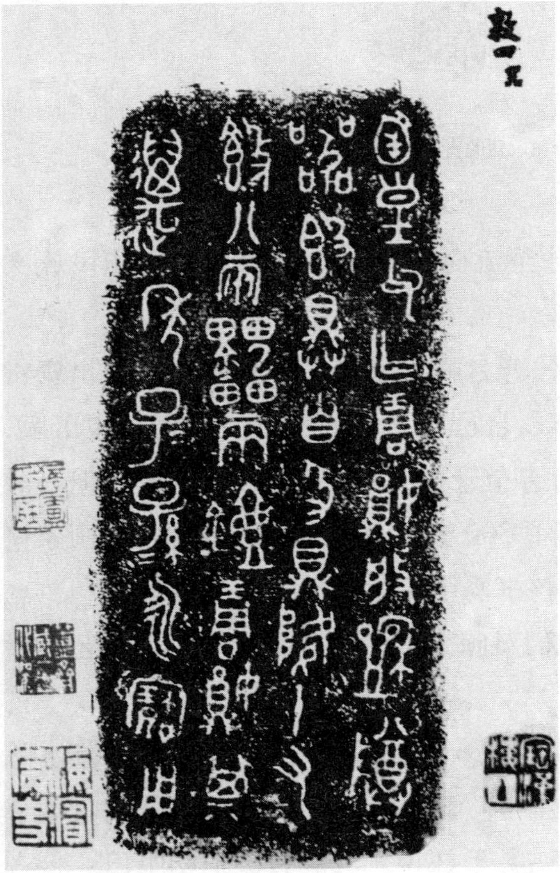
《簠斋吉金录》选页

星移物换，世事沧桑。近百年来，我国历经内忧外侵，战火频仍，社会动乱；再加上“文革”浩劫、文物损坏、流失严重。令人难以料及的是，这套珍贵的影印拓本几乎丧失殆尽，面临绝版的危机！

据了解，2009年出版的金石界最权威的杂志《西泠印社》总第九辑“陈介祺研究专辑”中，涉及陈介祺的多种藏品和著述，却单单对金石名著《簠斋吉金录》未有论及，也没有相关介绍资料。研究一代金石大师的专辑，却没有他的相关金石代表作，也没有相关传拓图片资料，不能不说是对陈介祺研究的重大缺失，也不能不说是对青铜器和青铜文字研究的重大缺憾！另外，在陈介祺家乡——潍坊市图书馆和潍坊市博物馆合作编著的《古籍藏书目录》中，也未有关于该书的条目和记载，似乎都证实这套《簠斋吉金录》确为专家们也未曾目睹的存世孤本（或珍罕本）。

值得庆幸的是，十几年前，笔者在潍坊当地一位古玩经纪人家里见到了陈介祺这套代表作。凭多年收藏经验，笔者立即感到它的价值和分量，当时虽然不知它已是传世珍罕本，但仍爱不释手，终以高价购于匣中。后来，笔者经过多年寻访探讨，才弄清这套著作已存世无几。当笔者与潍坊市政协编著《清代大收藏家陈介祺》一书时（文物出版社 2005 年版），就曾将这套名著拍照后收录在书内。

当前，国家非常重视非物质文化遗产的保护与传承，尤其是古文字的研究，因为它是中华文明起源与进步更为直观的表现形式，是中华民族历史文化直接表述的载体，更应该受到传承、保护与研究。因此，希望能够引起文化界和学术界的重视，宣传和研究《簠斋吉金录》以及陈介祺的陶文著作（原始陶文比甲骨文更早，它是文字创造的初期阶段），让这套珍贵丰富的典籍得以传承，以广于世，带动其他相关的研究与出版。

在此认识的基础上，笔者邀请热心传承中华民族文化遗产的著名企业家、山东华安集团董事长王刚先生，于 2007 年共同再版重印了该书。再版时借助现代套红技术，每页都加印红色边框，并将原有的黑色印章都变为红色；书中陈介祺及后来藏家们琳琅满目的精美印鉴也使这部著作价值倍增，让这套古书面目一

再版的《簠斋吉金录》书影

新。另外，笔者对再版书封面封底重新设计，使之更加美观。山东省政协常委、潍坊市政协副主席姜绍华先生为该书撰写了前言，以便于读者明晰地了解这套著作的来龙去脉，从而使陈介祺的金石收藏研究成果重获新生，得到传承。

陈介祺藏拓青铜器铭文全集《簠斋吉金录》的再版，不仅将为研究中国古文字、文字发展史、青铜器、古兵器、古钱币、古造像的专家学者们提供大量翔实的史料，也必将为爱好钟鼎文、秦文、汉文的书法家、篆刻家以及古玩收藏家、藏书家提供难得的宝贵资料。

第八章 忧国忧民 古道热肠

第一节 关注照相 赏奇析疑

61岁那年，陈介祺虽已年迈，但对新事物始终保持敏感状态；虽处滨海小城，但对国家大事格外关注。他听说英国人在上海创办了新式报刊《申报》，立刻就开始订阅，这使他对国内外的形势变化有了及时的了解。他听说西洋人的照相技术可以写真，就鼓励表弟谭雨帆购买相机，学习这门技术。当时谭雨帆正在登莱青兵备道道台潘蔚的官衙中做幕僚，后来潘蔚遵照朝廷的指示，将他的官署从青州迁到烟台，于同治二年（1863）兼任东海海关监督，谭雨帆跟随他到烟台，有机会学习照相技术。谭雨帆给陈介祺回信时，还寄上春兰的花卉照片。潘蔚寄来银子购买他的青铜器拓片，陈介祺又去信表示感谢，并谈论用照相技术拍下兰梅竹菊装裱成谱，嘱咐谭雨帆鼓励潘蔚这么做。这一年，陈介祺通过表弟与潘蔚交往颇多，潘蔚不断地向他购买金石文字拓片。陈介祺还将这些拓片装订成十六册，并在上面题写款识，消耗了不少精力。夏天，他又收到大学者、大诗人龚自珍两次寄来的 140 多两银子，费了许多功夫将自己收藏的 200 多种青铜器文

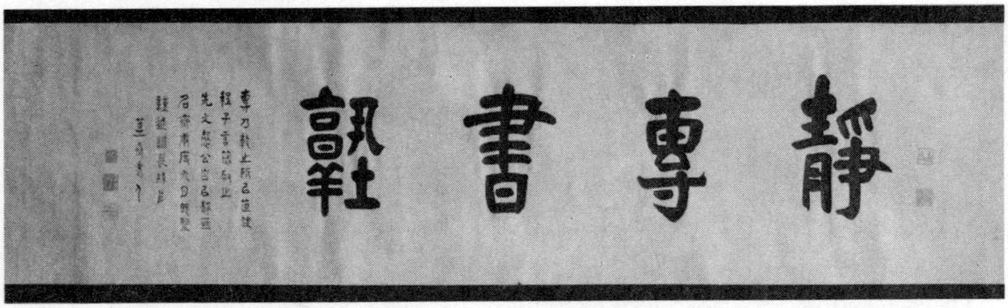

陈介祺手书“静专书塾”

字拓制下来，也分装成十六册，按类别编好并题记，一直到十月才忙完，这就完成了他的另一部著作《簠斋藏古册目》，该书收录了280余种青铜器铭文。

这一年，他往返书信最多的是潘祖荫、王懿荣和鲍康，几乎天天有书信来往。

这一年，同治皇帝因生痘、患天花病不治而亡。陈介祺感到悲痛之余，也深忧这么一种病恙就能影响国家的政局：“至痛远虑，岂一人之私悲哉！”他在给王懿荣的信中还谈到治痘防痘、为国为主的忧思。第二年正月，光绪皇帝载湉即位，为光绪元年(1875)，陈介祺63岁。这年，表弟谭雨帆学成归来，用西洋相机给陈介祺拍照了钟鼎彝器和上面的铭文，毛公鼎的第一张照片就是那时拍摄的，效果甚佳。陈介祺高兴地给潘祖荫寄去五六张，并建议把他收藏的大盂鼎也用相机拍照，然后照此摹刻，还说珍贵的藏品和碑帖书画都可以用相机拍照，如果同意的话，可以让谭雨帆秋后去京师办理。由此可见，陈介祺对新生事物、新技术态度是非常积极的。不久，他又给吴大澂写信，谈论“西人照相法有益于中国艺文”，说表弟谭雨帆在烟台潘蔚的官署里学会了这门技术，让他试照青铜文字拓片和器形，效果非常好，还寄去许多照片，请他和潘祖荫共同欣赏。并嘱咐转告鲍康、王懿荣、胡石查等人，希望将各家的金石藏品都照下来，以便互相观摩交流。

当时国外照相石印法印刷术及珂罗版印刷术已经传到国内，上海天主教土山湾印书馆已开始引进照相石印法印刷教会的书刊。陈介祺去世后不久，照相石印法印刷术和珂罗版印刷术便流行起来。光绪二十三年（1897），商务印书馆也在上海开张。由此我们看出，陈介祺是积极接受新生事物、新技术的人，并富有远见。

光绪元年（1875）春天，王懿荣乔迁新居后，陈介祺去信祝贺说："新居想已就绪，窗几明净，黄卷青灯之乐，胜外城旧屋否，能以闲静易纷扰否。"并劝勉王懿荣参加科考。夏天，听到王懿荣妻子得病后，又关切地去信询问病况，他说："嫂夫人久病未愈，重扰思虑。其恙自因疮疡虚损根本，固非峻剂不易奏功。人海必有良医，博访可遇，勿徒焦灼为也。"还寄去杞伯敏父鼎拓片和晋太康八年城阳黔陬王从事残砖拓。秋天，得到王懿荣未考取进士的讯息，再次去信安慰鼓励他。这一年，陈介祺的次女病故，但第二年（1876年）正月他又生下儿子陈厚鼎。这年，他的长孙陈阜考中庠生。庠生就是秀才，是府、县级学校的学生，古代的学校名"庠"，所以称"庠生"。四月，他的义子曹鸿勋考中状元。在这之前，曹鸿勋拔贡后，陈介祺就写信给在朝中任职的潘祖荫，两次举荐曹鸿勋，所以曹鸿勋当时已在京中任七品之官。曹鸿勋中状元后，授修撰，进入翰林院。这一年，陈介祺又再次修葺家庙，并亲自到家庙监工一个多月，对家庙进行了装潢。请刚刚考中状元的义子曹鸿勋为家庙题写了金字大牌匾"陈氏家庙"，悬挂在大门上方，愈加显示了这个家族的尊贵。

陈介祺特别重视有铭文的古代器物，正如《说文解字》的作者许慎所说"文学者，经艺之本，王政之始"。他也将古文字视

陈介祺收藏青铜器铭文拓片

为神圣之事，最早提出金文可与古代《尚书》互证的观念，并认为许慎所见文字非古文真面目，指出金文可补《说文》之阙、纠《说文》之误，在当时可谓开古文字研究之风，甚至对只字残瓦片陶也极为珍视。除了收藏大量重器，他还收集一些杂项小件青铜器，尤其带有文字者。据研究，陈介祺收藏的器物大多有铭文，少者一两字，多者数十或上百字，最多则近五百字。如他在致苏亿年书札中曾叮嘱："如有再出字多之器，千万不可失之。切属切属，千万千万。"但他反对那种不辨良莠、盲目收藏的做法，经常劝诫金石之友"汰伪留真"。针对潘祖荫说他"藏器不多"的观点，他回应："夫多不如真，真不如精，古而精足矣。"又说"可存者十，不如得精者一"，还说"傥有厚酬润笔者，得一佳印，则可省数十百印之费，此一生阅历语也"。鲍康曾说："寿卿所藏古器无一不精，且多，允推当代第一。"另外，他对收藏特别重视档案记录，考证藏品的出土地点、时间、流传经过及形状、特点、尺寸等，并及时精制拓本。这也正是后来考古学的基本规则，说明他已将收藏纳入学术研究体系。

陈介祺对宋代以后青铜器作伪历史非常了解，对各时期各地赝品的工艺特点也都颇为熟悉。同时他还比较有远见地提出对铭文鉴定、辨伪要从青铜器及其铭文范铸工艺流程考察。他认为古人尤其夏商周三代，铸造青铜器是礼制和权力的象征，铸造铭文也必将合乎规范，各种青铜金属成分的比例也要合于器物性质和用途。而造假者不明古法义理，从制范到“化铜”，自己揣摩为之，难合古法，所以从铸造工艺亦可辨其真伪。仔细分析与见多识广，使陈介祺拥有丰富的辨伪经验。当时由于考据学盛行，学者都极其重视铭文。一般学者和收藏家也喜爱有铭文的青铜器，购藏需求量大，作伪者也多。从嘉庆到清末，铭文作伪不在少数，其方法大体如下：一是增刻铭文，把少字或没字器物增刻多字；二是伪造铭文，但大多数文字义理不通，容易识破；三是拼凑铭文，取两器或多器铭文刻于一器；四是摹刻铭文，将别的铜器铭文摹刻其上，或少改易几字。作伪铭文的人，一般是先将真器放在醋酸内浸泡，待铜软化后再刻字。所以当时市场上的青铜器物鱼龙混杂。

在长期收藏青铜器的过程中，陈介祺特别注重对作伪手段研究，这从其书信中可见大量记载。王懿荣与陈介祺交往最为密切，仅从王懿荣后来发现甲骨文一事，就可知其古文字修养深厚，更可见其与陈介祺交往受益之多。光绪元年（1875）七月，陈介祺致信王懿荣，专门谈古文字辨伪。他说：“古文字浑厚者，其中之真精神至坚至足至朴至臧。其清刚者，其中之精神至奇至矫至变，不弱不纤。我之用心用力聚精会神不似古人，何能不为伪欺。而并时人之心思才力亦不能知，而乃自聘自诩乎？”同治十三年（1874）五月信中则说：“书自有时代，相较可知。书亦有工拙，书亦有王朝与各国之不同。文义亦有定制，多见类推，自可知也。”同年六月，陈介祺对潘祖荫信中说：“古文字一篇中之气，一字中之气，一画中之气，岂今人所能伪哉？古人道理，大有不可以汉魏奇字与《说文》只订其编旁例求之。”陈介祺又对鲍康说：“吉金各国自有书，以王朝书为佳。吉金唯楚书气胜于法，余则以字大者为佳，多见自可知之，不识字多见每可通。”陈介祺对伪器刻字更是鉴别精审，他于同治十一年(1872)九月二日致吴云书后附笺称：“伪器旧系铸字，近年陕中始以无字古器伪刻，南中则顾湘舟所伪者不少，今都门伪刻又变一种，以拓本字摹成，转折圆融，均失之弱。古器每有不同处，伪者则无之，有意为奇字则必大谬，学者自能辨之，不学者不能也。”所以说陈介祺是金石学界辨伪析疑的高手。

陈介祺以传古为志，提出“传古首在别伪”，他把自己的经验总结和体会不断函告朋友。这些散见于书信中的言论，充分体现了陈介祺鉴古思想和独到见解，也奠定了青铜器辨伪的学术基础。商承祚在《古代彝器伪字研究》中说：“提起笔来写这篇文章之先，我就想到一位老先生，是我平时最佩服的；恐怕不仅是我，凡是研究古文字的人都是一致的；何以呢？因为他的眼光太好了。他一生收藏的铜器等，不下几千件，没有一件是假的。他的论调同批评，不但高出当时同辈一等，简直可以说‘前无古人，后无来者’。这人是谁？就是山东潍县陈介祺字寿卿号簠斋他老先生。”王献唐说：“陈氏《十钟山房印举》所收诸印，虽未见原物，但以印文证之，无一伪制，即所收铜器石刻砖瓦皆然。此老精鉴，当时潘、王、二吴诸公，皆出其下，心细如发，眼明如炬。”容庚、张维持在《殷周青铜器通论》中说：“辨伪最严的莫如陈介祺。”

第二节　赈济灾民　设厂施粥

光绪二年（1876）闰五月底，陈介祺收到利津专使送来的信

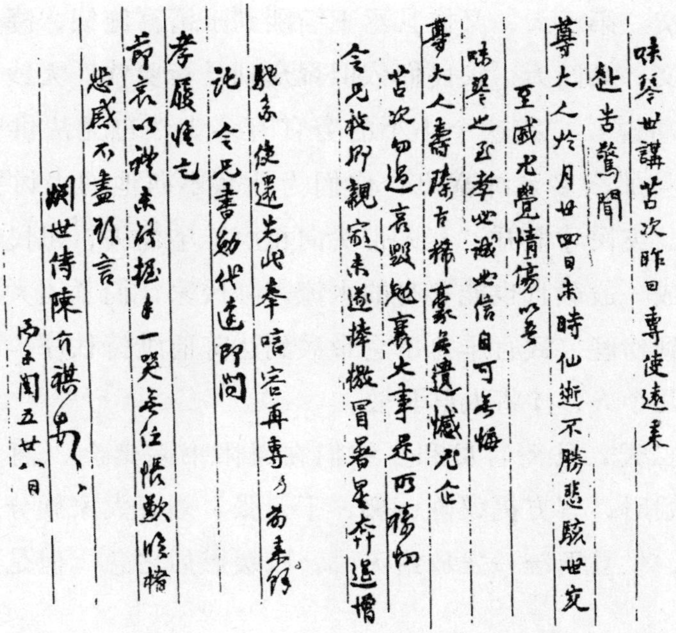
味琴世講苫次昨日專使遠來
赴告驚聞
尊大人於月廿四日未時仙逝不勝悲駭世交
至戚尤覺情傷
味琴世正孝心誠必信自可無悔
尊大人壽躋古稀壽無遺憾尤企
苫次節哀毀勉襄大事是所禱切
令兄挂卿親家未遂捧檄冒暑星奔返增
馳系使還先此奉唁容再專函奉聞
託令兄書勉代達即問
孝履惟乞
節哀以禮未得抵來一哭無任悵歎
悲感不盡欲言
姻世侍陳介祺頓首
丙子閏五廿八日

陈介祺知晓李佐贤去世后的悼信

件，惊闻金石至交李佐贤去世，马上回信给他的儿子李伟卿，表达了深沉的悲骇之情。不久，他在给潘祖荫的信中说，潍县一带发生大旱，已经有十三个月没有下过透雨。在给王懿荣的信中说："地处东方的莱州府今年大旱之灾已经降临，要想吃上新粮还得十一个月以后，如何是好？立秋才四天，秋后收成已经不能指望。这件事情影响太大，老天震怒到这份儿上，百姓贫穷到这地步，老天不让人活，民众不知以什么为生计。唯有希望能得到源源不断的粮食援助。"七月初四日，他又在给吴大澂的信中说："现在山东发生大旱灾情，即使下了大雨也无法挽救枯萎的禾苗，不得不赈灾，我正亲自设粥厂救灾。"

事情在如陈介祺所讲，光绪二年（1876），陈介祺 64 岁，旱灾灾情迅速蔓延。三月二十一日，城乡饥民聚众围向县衙，向知县王德功要饭吃。王知县派人第二天到城郊玉清宫施钱，每人救助三十文。第三天，又派县丞王绩熙到玉清宫施钱，降为每人救助二十文。第四天，灾民们依旧聚众到县衙要钱，无钱可支的知县王德功说："我这个小小的穷官有多少钱也无法供全县人吃饭，潍县那么多乡绅富户，你们为什么不向他们去讨要饭钱？"这一来，灾民才散开，有人带头向相府陈宅涌去，饥民们气势汹汹，形成一股载舟也能覆舟的水流，陈氏家仆们紧闭大门不敢开启。直到傍晚，武官千总萧仑带兵到达陈府维持秩序，并挥鞭抽打了好几个人，才将人群驱散。

第二天，县衙官员和乡绅们在潍阳书院聚会，商量救灾之事。开始时，官方提议陈、郭、丁、张、刘五大家族分别缴纳一批钱粮，供县衙统一发放给灾民，以缓燃眉之急。但是乡绅们都

潍县城隍庙前的牌坊

不同意这么做。他们怕钱粮捐给官府后被官吏们层层盘剥，中饱私囊，真正落到百姓口里所剩无几。更有乡绅们认为，如果捐出巨款和粮食都交给官府，再转手发给灾民的话，灾民只感谢官府，不会感谢他们，他们依旧是灾民百姓的仇恨对象。为了改善豪门大户在民众中的形象，也为了自己的财产不被官府层层侵吞，他们一致要求分片各自设饭厂施粥，并亲自监督执行。

这样一来，就确定在全县设立五处饭厂，从四月初一日同时开张施粥。这五处饭厂都设在城外空旷的地方，以便众人围聚和支起多处锅灶，也便于运粮车马的进出。其中，号称“丁半城”的丁善宝在大石桥北设饭厂，并任董事；郭襄之在白浪河沙滩南边靠近铁牛处设饭厂亦任董事；刘潓在西南关设饭厂，也是董事；陈介祺在西关设饭厂，为董事；张兆栋的儿子张仔在北关西头设饭厂，亦任董事。整整一个月的时间，这些董事们都是各司其职，各自带着账房会计和伙夫，支起一排排锅灶，从自家仓库里运来一车车粮食，储粮不多的大户还要花费银两去采购粮食，从验货、出仓、过秤、押运、分发给灶台，到烧火熬粥、分粥，事无巨细，都要亲自监督。由于是大灾之年，连会计和伙夫都要仔细看管，生怕他们中饱私囊，夹带回家。尤其是熬粥，陈介祺每锅都要插上勺子测试粥的稀稠程度，太稠粮食自然就消耗过快，太稀则灾民吃不饱，容易闹情绪，产生哗变，所以每锅熬好的粥以插上勺子不倒为标准。这样，一直忙到五月初一日，第一阶段施粥才结束。后来，粮食价格连涨多次，知县王德功发布命令，贴出告示平抑粮价，才慢慢稳住局面。在施粥期间，县衙也派了官兵在各粥厂维持秩序，避免哄抢、盗窃或冒领。

但是，灾害无情，这年秋天的收成也落了空，饥荒更加严重，所以到十二月重新设五处饭厂施粥。东关南北各设一处，由丁善宝任董事，西关饭厂由张仔任董事，北关饭厂由郭襄之任董

潍县城隍庙大殿

事，南关饭厂由刘澺任董事。这次在城内的城隍庙也设了一处饭厂，由陈介祺出资施舍。

县衙又号召全县各家士绅、商户以及中上等家庭都出资出钱帮助赈灾。这年冬天，陈介祺拖着体弱的身子，带着儿子陈厚滋和孙子陈阜，奔波在粮仓、饭厂之间，饭厂就设在城隍庙戏楼前的广场上。城隍爷本是保佑全城民众福绥平安的神，但实际他什么也保佑不了。过去，每逢农历初一、十五城隍庙开门烧香上供和农历五月初一城隍爷出巡的时候，戏台前的广场上都要举办庙会，陈介祺曾无数次带着他的儿孙在这里逛庙会，看大戏。现在时过境迁，戏台前的广场上依然人头攒动，可无论乞粥的还是施粥的，都是在生死线上挣扎了！

潍县城隍庙始建于明洪武三年（1370），戏楼是清乾隆十七年（1752）年郑板桥任潍县县令时修建的。楼址坐落在潍县城里城隍庙街中段路南，隔一个小广场与路北的城隍庙大门遥遥相对。中国所有庙宇的戏楼都是坐南朝北，面对城隍庙，因为戏台上唱戏主要是唱给城隍爷听。

戏楼筑一高台，砖砌，瓦顶，为卷棚式，前列四条楹柱，造型古朴典雅，楹柱上挂有楹联两副，一副是“仪凤箫韶，遥想当年节奏；文衣康乐，休夸后代淫哇”，一副是“切齿漫嫌前半本，平情只在剧终头”。正面大匾额有“神之听之”四个大字，楹联与匾额均为郑板桥所书。

闻听县城一带开设了饭厂，远近各乡饥民扶老携幼，纷纷涌向县城。但各厂均有规定，发到牌的方能领饭，无牌者则不施予。领不到牌的，多系听到消息晚而进城迟者，于是出现了“饿死者道路相望”的现象，而身体条件尚可的青壮年，大多逃荒外地，外流者达数万人。

这年十二月，山东巡抚李元华向朝廷的奏章终于批下来了，朝廷允许拨付六千两白银赈灾，这些银子全部拨给了潍北各乡镇的农民。此后，荷兰费公使也向潍县捐赈了三百两白银。陈介祺和张仔等人给时任广东巡抚的张兆栋写信后，张兆栋筹款购买了大米，用船通过海上运往家乡潍县赈济灾民。

光绪三年（1877）又连接闹春荒，潍县依然设粥厂赈灾，陈介祺不但仍在城隍庙施

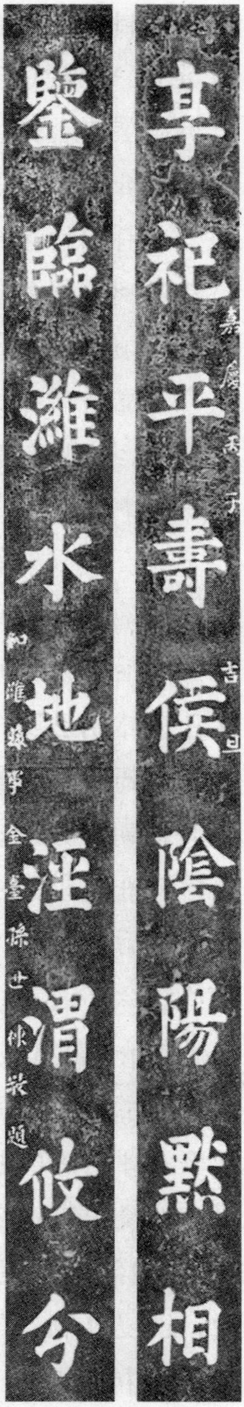

孙世栋手书城隍庙联

粥，还自己出资在县城中心的潍阳书院设了担粥局，得到百姓和官员的一致赞誉。直到夏天芒种麦收之后，饥情才解除。后来经官员们层层上报，朝廷赏给他二品顶戴。

陈介祺一直是带薪休病假的，再加上父辈留下的几百亩田地，还有出售拓片和著作，他的家庭收入是可观的。就这样，他虽然远离官场身居海滨，自称“隐士”和“野人”，居然也得到了二品顶戴，这不能不说是命运对他的另一种赏识和安排。陈介祺冒着酷暑严寒，在街头奔波八个多月，倾心尽力赈济灾民的古道热肠，成为有口皆碑的佳话。

第三节　关心时政　出谋划策

同治光绪年间，社会秩序虽然表面上恢复了平静，但整个封建社会体制已腐朽，像一座即将坍塌的大厦，千疮百孔，等待着摧枯拉朽的暴风骤雨。陈介祺看到官场内外的种种积弊，他最担心的是朝廷失纲，外敌觊觎。朝廷失纲，则贪官污吏把持朝政，百事皆非；外敌觊觎，则“今日中外无日无处无交涉”。从鸦片战争以后，帝国主义列强频频入侵，清王朝与外国签订各种不平等条约，任人宰割。

陈介祺出山后，他在给王懿荣、潘祖荫、吴大澂等人的信中，除了寄送拓片，讨论金石文字以外，越来越多地附信笺议论国事，评论国内外发生的种种弊端。为避免这些意见落入政敌之手，他又不得不在信笺后面嘱咐阅后烧毁，“而求丙之。切企切企”。他深感国运不济，想与知己们谈吐心怀，打算用“振兴朝纲，恢复礼制”的办法来恢复国家秩序，医治千疮百孔的政局。他在信中强调：“礼，以辨上下，定民志。人有礼则安，无礼则危，盖非礼无以见君子之至尊，非礼无以见天理之自然也。中国有礼则四夷咸宾，此今日所不可不早为讲求者也。外攘则在修武，备内则在修政事，礼则政事之尤大者，而人所不可须臾离者也。”就连冬季下了大雪，他也写信表示“忧国愿丰年”的企愿。当他听说李鸿章受朝廷派遣，到烟台与英国人谈判，更加担忧，呼吁“天乎天乎，奈何不自强也！”果然，不久便传来李鸿章与英国特使威妥玛订立《烟台条约》的消息，他沮丧极了。

潍县下了透雨，刚刚解除灾情的第二年，即光绪三年(1877)，陈介祺收到吴大澂从北京寄来的信，说山西又发生旱灾，他此时到天津码头去购买大米，为山西救灾，刚刚回京。陈介祺见信后，联想到自己在潍县八个月赈灾的事，立即回信向他传授经验，总结救灾的办法，可惜的是后来失去了联系。直到第二年正月底，才又收到吴大澂的复信，信中用密密麻麻的小字写满十六页纸，详述自己奉命去山西办理救灾的过程。他说，当时山西南部地区灾情特别严重，在大灾之年购粮也困难，好不容易买到七千担高粱，亲自押运灾区。九月从天津装船沿运河南下，十月初十到德州，十七日到临清，二十六日停泊在龙王庙，再到浚县，十一月中旬卸船装车，改为陆路运输，直到腊月才到达泽州凤台。信中还详细陈述了救灾赈粮的遭遇。即使在如此艰难困苦的环境中，吴大澂还在船舶停运待航的空闲里写下《古陶文释》四卷寄赠陈介祺。当时陈介祺

吴大澂像

的族弟陈子振就在他身边当差，一直跟随着吴大澂押运粮食。

四月九日，陈介祺又收到吴大澂从河间寄来的信，记录了泽州哀鸿遍野的惨景，说他三月初回天津，采购粮食后马上又回河间放赈救灾。五月，吴大澂再次来信讲述各州县赈灾中捉襟见肘的各种弊病，言辞疾首痛心。五月底，陈介祺给吴大澂回信，详细交谈了赈灾弊病的应对办法，写了十几页纸。十一月十日，陈介祺收到吴大澂的信，得知他八月底已经从天津回到京都，但因长期在外救灾，顾不上照顾家庭，以致子女接连夭折，内心非常痛苦。

年底，他给外甥女婿徐会沣也写了一封长信，详细论述赈济旱灾的见解。

徐会沣（1837~1906），字东甫，是诸城县城西南隅孔戈庄（今属龙都街道办事处）人。高祖父徐栋，字梁卿，监生，治家严明，乐善好施；曾祖父徐文启，字肇生，监生，慷慨好义；祖

徐会沣故居

父徐懋，监生，官布政司经历；父亲徐子瑜，廪贡生，官巨野县教谕；叔父徐子璐，监生。徐会沣出身于书香门第，幼年聪慧过人，喜读书，善辞令。咸丰十一年（1861）为拔贡生，拔贡生系从廪生中每十二年一次挑选出来，保送到京应试者。经考试被授予户部七品京官。他进京以后，与达官贵人、知名文人墨客接触日繁，步入科举仕途的欲望愈高，刻苦求学的决心益坚。同治六年（1867），他参加丁卯科顺天乡试，考中第一百名举人。次年，他又参加戊辰科会试，联捷成第二百二十名贡士。以殿试中二甲第一百零七名进士。徐会沣知识渊博，功底深厚，参加朝考后，又被选为翰林院庶吉士。

徐会沣授庶吉士入翰林院后，继续学习三年，于同治十年（1871）四月二十八日散馆考试，按照同治七年（1868）三月十五日皇帝的谕令，“嗣后庶吉士散馆，仍考试诗赋，以复旧制”，徐会沣以优异成绩继续留在翰林院，授职编修。光绪二十五年（1899）十一月，迁都察院左都御史。次年四月二十六日转工部尚书，七月改兵部尚书，八月命兼管顺天府府尹。光绪三十一年（1905）十二月十二日病逝于官邸，终年69岁，归葬诸城县西郊邱家庄子村西侧徐家茔。光绪皇帝称其“持躬谨慎，学问优长，深为轸惜”。徐会沣是陈介祺最钟爱的甥婿，两人关系极为密切，他的为官之道，自然受到陈介祺的点拨与教诲，所以在险恶的朝廷官场上处处能逢凶化吉，一帆风顺。

徐会沣为官办事谨慎，他在慈禧太后与光绪皇帝之间巧于应对，成为慈禧太后的大红人，同时也被光绪皇帝认为是个好官。在诸城孔戈庄徐会沣住宅大门门楼上，曾悬挂着“养兵蓄锐”金字大匾，是慈禧太后亲手所书，上有慈禧太后大印，这在当时是极为荣耀之事。徐会沣精通经史，还工诗善书，其书法风格雍容典雅，至今在北京故宫大殿尚存有他书写的对联。在颐和园东殿

徐会沣的书法

门内南侧，还悬挂着他书写的正楷巨幅中堂，字体端正，笔力苍劲，堪称珍品。徐会沣极为赞慕何绍基的书法，在他家书房门上，刻有何绍基书法对联“万顷烟波鸥世界，九秋风露鹤精神”。

陈介祺与外甥女婿徐会沣的往复通信多达百余封，他们除了切磋当时国家时局变化及政务外，多数涉及金石收藏研究话题。这个时期正是陈介祺金石收藏研究的鼎盛时期，也是清朝国运回光返照相对平安时期，陈、徐之间对金石学的兴趣成为了他们之间的共同语言，书信往复到了无话不谈的程度。在一些涉及国家大事的信件中，陈介祺有时注上“付丙”(阅后销毁)字样。

在陈介祺生命的最后七年，与他联系最多，书信来往最多的就是王懿荣、吴大澂、徐会沣、潘祖荫、吴重憙和曹鸿勋，这些人除了金石至交，就是亲戚，而且都是国之重臣，所以陈介祺的学术思想和政见对他们影响都很深，有时影响到朝政，甚至陈介祺过世后，他们依然能联手干政，敢于仗义执言。

比如，光绪十四年（1889），宫内以总管太监李莲英、大臣奕谟为首的一帮人为讨好慈禧太后，商量要建造一座“颐和园”为慈禧太后庆祝六十大寿。当时清政府内外困难重重，根本无力筹建皇家花园。但在李莲英等人的主持下，竟然提出每年二百万两白银海军经费作为建造颐和园的费用。并首具下谕，开海军报效捐官例。凡是报效海军经费实银七千两的，作一万两算，赏一个即选知县做。就这样，先把部里历年积蓄下来的海军经费一万两银子提出来使用，又在报效海军经费项下收得四五百万两银子，各王公大臣报效银两的，你十万两、我二十万两不止。在西安做将军的荣禄，报效二十五万两，算是送给慈禧太后的寿礼，结果换得了一个调进京城入军机处的好处。这时曹鸿勋与王仁堪联名上书，为减少国家财政建议停修颐和园，他们的这一正确要求没有得到当权者的回应。这年户部尚书阎敬铭，为了讨好皇太后，到年底造册子的时候，便把许多闲款项一股脑儿都报进去，作为正款。慈禧太后一看，忽然凭空比往年多出七百多万白银来，便吩咐把这笔款子提出来，一并充作建颐和园经费。到光绪二十一年（1895），一座富丽堂皇的颐和园便建成了，总共花费白银一千七百多万两。

而这时的清政府，国库亏空，经济下降。日本对我国虎视眈眈，战火一触即发。郑州等地连年灾荒，民不聊生，老百姓为了生活和抗拒政府的捐税，纷纷揭竿而起。就在国家内外交困的关键时刻。曹鸿勋联合徐会沣以及同年高赓恩等人，以民族气节互相砥砺并联名上书言事，提出自己安邦救国的主张。同时对中日战争的“战”“和”痛陈利害。结果他们这种爱国行为得罪了处理国事的当权派，为此曹鸿勋从京城被赶了出去，到陕西省任正考官，后又任江南副考官，时年曹鸿勋 44 岁。

曹鸿勋、徐会沣和吴重憙都是陈介祺培养起来的人才，陈介祺的言行和书信，直接影响着他们的所作所为，他们的清正和耿直，无不彰显着陈介祺的影子。他们也是陈介祺关心时政、出谋划策的写照。

当然，他们也反映出陈介祺痛定思痛的另一面：不与朝廷决裂，不辞官回乡做隐士，而是委曲求全，曲线辅政，以图伸张，继续为朝廷服务。所以，曹鸿勋逐步做到了陕西巡抚，徐会沣最后升任兵部尚书，吴重憙做到河南巡抚，吴大澂做到广东巡抚和河南巡抚，就连七次大考落第的王懿荣，最后也做到国子监祭酒兼团练大臣，潘祖荫更是成为军机大臣。晚年的陈介祺有这么一帮亲戚朋友在朝为官，势力自然非同小可，但他从不以此为傲，而是继续埋头他的金石研究，成为海内公认的金石界的领军人物。

第四节　针砭时弊　处方救世

光绪六年（1880），陈介祺68岁，他的女婿吴重憙被任命为河南陈州知府，陈介祺去信谆谆教导他做官理政的道理和方法，认为关键要选用德才兼备的人才，去一己之成见，爱民务本，心识果正等，对吴重憙寄予厚望。说："我两家皆世受国恩，不可不思为先人图报。""或可今日中国当有振作气象，实仰望之。"

这年，吴大澂在河南河台道任职一年多后，被调到吉林协理东北的防务，从河南开封回到京都。

这年，住在南房子的宗氏又为他生下小儿子厚宗。后来，陈介祺将相府的西院和小厅房院分给了宗氏和她的两个儿子居住，她们一律走西大门；陈厚钟一家走东大门。宗氏的两个儿子，陈厚达早年夭折，没有后人；陈厚宗因从小无人教育，整天吃喝玩乐，游手好闲，到民国初期，不仅将分给他的"十钟"等名贵文物卖光，而且死后连棺材都买不起，后经陈厚滋的家人出面送了棺材才草草入殓。陈厚宗的二子陈徏，在日伪时期为了吃喝玩乐，竟把陈官俊的墓田地变卖掉，甚至连道光皇帝赏赐的丧葬用的独龙杠也一齐卖掉了。

吴大澂故居

这年，陈介祺的外甥女患病，不治而亡，陈介祺多次给外甥女婿徐会沣写信表示哀悼，并劝其节哀。此后，他和徐会沣关系更加密切。

这年，他收到吴云多次来信和寄来的师田父尊拓片、阮刻范藏石鼓拓片以及《建安弩考》《宋本说文韵补》等七种书和四方青田石。

这年，他给徐会沣去信，并附寄去《论张之洞疏》。

这年，王懿荣在陈介祺一再鼓励下，终于考取进士，踏入仕途。

69岁那年（光绪七年，1881），他的理学好友何慎修去世，紧接着又传来至交鲍康去世的噩耗。

这年二月，王懿荣从故乡烟台福山返回北京，经过潍县，在潍逗留四天，在陈府住了三天，专门观摩欣赏陈介祺的藏品，并到郭家和高家遍观所藏。

在陈介祺家中，他几乎看遍了陈府中收藏的所有青铜器玺印、陶器和字画，大开眼界。通过当面交谈，他从陈介祺那里学到了博大精深的金石鉴别知识；通过谈论时局，两人政见相同，视为至交，虽然这一年陈介祺已69岁，比王懿荣年长32岁，他们成为真正的忘年之交。

这年，吴大澂两次从东北边关写信给陈介祺，一次讲去年冬天到宁古塔、珲春一带校阅边防军并检查边关要隘的情况；另一次在宁古塔乜河营中奉命督办宁古塔、珲春、三姓防务屯垦的公事。同时，他晋升为太仆寺卿。

陈介祺在回信中，告诫吴大澂经营边防大事要靠得民心和得人才。并写了《论积谷事目答问》《担粥厂章程书》，他把平时囤积粮食和荒年赈灾的办法上升到理论高度，给吴大澂在办理这类事务中做参考，足见陈介祺用心良苦。

这年，他还给徐会沣写信，谈论山东和京津沿海一带的防务，提醒他注意海防的重要性。

这年，潍县西关的金石家高庆龄（高鸿裁之父）编钤完《齐鲁古印攈》的初稿，里面收集了600多方古玺印，陈介祺的金石好友潘祖荫、王懿荣、宋书升为这部书共同作序。

这年，与任工部主事的收藏家和书法家王瓘互相通信并开始交往，两家从父辈开始就有官场交情。

70岁那年（光绪八年，1882），诸城的金石家王念亭来潍县，在陈介祺家中观摩交谈多日。

这年，吴大澂写了二十多页纸的书信，与陈介祺详谈边防诸事，打算从内地招募勇士屯田戍边，并研究制造枪炮等事。吴大澂写信给陈介祺，谈论治世用人的办法。十月，吴大澂又给陈介祺写信，依然交谈边防屯兵垦荒的难题，并谈到与俄国官员交涉过程中出现的棘手事情，俄国军官的蛮横无理使他非常气愤。

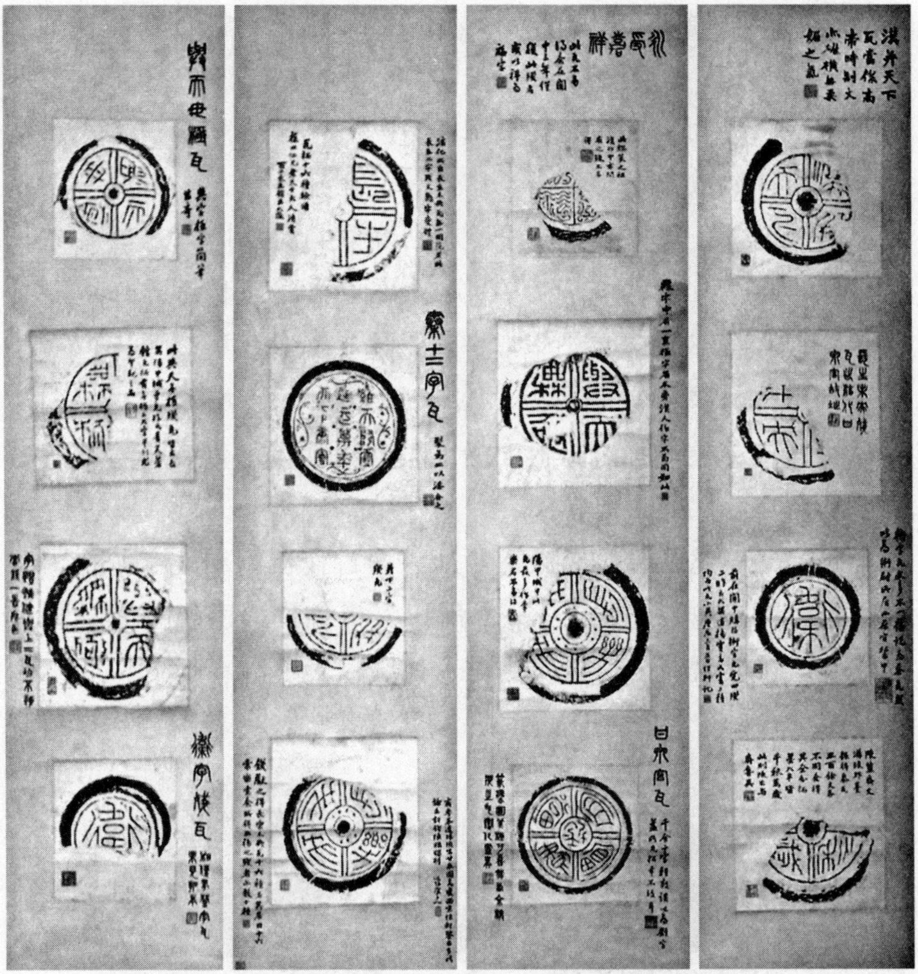

吴大澂收藏的汉瓦当十六种

这年十月，陈介祺在给徐会沣的信中，谈到洋人在潍县要买地造房，认为“事事叵测”，感到非常担忧。

不久，他又给徐会沣去信说，洋人在潍县城东面三里多地的虞河边买地建房，似乎有在此用船只直通渤海的打算。并说城内的房屋有三处他们也要买去，但乡绅们出面阻拦下了这件事。他的住房后面原来王石经典卖的房子，堂弟现在也要卖给美国人，并且已经用英文签下租房合同，虽然经过本族的人和城内士绅的阻挡，但是卖房的这些人没有远虑只顾眼前，谁知最终能否挡得住？

这年，吴大澂托徐会沣寄来三百两银子，在信中说，用这些银子作为订购数套《十钟山房印举》的费用，不足的部分待明年春末夏初再寄，也算是对编钤这套浩瀚巨制的支持。

这年冬天，临淄出土了一块东汉画像石，上面雕刻着车马图，并有“君车”二字，非常精致，这在当时是极为难得的一块画像石，陈介祺将它命名为“临淄东汉君车画像石”，高价购得后写了题记，让工匠清除上面的冻土和泥沙，用朱砂将石上的图案拓下好几份，并装裱起来。

这年，王懿荣、吴大澂寄给他许多古代器物和文字拓片，陈介祺还得到80多种齐国刀币，都让人将各种刀币拓下来，装订成册，并在上面一一加了注释。

临淄东汉君车画像石拓片

这年，他的金石好友潘祖荫先是两次得到慈禧太后赏赐的亲笔兰花图，十一月又被授予军机大臣，成为朝中权臣。

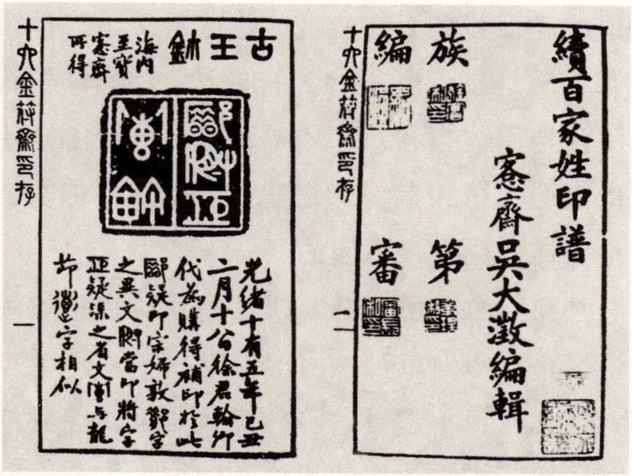

吴大澂《十六金符斋印存》书影

71岁那年（光绪九年，1883），吴大澂写信给陈介祺，说俄国侵占了珲春的黑顶子，而且还要侵占战略要地，中俄双方交涉很久不能解决，所以现在两国又委派官员一同勘测边界。

这年，他在四五月份，接连给徐会沣写信：

一是论述开矿采煤的诸多政见，分析其中利弊，由于信中许多言论尖锐，他怕被人窥知告密，还特别叮嘱徐会沣：“此中有不必令人知道的一些话，一定不要随便放在桌子上，以免被左右的闲杂人员看到。”

二是对徐会沣发表治理黄河的议论。由于这年夏季黄河水位陡涨，泛滥成灾，山东的利津、历城等地漫溢决口，给民众的生命财产造成极大损失，陈介祺愤慨当局治河不利、治河无能。

三是再次与徐会沣谈论治国为政之道，他在信中说：“只有得到德才兼备的人，才能共同治理好国家。只有保障好百姓的生命财产，才能稳定人心巩固政权。不做善事不能巩固政权，不按照法律办事也难以公平地行政。现在国内积弊太深太久，除非得到真正秉公执法的人和真正关心民众、热爱民众的人，才能破除痼疾而大有作为！”还说：“这样的人处在国君之下，百姓之上，他的才干和能力在两者间行施，天下岂能没有真的大是大非？没有真的是非，国法怎么能昭彰？如何能执行？我像杞人忧天那样深深地不能自拔。只有希望贤达的人能够用心读书，辨明事理，世上的人情和事物都是按照道义来办理的，如果不明白道义，无论怎样做也是行不通的。”

在五六月份，陈介祺还两次给田椒农写信，谈论黄河为患的情况，希望他重视黄河的治理。

九月二十六日，陈介祺又写信给徐会沣，对洋人来华建立教堂传教等表示深切的担忧。他说，洋人有猛烈的炮火，建教堂的时候在室内挖地道，偷运枪弹，再储备下可以久存不烂的粮食，必成大患。又说，现在芸芸众生长时间不打仗，没有作战的准备。如果洋人用小火轮沿河道深入内地，再加上洋教堂互相勾结，联络内地的邪教徒，像现在这群贪官污吏，短兵相接，怎么能对付得了？这实在是不得不防的当务之急！广大老百姓本来是朝廷的善良子民，老百姓的生命财产能够保住，则国家就能保住；老百姓保不住，国家谁来保卫？”陈介祺的思虑很有道理，但是，国内外形势的急剧变化，已不是他这位海滨病叟能够左右的。71岁的他已久病缠身，垂垂老矣！尽管他向在朝廷担当重任的知己和亲朋们大声呼吁，但也回天无力了！

这一年，美国传教士根据不平等的《天津条约》和《北京条约》，到潍县办理征地建教堂的事宜。去年他们就看好了县城以东三里、虞河南岸的一块平坦的田地，那块地属于李家庄郭氏家族的私有产权，约有50余亩。郭氏家族是潍县的名门望族，人多势大，祖上怕后世不肖子孙卖地挥霍，传下家训不准卖地，所以郭氏的后辈不敢将这片肥沃的农田卖掉。洋人却又急于购地建教堂，便根据不平等条约向潍县官府施压要地。由于朝廷惧怕洋人，当地县衙两头不能做主，只能请求当地乡绅董事会说项。

潍县自古以来官宦辈出，在职和告退的官员比比皆是，用郑板桥的话说，就是“连云甲第尚书府，带宅园林太守家”，这些乡绅，哪家出的官员都比七品知县大，所以凡是遇到县衙不能做主的事，知县都要委托乡绅董事会或商会处理。这时潍县致仕前品级最高的官员要数陈介祺，他是二品顶戴，但由于他专心金石研究，不介入民间事务，所以他的孙子陈阜就被乡绅们推荐为董事长（也叫“荐绅”）。陈阜在朝廷压力下，只好用自家的土地与李家庄郭氏的土地交换，然后再卖给洋人。这样一来，矛盾解决了，郭氏家族保住了土地，洋人也买到了这块地。

这样，美国传教士狄乐播及夫人阿撒拉自登州来潍，先在教友李复元家暂住，后在潍县教友协助下，购得这块早已看好的土地，他们用一年多的时间，初步建成了以平房为主的“乐道院”。乐道院主要分三大部分：学校、诊所、教会（标志建筑为礼拜堂）。早期的院大门在南，门上悬匾额，上书“乐道院”，但潍县人习惯称该院为“洋楼”。1904 年，美、英传教士在这里建起了齐鲁大学的前身“广文大学”。广文大学于 1917 年迁到济南，与

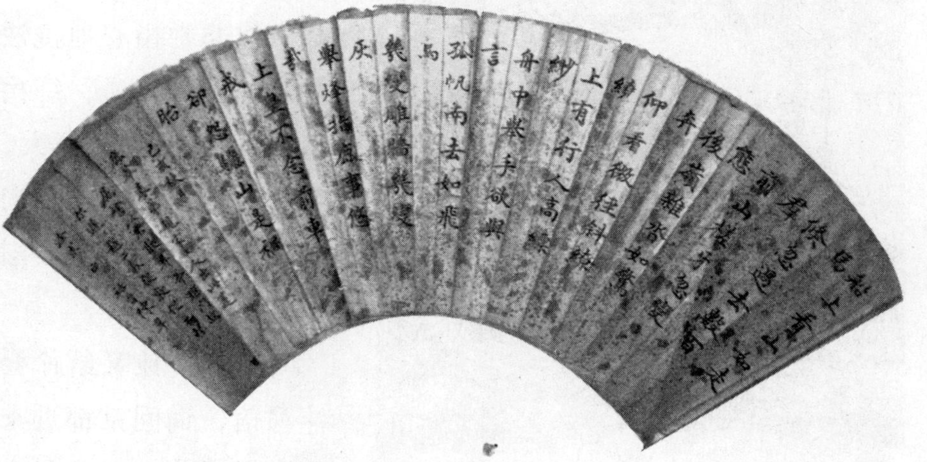

陈介祺的长孙陈阜书写的扇面

其他六所学校合并，组建为“齐鲁大学”。现在广文大学旧址是潍坊市人民医院和广文中学的所在地。

这年，陈介祺还专门给去年刚到任的山东巡抚陈士杰写信，谈论治理黄河的问题。

这年，他的金石好友吴云在苏州去世，享年72岁。

这年，他十多次给王懿荣去信，交谈金石鉴定心得，寄赠金石拓片。在十月的通信中，他又谈到时局，说：“近年海上入侵的敌人越来越猖獗，云南、贵州、四川被英国人图谋不轨，法国人却抢先一步。德国人能对付法国和俄国，而日本人又仿效他们。有责任心的决策者不可不统筹我国全局形势，知己知彼。”

这年，他在给徐会沣的信中，通报了徐延旭（字晓山）已被朝廷任命为广西巡抚的消息。徐延旭是山东临清人，原任广西布政使，光绪九年（1883），受命与广西提督黄桂兰等人共同筹办中越边防事务。同年十月被任命为广西巡抚，驻军越南谅山，担任东线清军北宁前敌指挥。陈介祺非常担心他抗法作战消息不灵通，练兵不及时，武器不强大，弹药又不充足，并咨询刘永福的黑旗军与法国作战的情况。

潍县乐道院（美国基督教长老会创办的基督教长老会山东总部所在地）大门

不久，他又给徐会沣写信，询问京都近来的政局变化，以及张之洞、阎敬铭最新的见

广文大学（后为广文中学）的主教学楼

解。由于阎敬铭已从山东巡抚任上调，担任户部尚书和军机大臣、东阁大学士，所以陈介祺对他特别器重，但是后来因他主张皇家应节俭勤政，反对重修圆明园，触怒慈禧太后，被罢官回乡。陈介祺在信中喟然长叹："吏治日逊一日，民生日窘一日！"意即政府的治理一天比一天差，老百姓的日子一天比一天艰难。

同一天，陈介祺还收到吴大澂的来信。吴大澂用十页纸详述了近来法国人进攻越南，自己统帅三千民勇兵丁从海上乘船来到天津，上书朝廷，请求去广东，等待机会进驻越南与法国作战，但是没得到朝廷批准。他只能奉命驻防天津，协助北洋军加强海防，暂时驻兵新城，监督操练兵马。信中还谈到刘永福黑旗军和徐延旭率领清兵在越南作战的情况。

十一月初三，陈介祺给王懿荣写了信，交谈洋人来中国开矿的事。他在信中说，山西省是产煤产铁的大省，德国著名的军火工厂克鲁伯厂在这里采煤炼铁，只能允许他们派人来领工传授技术，不能允许他们带成千的工人来工作，防备他们化民为兵。我们若不能提防，会让他们得逞。该矿是为北京合办的一座大型机器厂提供原料，进而为北方各省采购买办军火和机器设备服务。南方各省福建、两广、云南所产的煤炭钢铁也要用相同的办法控制。德国人不像法国军队那样强势，所以可以与他们合作，请问您是不是也这样看?

十二月初四，吴大澂给陈介祺来信，谈到曾收到李鸿章的信，得知有指令派他到广东帮办军务，但到年底又收到朝廷的旨意，不用再去了，并且通报了刘永福在越南作战的军情。吴大澂还详细交谈了购买到的军械和装备，为得到这批西式军火感到高兴。

初五，吴大澂又回复陈介祺的来信，除了谈日本的事情外，还强调应采取德国军队的战法，用西式武器取胜。

初六，陈介祺又收到吴大澂来信，说正在天津南郊练兵，说军中的将领都是他的心腹之人，三千官兵团结一气，天天从早到晚忙于操练，士气高涨，射击技术也越练越准，如果发生战争，有把握与敌相斗，这实在令人欣慰。

十二月初五，陈介祺给王懿荣去信，写了五页纸，信中畅谈国家政治，论及官员的管理施政，特别强调：中国积弊最严重的问题是官员的管理和施政，积弊不改革，各种事物都不能实实在在地办理，又能怎么办呢?

光绪十年（1884）正月二十三日，陈介祺给王懿荣回信说，最使人感到振奋的是本省正月初一得到电报，闻讯“刘义大胜，法军灭亡”。这八个字的捷报传来，真是大清朝福音，以前写的信过于急躁，但是信中忠君爱友的坦诚感情还是不能控制的。

二月十九日，宗氏又生下最小的儿子厚达。这年正月十九日，西安古董商谢景瑀寄来一只古代的铜镂鞠，陈介祺通过考证

记录陈介祺与友人书信往来的《簠斋尺牍》书影

认为他得到的铜镂鞠就是铜皮雕镂做成的足球，最初是先秦时期秦国训练兵勇的器物，可以在对垒的双方中踢来踢去，用以训练跑步、抢夺。所以说陈介祺不仅收藏了世界上最早的足球，也通过考证发现了这种足球的用途，他还写了《古博具铜镂鞠记》一文，论证了他的这项重要发现。

这年二月，法国侵略军攻陷了越南的北宁。陈介祺之前的忧虑不幸被言中了，时任广西巡抚的徐延旭因未做认真准备，缺乏战略战术训练，因而使两万多人的军队不战而溃退，清政府将徐延旭革职查办。

三月十二日，陈介祺又给王懿荣去信，依然是关切时局，忧国忧民。他说："今日中国民不知兵，兵不知战，猝募之众，何以御敌？即未早图之，亦不可不再急图之。无如今日事，皆是君民中间一段作不到'认真'二字，遂事事无可如何，有何可说乎？"是啊，遇到战事，仓促招募来的乌合之众怎么能够抵御强大的敌军呢？他所指的"君民中间一段"当然是指当朝的层层官吏，办事都不认真，敷衍塞责，所以事事都无法办好！他在信中呼吁："要以经学作为治理的基础，讲明事物的利弊关系，让天下人都明了，并且要体恤民众疾苦，要效法古代圣贤的行政法典，还要采纳海外各国的长处，并要选举贤能，握中图治。"陈介祺真是看透了当时社会的弊端，也开出了救世良方，但腐朽透顶的晚清政治已不可挽救了。

三月十八日，他又给王懿荣去信，询问东北宁古塔与俄军的战事，忧虑朝廷安危。他说："各海口的防卫应该加强，若敌国不敢攻占沿海要塞，以前签订的不平等条约可以慢慢纠正，内地的洋教也可以清除掉。但是天津和京城的防卫尤其不可忽视，防备洋敌作困兽之斗。敌人的猖狂和狡猾，无所不至，一定要让京师稳如泰山才行。"

三月，陈介祺委托同乡、时任福建巡抚的张兆栋代他购买周代青铜器侯驭方鼎的事终于办成。月底，他抄录了别人过去写的《周器侯驭方鼎释文》，欣喜地说："听说这件鼎已归我所有，将这篇文章核对抄录下来备用。"五月底，该鼎从福建运到潍县陈府。

四月二十一日，陈介祺给徐会沣写信，并将自己写的《海防说》一册一起寄去，请他过目订正。目的也是给徐会沣出谋划策，用于实战。

五月二十三日，陈介祺又给王懿荣去信，说："洋人在上海编辑刊印的《申报》，报中的文章杂乱，洋人读了可以借此了解中国的情况，但国人却不能借此了解国外的讯息，建议购买外国的新闻报纸，选择报上登载的国外消息摘录下来，装订成册，广为发行。"这不愧是个知己知彼的好主意，但朝廷上下那班贪官污吏，有几个人能去仔细研究，认真应对呢？

闰五月二十一日，陈介祺致信给徐会沣，对中法时局非常关切，在信中说："总而言之，兵不厌诈，法国人特别狡猾，既然不能和解，战场上又不易取胜，必然引起惊慌失措的情形，不知京都出现了什么状况？"第二天，陈介祺收到户部尚书、军机大臣阎敬铭的来信，然后给他写了回信。这一天，陈介祺又给徐会沣写信，询问天津的情况。信中说："十一日，法国轮船开到天津港，至今已十多天，这封信收到后就二十多天了，我焦急等待着准确的回音。另外，我的家乡最近下了大雨，这是非常可喜的事情。还有即墨和胶州的海防应当加强，就像明代在这里设防抗击倭寇一样，坚如磐石。"这说明他对国计民生的关切。

这一年，他还将自己写的《论海防》《洋人办教》以及《铁路说》一并寄给徐会沣，寄希望于这位未来的兵部尚书。

七月初六，陈介祺突患"膀胱不化之症"，到七月二十日子刻，已是弥留之际，他还念叨着守卫海疆的事情，对自己的家事却没有提及。这不能不说，晚年的陈介祺以国事为重达到了忘我的程度。

陈介祺不愧为出身相门的大才子，不管是从他晚年忧国忧民的政治抱负来看，还是从他关心时政、针砭时弊、处方救世的言行来看，他都是堪当大任的栋梁之才。一位先哲说过："不为良相便为良医。"陈介祺既可为良相，也可为良医，但命运却安排他走了另外一条道路——在金石领域里独领风骚、夺取冠冕。也许，有人对他不屑，认为只有做官才是显贵之道；也许，有人为他惋惜，觉得他偏才于旁门小技。但陈介祺是无怨无悔的，他早已把金石研究作为自己的历史使命。

"尔曹身与名俱灭，不废江河万古流"。封建时代大大小小的官员数以百万计，有几个能像他这样独树一帜，为中国的历史文化做出卓越贡献？有几个能像他这样为人类文化遗产的探索鞠躬尽瘁而青史留名？

"莫道谗言如浪深，莫道迁客似沙沉。千淘万漉虽辛苦，吹尽狂沙始见金。"这正是陈介祺一生的写照。陈介祺是不朽的，当历史的浊浪退去、迷雾散开，人们从大浪淘沙中终于看清了他的历史价值和地位。

第九章 精诚所至 金石为开

第一节 著作等身 功垂后世

陈介祺中年辞官归潍县故里退隐，后半生以藏古、鉴古、释古、传古为己任，成为收藏最富、鉴别最精、传拓最佳且对于古器物及铭文考释多有创见的晚清金石学领域的杰出代表。

陈介祺一生的成就大部分都体现在他的著录里面，他的著作有三十多种，最著名的是《簠斋印集》（早期）和《十钟山房印举》（晚期）。

其中，《十钟山房印举》是陈介祺典型代表作，也是一部空前绝后的篆刻学巨著，被誉为“印谱之冠，印学之宗”。这部著作，是以他本人收藏的万方古印玺钤制的。陈介祺总结了前人钤制的印谱杂乱无章、不便查阅的弊端，进行了科学的分类编排，依照印式、印材分类，在何昆玉、陈厚滋、王石经等人的鼎力协助下，用了十年的时间，才编撰钤制完成。该巨著共分 30 举，191 册，收玺印 10402 方，是金石学界和印学界的扛鼎之作。

编钤过程是漫长而艰苦的，从同治十一年（1872）开始，陈介祺收集李璋煜、吴式芬、吴云、吴大澂、李佐贤、鲍康诸名家藏印，督其子厚滋与何昆玉二人编钤成书，由于采用举类分列编排方式，故称“印举”。集印玺万余方，用粤纸钤成十部，每部五十册，此乃《十钟山房印举》初稿，因当年陈介祺年60岁，故称“六十岁本”。光绪九年（1883），陈介祺继续得印增多，有吴大澂提议，又进行一次增编，是用吴中六吉棉连纸拓制十部，每部191册，作为家藏。此次增编稿，当年陈介祺71岁，世称“七十岁本”。由于陈介祺收藏玺印奇富，又有志同道合的金石朋友帮助审定，所以《十钟山房印举》是集所有名家藏印，而且审择精细，集印奇丰，成为一部印林巨册，是后人学习篆刻的典范。

1922年，上海商务印书馆涵芬楼认为《十钟山房印举》是集我国历代玺印的总成和创举，价值颇高，为发扬我国篆刻文化，征得陈介祺后人同意，影印问世，这部印林巨册得以流传。但经半个多世纪的沧桑变化，销售殆尽。中国书店有鉴于此，1985年又根据此影印本再次影印，为《十钟山房印举》传世做出了重大贡献。

再者，陈介祺在金石学界有“开创之功”的贡献，就是对陶

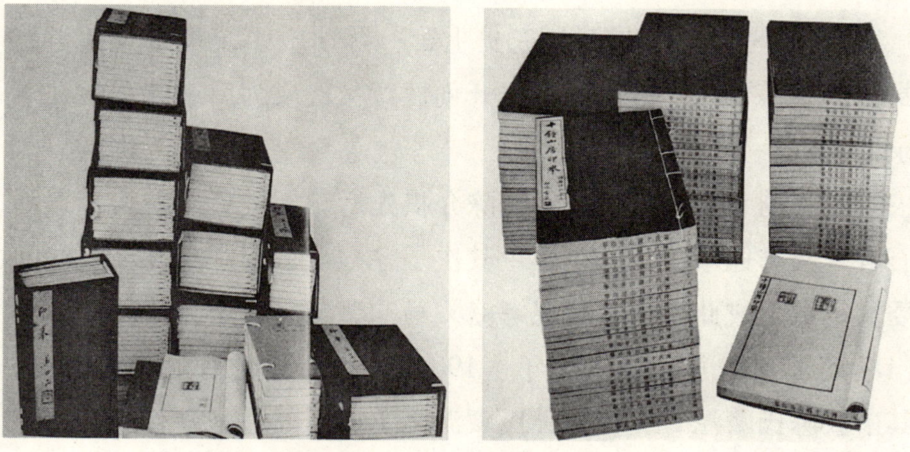

陈介祺的名著《十钟山房印举》

文的发现和研究。早在清同治十一年（1872），陈介祺在家乡发现了带有文字的陶片，经鉴定为战国时期的陶器文字。这一发现使他激动不已，他写道："三代古陶文字，不意于祺发现；三代有文字完瓦器，不意至祺获之。殆祺好古之诚有一格契古而天实为之也。"于是他奔走于齐鲁大地，多方搜集，尤其是在齐都临淄收获颇丰。他得到陶文后，墨拓成册，寄赠金石好友，共同考释研究。吴大澂高度评价说："古陶残字与金石同寿，奇文逸体，可补鼎彝款识所不及。簠斋前辈搜获至七十余种，为从来金石家未见未闻，可喜亦可异也。"在陈介祺的带动下，许多金石学家纷纷搜集陶文进行研究。光绪四年（1878），他编辑的《陶文考释》一书问世，此书共收编陶文3000片，书中他总结："古匋文不外地名、官名、器名，作者、用者姓名与其事其数。"这一精辟的结论，为后人对陶文的研究奠定了基础，为金石学开辟了一个新的领域。

陈介祺治学贵专、贵深、贵实，他继承了乾嘉学者治学的可贵经验，主张把出土古物结合历史遗迹、历史文献做专项的、实际的、深入的研究。而《封泥考略》的问世则极好地印证了其治学特点。

《封泥考略》是封泥研究史上第一部比较系统地著录并考释封泥的专著，在学术史上具有开创性意义，成为后来几部封泥著录的范例。

此著的考释，由吴式芬与陈介祺先后分别进行，翁大年、胡石查曾参与此事，陈介祺曾令其次子厚滋从事校字，并在同治间委吴重憙总成此事。《封泥考略》最初编辑完成于光绪二十四年（1898），刊行于光绪三十年（1904）。此书共收有封泥846枚，其中收陈氏藏泥575枚，吴氏藏泥271枚，因为是合著，故两家之封泥墨拓都有差异。为了避免两家藏品的错混，分别于拓本上

陈介祺部分著作书影

盖有“双虞壶斋封泥”和“簠斋藏古封泥”之印记，并对书中拓显的每方文字均加考释。这充分体现了陈、吴二人对注经证史的热情和治学严谨的作风。

其实，早在《封泥考略》辑成之先，陈介祺即已编拓了几部封泥谱录和有关封泥的稿本，现存有《汉官私印泥封》三卷本（稿本）、《簠斋古泥封目》一卷本（稿本）、《陈簠斋藏封泥》五册本（拓本），皆为同治末年至光绪初年所辑。从现存资料可以看出，陈介祺从研究收藏至《封泥考略》的刊成前后时间达三十多年，殊为不易。

《封泥考略》所收资料有两个重要特点。一是涉及的中央、地方官制序列比较齐全，是其他各家所藏远不能及，涉及郡县（王侯国）的地方多达两百多个。二是封泥的时代从战国到秦、西汉、新莽、东汉，序列完备，官印、私印种类较为多样，其中两汉封泥量最大，又有早、中、晚各期之品，是了解封泥文字形态演变的最为系统的资料。

《封泥考略》的重点在于对封泥文字史料的历史文献引证，

主要着眼于印证史书记载之正误，阐明史书未详的官制地名，补正史书传讹的文字等几个方面。《封泥考略》的编著代表了晚清学者利用封泥文字进行古史研究的水平。

陈介祺对金石研究的另一大贡献是对传拓技艺的改造和创新。传拓是我国独有的一种能再现器物上文字或图形的工艺技法，潍地引进此术始于明代。陈介祺在探究古人传拓术的基础上，创造出了“画拓”与“形拓”两种具有潍地文化特色的新技法。

“画拓”是依照拓片，用笔绘成的艺术品。陈介祺经过反复试验，用“细工点笔”取代了“粗工点笔”，纠正了笔迹过于明显的偏颇。画拓还有一大特点，即在作品接近完成时再施以淡色进行烘染，使作品出现“拓晕”，实现了“形似”与“神似”的结合。陈介祺对画拓的工序要求极严，许多作品是其亲手操作完成的。画拓技艺拓宽了拓制的内容，由早期的瓦当、石、砖拓展到了铜镜、古钱币等其他方面。画拓对传拓技艺是一大发展，在

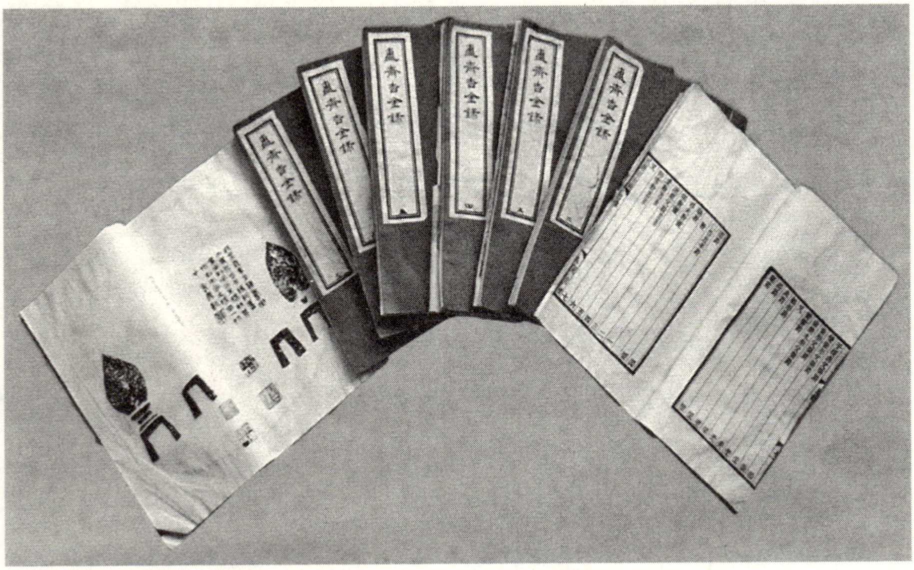

《簠斋吉金录》书影

当时具有较强的创新性。因其艺术性大大超过了传统拓法，故画拓之法很快得以推广。

“形拓”术早于陈介祺而传入潍地，但技艺较为落后，人们总是先画出与实物相似的画拓稿，然后再浸木制版进行传拓。受一些刚传入中国的“洋照”（照相术）的启发，陈介祺萌发了一种新的构思：“作图用洋照而勿令其传印……可作二图，大者用原尺寸，小者则以照者摹刻，字亦可照……必过前人……”根据这一构思，陈介祺进行了实验，实验的初步结果令人满意。其后，陈介祺又将国画技法融入了“形拓”，反复揣摩，“鼎耳、花纹等处以原拓入图”。几年间，此项革新方告成功。毛公鼎形拓图即是陈介祺的形拓代表作。尽管毛公鼎的圆柱面及半球形的鼎腹上纸难度极大，但陈介祺还是力克难关，拓出了鼎形拓片并配以原鼎上的铭文。陈介祺的形拓革新技术很快为大家所接受，清末民初出版的青铜器学术研究著作中，形拓图配铭文的拓片，终于取代了沿用了近千年的博古图和临摹的铭文绘形图文。今陈介祺故居内陈列的多幅青铜器立轴，即是当年陈介祺革新后的形拓精品。

陈介祺的传拓技艺轰动了金石界，人们公认为“潍县簠斋前辈，拓法为古今第一”。陈介祺的许多“画拓”“形拓”制品为名家所收藏，相当一部分流传到了海外。

陈介祺藏丰学博，仅有关金石研究的著述就多达五十余部，除了代表作《簠斋印集》和《十钟山房印举》以外还有：

1.他自己编撰的著作

《毛公鼎考释》《封泥考释》《陶文考释》《说文通释》《诸经训释》《簠斋金文考释》《簠斋藏古目》《簠斋藏陶》《封泥考略》《古玺精华》《秦汉瓦当文字》《簠斋传古别录》《访碑拓碑札记》《青州访碑记》等。

近代研究陈介祺的部分出版物（编著者：陈继揆、邓华、陆明君等）

2.后人将他的书信或拓片整理成册的著作

《簠斋尺牍》《秦前文字之语》《簠斋吉金录》《陈介祺藏镜》《簠斋论陶》《簠斋金文考》《簠斋金文题识》《簠斋鉴古与传古》等。

陈介祺之所以成为大家，关键在于他的学术见解与那些靠财势搞收藏的人迥然不同，正如商承祚先生指出的：“他的眼力太好，论调和批评也高出当时的同辈。”他以搜古、藏古、鉴古、传古为后半生的使命，千方百计地搜寻带铭文和印文的古器物，严格进行考证，但受到当时社会动荡的干扰，他没有将自己的研究成果编写成系统的著作，许多宝贵的见解只是遗留在他的信札、题跋中，让后人去搜寻，去体会。尽管如此，他留下的宝贵文化遗产足以功垂后世！

第二节 陈氏书法 金石之韵

陈介祺任翰林院编修多年，而且在求学的二十多年中，受馆阁的影响最大，所以他的书法多有馆阁体笔意。但中年辞官回乡后，由于酷爱金石文字，经年累月地浸润在青铜器文字、玺印文字、古陶文字、封泥文字之中，又不再受官方行文的约束，所以逐渐追求古拙风格和金石韵味。他的书法源于颜真卿，但不囿于颜体，用起笔来忽圆忽方，忽篆忽隶，独出心裁，别具一格。

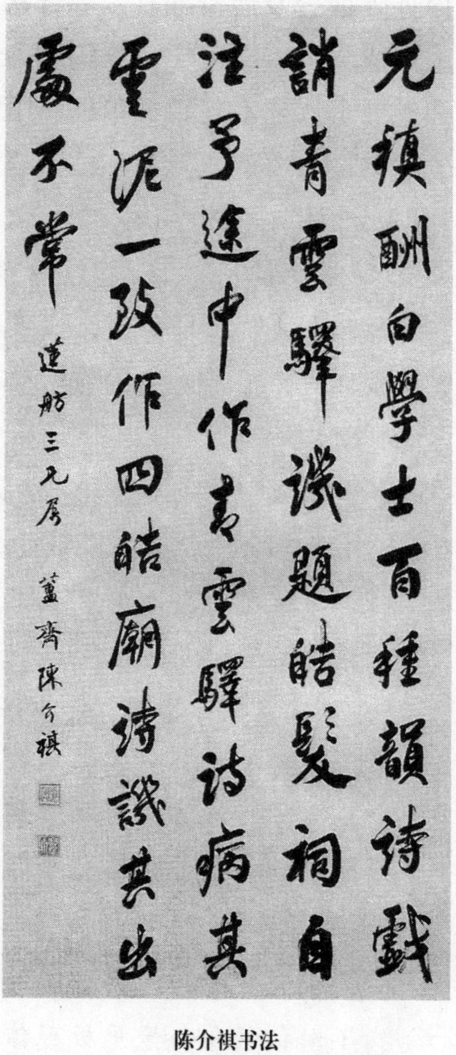

陈介祺书法

陈介祺在整理和考证古物过程中，深得古文字之精妙。久而久之，他以颜体为本，又融入金石篆籀书风，形成了“簠斋金石书体”。这种书体，既古劲，又易识，豪放而不险怪，自成一家。陈介祺晚年书法用墨浓重，行笔沉着，笔道平实，古朴而清新，为书法界所推崇。书法名流何绍基称赞其书法“与逸绝伦”。日本京都大学教授杉村邦彦则说：“陈介祺的书法富于金石的气魄，具有与其他书法家不同的风格，在现代年轻人中受到极大的关注。”

为启迪后学，同治元年（1862），陈介祺将自己的习字经验编成《习字诀》，讲笔法、墨法、结体、行款，而尤重说笔法。他认为，书法重在用笔，倘若失去了笔法，结构再好也是图案而非书法。《习字诀》对练习书法中的磨墨、落笔、运腕、悬肘、转笔、收笔、运气、用神和择笔、选贴等诸方面从理论上进行了概述，是书法爱好者难得的初学先导。其孙陈陶、曾孙陈秉枕、侄孙陈伯岩及后裔陈君藻等皆从中获得教益，书法卓有成效。新中国成立后，《习字诀》仍在潍坊书法界产生较大影响，对继承和发展书法艺术起到了积极作用。

附：《习字诀》

墨砚本平，磨须郑重。濡豪勿卷，须适其性。指肚着管，大二先并，三以为辅，四五从令，掌心必空，笔得仍正。忌邪与拘，忙乃大病，临帖求似，法于古镜。即此是学，作字要敬。

此为初学说耳，若求古人笔法须于下笔处求之。

所有之法，全在下笔处，笔行后无法，无从用心用力也。

运腕之要，全在指不动，笔不欹。正上正下，直起直落，无论如何皆运吾腕而已。

“直落”二字要体会，下笔微茫，全势已具。

转折即同另起一笔，不是断开，只是换法。

下笔先要法分明，分明方是法，不分明不是法，笔笔分明便笔笔变化，余五十后始见及此。

凡用手者，皆运腕乃得法，盖莫不然。手只用以执笔，运用全责之腕，运用吾腕，是在吾心，岂腕自运乎？运腕而指不动，气象、意思极可体会，能如此方是大方家数，方是

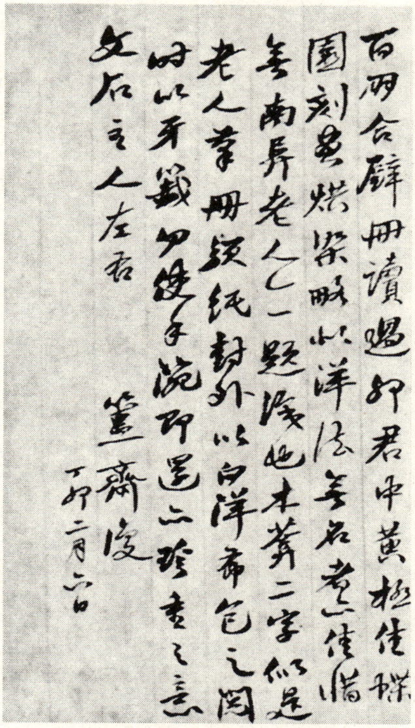

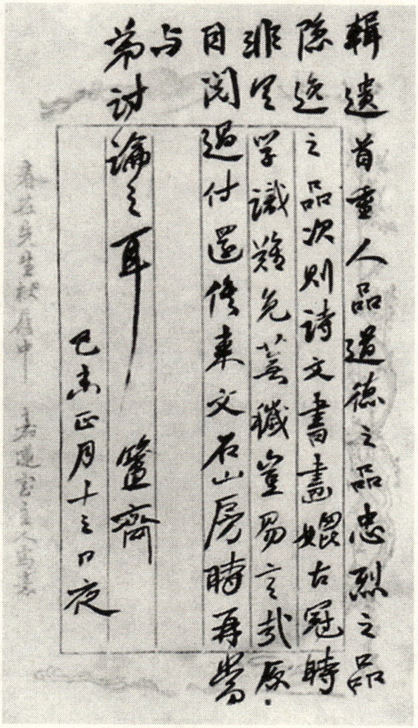

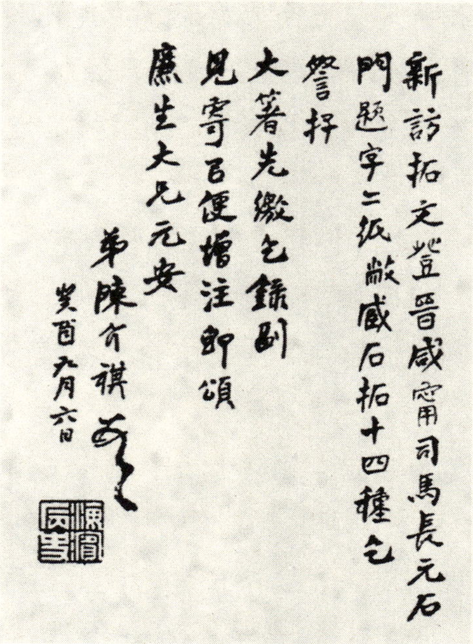

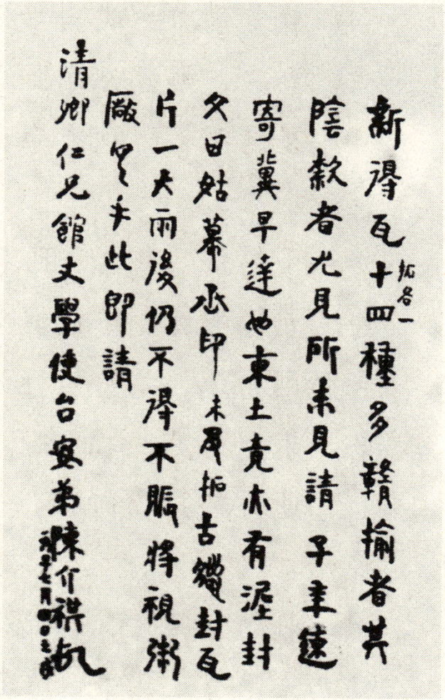

陈介祺信札

心正气正。手不动方可言运腕，犹心不动然后可言运心也。指动则腕不得为主，心动则心不得为主，心无主，则静而所得者甚少，动而所失者必甚多矣。

力量运于指肚则虚灵，方能五指齐力而无笔管伤指之病，运于虚灵则力无穷而不拙谬，非门外人斗狠矣。

手之用力于指肚，如以手用力抓小物，五指齐力，一气合运，自手通腕，自腕通臂，自臂通身，手指不合一向管执笔之病百出，其他更难言矣。

五指肚运齐力，再合起向上提，向上竖，心竖则手竖，手竖则字竖，字竖方有精神，入手自此，执笔定又无病。再说运腕，腕似拙而难运，求而得之，甚不拙矣，不肯用心，何能解此。

运腕之妙，画家笔端有“金刚杵”之喻最精，然须正正当当，卓尔直落，笔尖落处，又极分明，不懵懂。

软笔用力到尖，如以竹枝持而挺之令直意思，力即能到尖。到尖，则鲁公锥画沙之喻最妙，然亦须正而泥浑融也。

屋漏痕，力犹有余，引而不发也。折钗股，直住收，笔健也。

下笔处一画之法已具，一身之力俱到。有法则两头吃劲，中间仍不省力，方是真有法。中间松，仍是下笔力不足，力愈足则愈遒，笔愈竖则法愈真，力愈足，力愈有余，愈遒愈善，用力愈足。

此一笔是如何写，于下笔处已定，画短如此，画长亦如此。

收笔立得住，即是下笔之法无误，收不住者，即下笔时法仍未尽善。凡事慎终于始，小道亦然，要好，全在不苟。

求法先须形似，形似又须神似，神似乃非貌袭，而为心得其规。仿而无神理者，徒讲间架，尺寸而无匠心者也。

是心理分明，手里分明，自然形似，乃能神似，以至于自成一家。

取法乎上，钟鼎篆隶，皆可为吾师。六朝佳书，取其有篆隶笔法耳，非取貌奇，以怪样欺世。求楷之笔，其法莫多于隶。盖由篆入隶之初，隶中脱不尽篆法。由隶入楷之初，楷中脱不尽隶法。古人笔法多，后人笔法少，此余所以欲求楷中多得古人笔法，而于篆隶用心，且欲以凡字所有之点画分类，求其法之不同者，摹原碑字而论之，为汉碑笔法一书也。

得古人一笔，便多一法，一字有十笔，便有十法，一笔有数写法，更多变化，诸法奔赴腕下，无一不善，必成大家。

笔法千古不易，一笔有一笔之法也。结体须要用功，一字有一字之法也。

作字须行气，气须自画中贯，从大处从容来，向大处从容去。行气似甚大，旁虽无物，亦

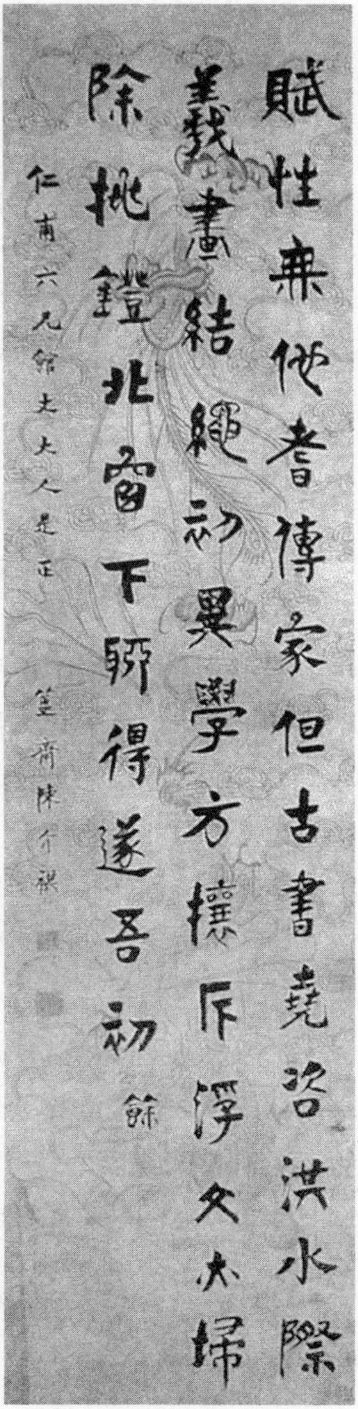

陈介祺书法

若近即相妨，而笔画仍写不长者；能收得住，站得住，不出心中规矩尺寸，也要接得顺，转得灵，连贯得固者。法分明，而无画处亦有脉络相连，一字如一笔书也。是非中锋提笔，竖笔不能矣。若藏锋，则功夫到，力量足，愈敛愈妙，非以不出锋，便谓之藏锋，此则非初学所能解矣。

练行不如练气。古人法备精神，大如钟鼎文，行款有全似散底，而通篇一气，无不连贯，不惟成行，直是成大片段。其实只是笔笔站得住，字字站得住，行行站得住。至钟王楷法，后人以九宫求之，谓凡纵三横三九字皆连贯，唐以来书即不能如此，无论大段矣。

作字必须悬肘，古人作小字，亦无不悬肘者。童蒙习字，每日令写二、三寸大十数字最有益，及冠后即难习，若性成矣，不可抬腕而不抬肘，思枉尺而可直寻也。

硬笔不如羊毫，品格分矣。

小笔写大不如大笔写小，能用大笔为要。能用浓墨，方有力量。小字可展之方丈，方丈须如作小字。用笔与墨气，看墨迹较易解，力足者，墨右淡左浓，中锋者墨在正中。

作字须日日有课程，用心临古人碑帖。

钟王帖南宋，六朝碑北宋，学者当师北宗，以碑为主，法真力足，则神理自高，先求风姿，俗软入骨，未易湔洗矣。

本朝书家推刘、张（指刘墉、张照），张纯用硬笔，力能撑而内不足，刘字字摹仿古人，惜为帖所拘，只一字一字结构（老年自语人谓一字只能完全一字），未到汉魏六朝大碑境界。今之何子贞过于刘、张，然不免有名士习气，有人之见面，目空俗子，而自己功夫未能作真古人上上乘，想未能虚心，实力不自少恕也。

附：《为幼学论书》

用笔之法全在下笔用力，而不可揉作一团（切忌揉，即是法不分明）。用力须于下笔时笔尖分明，落笔直下，全是运腕，指笔永不动，则挺健而不拙滞。古人之法有所得，发笔便快，墨色便光，与无帖意而徒匀整者自然不同，然应试自以匀熟为主，笔尖不等用，则亦不能明净也。作字不过十数年，须一笔一笔求之，所谓笔法千古不易也。结体须多看样式，用心配合间架，取势取神，所谓结体亦须用功也。

辛未春，海丰吴仲贻（即吴重憙）倩录余示阜孙《习字诀》手册。余见之，复举十年来所自得随手杂记如右。爰命阜再录，而余又编之，以为初学先导。

同治辛未三月二十四日甲寅，海滨病史再记。

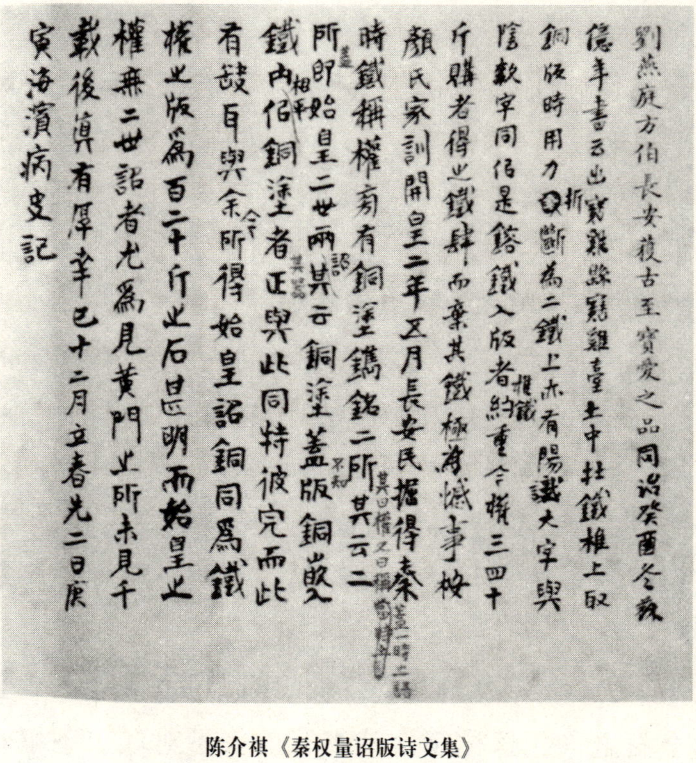
劉燕庭方伯長安獲古至寶愛之品同治癸酉冬蘇
億年書云出寶雞號縣雞臺土中拄鐵權上敢
銅版時用力[illegible]斷為二鐵上亦有陽識大字與
陰款字同但是鎔鐵入版者約重今秤三四十
斤購者得此鐵肆而棄其鐵極爲憾事按
顏氏家訓開皇二年五月長安民掘得秦
時鐵稱權旁有銅塗鐫銘二所其云二
所即始皇二世兩其云銅塗蓋版銅嵌
鐵內但銅塗者正與此同特彼完而此
有跂耳與余所得始皇詔銅同爲鐵
權此版爲百二十斤此石甚明而始皇此
權無二世詔者尤爲見黃門此所未見千
載後真有厚幸己巳十二月立春先二日庚
寅海濱病史記

陈介祺《秦权量诏版诗文集》

陈介祺在《习字诀》中多方论述“法”与“力”。所谓“法”，就是自古至今的大道理；所谓“力”，就是书法的精气神。双方结合起来，才能表现书法的大气与独特韵味。

陈介祺精于治印，因此他的作品无不蕴含浓郁的金石之气。陈介祺书法用笔强调“指不动”，称“笔弱而指动则大逊。凡用手之事，皆以指不动为法，此近年所自得也”，又称何绍基中锋直立的神来之笔，乃“运腕而指不动”。陈介祺书法将楷、隶、篆法融为一体，认为楷之佳者“其犹有隶法者也”，隶之佳者“其犹有篆法者也”。他对钟鼎大篆情有独钟，高度评价金石好友吴大澂的篆书“直起直落，独来独往”，实为“开风气，不跟风气”，书法自成一家。

陈介祺又善钩摹金文，称“金文钩摹，固须丝毫不爽，尤在中锋用力，一无力，一有力，刻出大不同矣，切忌似女工描样，虽不失形，而神失矣”。

陈介祺作画注重“用笔”，强调“高古”，说“作画先求神韵，不讲用笔，似是第二义，有笔再谋局，再求自然之墨韵，便不为画稿渲染所缚，方可入古宋元之室”，又说“作画不求用笔，只谋局事供染，终不成家”。其笔下创作之图画，无不实践这一理念，达到金石之气与高古意境的统一与和谐。

陈介祺为提高自己的作画与赏画水平，藏有李唐的《小江南春卷》、王蒙的《夏山高隐图轴》、赵孟頫的《马图轴》、倪瓒的《小景二轴》、方从义的《江山秋兴卷》等历代名画。不过其晚年更偏爱古拓，追求金石韵味，自称“书画之爱，今不如昔，以金文拓本为最切，其味为最深厚，石鼓、秦刻、汉隶古拓次之”。

融合印法、钩摹、画技等优长的陈介祺的书法，透露出卓尔不群的金石之气，这体现在他书写的大量对联、条幅和中堂里面，但更多的还有著述手稿、考释笔记、书信手札、题记跋语等，特别是他60岁出山以后给金石界朋友写的大量信函中。这些文献不仅具有考古析疑价值，更具有陈氏书法的独特魅力和艺术价值。

第三节　陈氏楹联　字字珠玑

楹联是我国独有的一种文学艺术创作形式。它既有鲜明的主题思想，又讲究联律和工整的对仗，言简意赅。楹，是指堂屋前部的柱子；联，则是指书写或篆刻的对联。两者合一，就是指挂在或刻在堂屋前部柱子上的对联。这是我国古代文人雅士和官宦人家内庭一种高雅的装饰手法。

从京师辞官回潍县老家隐居的陈介祺，后来不仅成为一代金石大师，更是一位创作和撰写楹联的高手。他生前著有《敬宽书屋联钞》一书，该书一套四册，是陈介祺自作联语及集联汇抄，其中一册多为集他的朋友、书法家何绍基的联语。这套书是陈介祺晚年创作和辑录的，敬宽书屋是指他的西书房，可惜这套书未能付梓。

近年来，笔者承蒙潍城区楹联协会的邀请和重托，所以刻意搜集了一部分陈介祺的楹联，居然有五十余副。下面就将这些联语初步分类整理，略加注释，以飨读者。

（一）陈介祺的楹联才思横溢，文采激扬，有着诗人的气质。例如：

曾种桃花，不知汉魏；
犹存松菊，自谓羲皇。

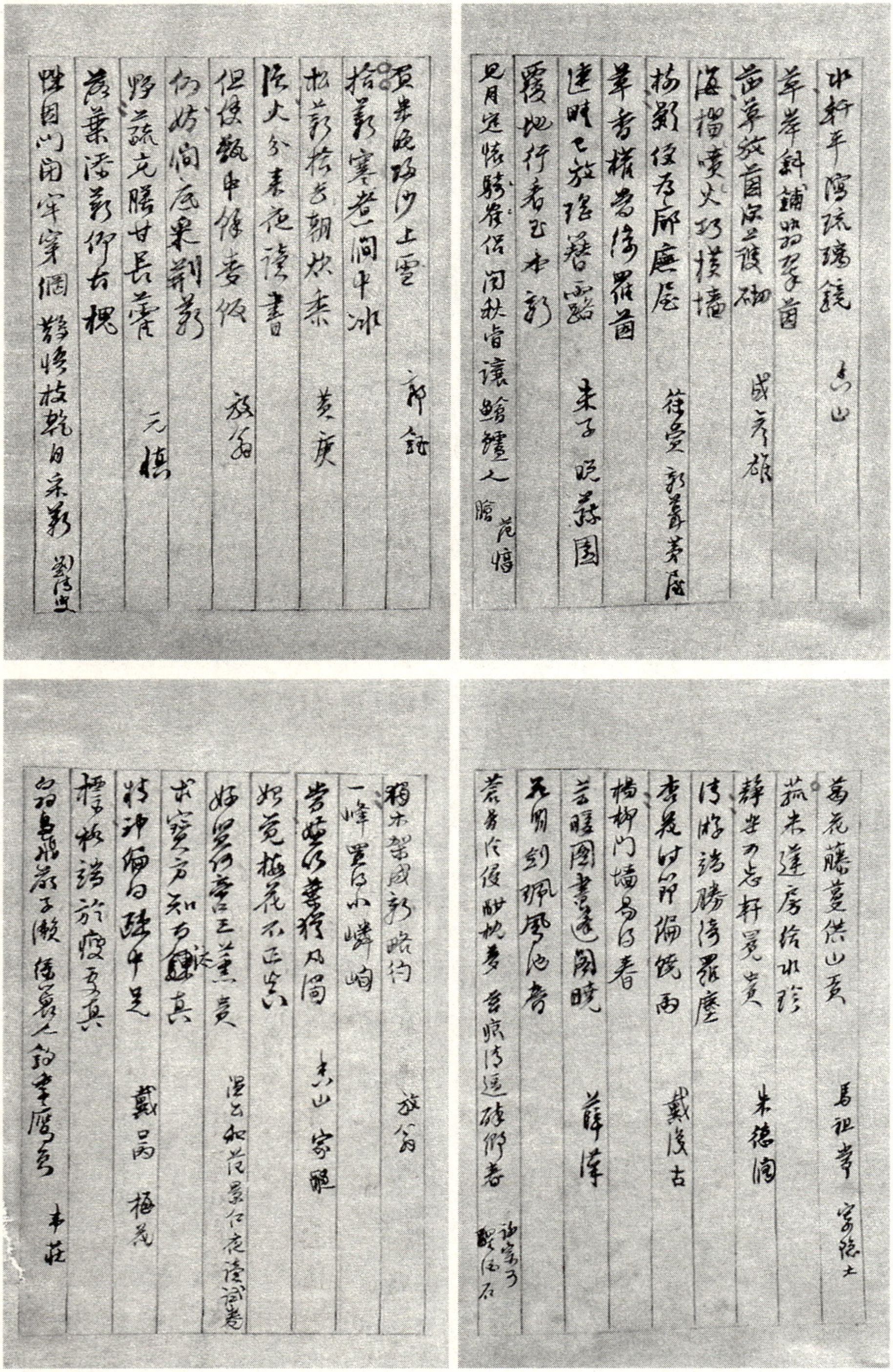

陈介祺《敬宽书屋联钞》选页

上联以《桃花源记》中“不知汉魏”的隐遁的秦人自比，既生动形象，又很贴切；下联以陶渊明《与子俨等疏》中的“常言五六月中，北窗下卧，遇凉风暂至，自谓是羲皇上人”之语，自喻无为、无求、无争如太古之人的心态。整副对联体现了他辞官返乡隐居的思想和自然闲适的生活状态。

菊绽黄香霜气秀，
山堆秋色露痕斑。

这副对联取自宋末元初诗人赵文《云阳寺》一诗，更进一步体现了他归隐后无官一身轻，无欲无求，唯与大自然和谐相处的人文情怀。

书味养心存赤气，
墨华传古附青云。

这是陈介祺 68 岁高龄时作的一副对联，上联体现出读书养心，不与俗事打交道的高雅情趣；下联则是他泼墨挥毫留下传古之作、抒发青云之志的抱负。

云中白鹤神仙侣，
山下清泉翰墨香。

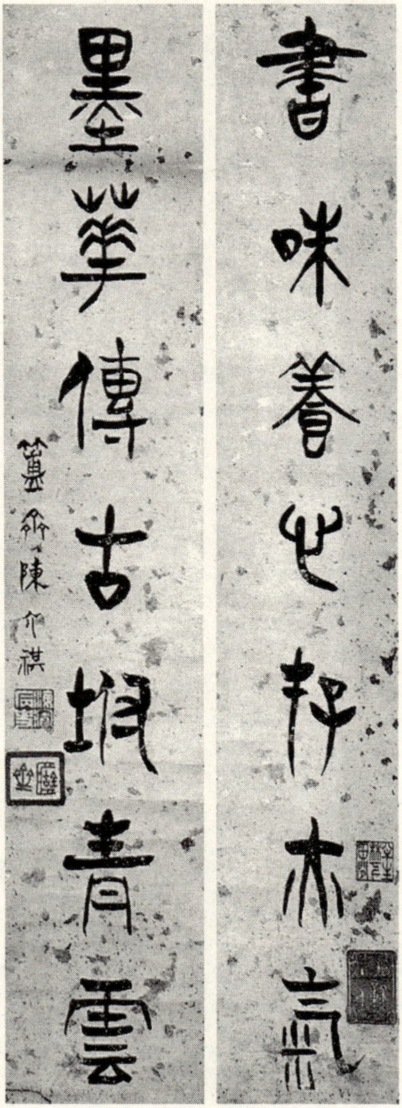

书味养心存赤气，墨华传古附青云。

天悬日月光幽谷，
雨静风尘出远山。

细改新诗须枕上，
小留剧饮得花前。

通过以上这些楹联，我们确实读出了如诗如歌般的意境。陈介祺生平很少写诗（虽然他的诗也写得深刻绝妙），相对来说，他的楹联写得却很多。人们常说“诗言志”，他却是以楹联言志，表达自己的诗意和志趣。因此，这些楹联的文学价值也是不可低估的。

为了体现陈介祺楹联的文采和豪放，可以阅读和比较一下他父亲陈官俊的楹联：

细改新诗须枕上，小留剧饮得花前。

四端统仁，五教敷敬；
一言行恕，六事本廉。

静以养心和致福，
勤能集事敬延康。

富在知足，贵在不辱；

勤能补拙，俭能养廉。

福备萱闱，康强颐寿；
庆延梓舍，孝友称贤。

陈官俊做到协办大学士兼吏部尚书，功名远远高于其子陈介祺。但相比之下，陈官俊的对联里充满仁义道德的枯涩说教，读起来索然无味，其文采和意趣比陈介祺相差甚远。

（二）陈介祺的楹联有着很广泛的实用性。

实用，是楹联的一大特点。例如，在潍城增福堂街陈氏相府里，几乎所有的大门和厅堂前，都刻有陈介祺创作的楹联。

1.前门过厅

开卷直游千载上，
闭门如在万山中。

2.后门过厅

霁日和风丽绛霄，
金钟大镛在东序。

3.二门（通内院）

惟愿天常生忠孝，
须知人可为圣贤。

4.上房中门

山川出云作霖雨，
日月合璧为文章。

5.东书房

书味养心存赤气，
墨华传古附青云。

6.平台屋、书房

梅子真能为大隐，
柳公绰不离小斋。

又如，咸丰九年（1859）陈介祺47岁时，带领潍城陈氏世家各支系，共同在县城内北门大街路西建成了气势恢宏的陈氏家庙。十一月家庙落成之时，他亲自撰写了大门楹联：

孝友泽长，念尽性尽伦，系出自妫之后；
德功祀重，庸示俭示礼，观于平仲之乡。

他还撰写了二门楹联：

莫不尊亲，入庙共知同血气；
无远兄弟，推心自己有儿孙。

再如，同治五年（1866），陈介祺54岁，好友许瀚去世。许瀚是山东日照人，被大学者龚自珍推崇为“北方学者第一人”。他与陈介祺是同乡同科举人，又都是京城金石好友圈子里的人，所以交往至深。许氏的遗稿嘱交陈介祺，陈介祺闻讯后悲痛至极，作挽联悼念：

经训古康成，更释迈薛阮，韵订顾王，文而又儒真不愧；
字学今叔重，惜桂版燹焚，吴编病辍，人犹有憾竟云亡。

潍县东关著名的篆刻家韩秀岐，应陈介祺之邀为其夫人李氏的铜棺盖上篆刻文字，事成之后，陈介祺无论送金帛，还是送粮食、布匹，贫穷的韩秀岐都坚辞不受。陈介祺深为感动，书一楹联相赠：

踽凉齐饿者，
俎豆古遗民。

他用联语的方式赞扬韩秀岐志节高尚不随俗流，好像齐国那位饥饿的高士，宁肯饿死也不食嗟来之食，有上古高人的质朴作风和意志。联语意境高古，书法更是古拙苍劲，金石韵味十足，是陈氏楹联中非同凡响的佳作。这副楹联被传为千古佳话。

（三）陈介祺的对联多数与他的金石收藏有关。如：

瓦当文延年益寿，
铜盘铭富贵吉羊。

尊彝陶器收三代，

吴大澂书“陶文齐鲁四千种，印篆周秦一万方”

幼子曾孙乐一庭。

日守旧编寻孔乐，
天留古器补秦燔。

饕餮云雷真法象，
曲谟书契古精神。

陶文齐鲁四千种，
印篆周秦一万方。

众垒古器岐阳碣，
腾气扬波河内碑。

钵拜古匋三代器，
版嵌秦铁百斤权。

好古文徽徇玩物，
明至理耻动心机。

（四）陈介祺的对联，还有不少是写人生志趣的，如：

好名之心不必有，
传古之志不可忘。

网户饷鱼胜丙穴，
旗亭送酒等郫筒。

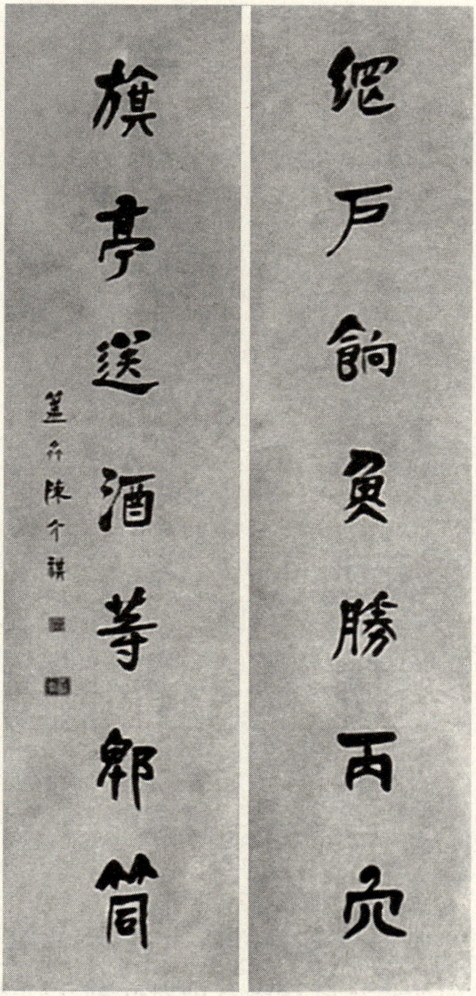

网户饷鱼胜丙穴，旗亭送酒等郫筒。

该联化用杜甫《将赴成都草堂途中有作》诗句“鱼知丙穴由来美，酒忆郫筒不用酤”。丙鱼，指丙穴所出之鱼，味道极为鲜美。上联说渔民招待的鱼比丙穴嘉鱼还要美味。郫筒，美酒名，相传晋朝时山涛为郫令，用竹筒酿酒，香传百步之外，俗称“郫筒酒”。下联说集市上送来的酒和郫筒酒一样醇香。这反映了陈介祺隐居故里、悠然自得的闲适心态。

陈介祺自幼攻读儒学，后又致力金石研究，他对诗书礼教的推崇还体现在以下联语：

钟鼎文铜漆简面，
程朱语见鲁论心。

子孙教以诗书，百事受益；
兄弟无非仁让，一家必亲。

陈介祺的联语还能体现出对儒家的尊崇和对佛道的一丝不屑，这在他的家训“与僧道无缘”中可见一斑。

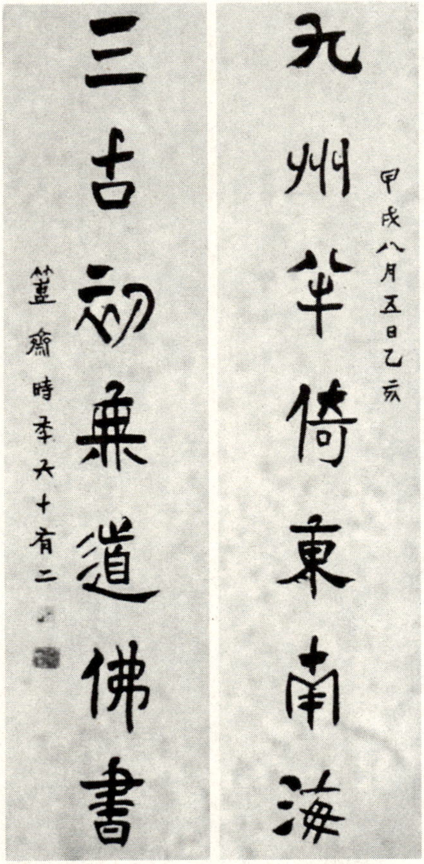

九州半倚东南海，三古初无道佛书。

九州半倚东南海，
三古初无道佛书。

陈介祺72岁时写下一副极其深沉的对联：

由道学诗两何莫，
察情修己五之其。

“五之其”指儒家经典《大学》中的五个“其”字：“古之欲明明德于天下者先治其国；欲治其国者，先齐其家；欲齐其家者，先修其身；欲修其身者，先诚其意；欲诚其意者，先致其知。”可见陈介祺暮年时对儒家思想精髓的理解已达到一种纯熟练达的境界。后来，他的长孙陈阜将这副对联刻在红木板上，用以自勉。

（五）陈介祺晚年生活安定，事业有成，更加喜欢撰联。

如：光绪四年（1878），陈介祺66岁。

六月九日作：

一室莫如书作伴，
千秋唯以古为师。

八月，集联：

养心莫善于寡欲（孟子），
穷理必在乎读书（朱子）。

八月二十九日作：

能敬而和，能哲而惠；
不骄而泰，不恶而严。

十月四日作：

云中白鹤神仙侣，
山下清泉翰墨香。

十二月除夕前一天作：

尊彝陶器收三代，
幼子曾孙乐一庭。

书味深纯能却老，
天机清妙自延年。

光绪六年（1880）五月二十五日作：

古文半六国，
诗字多三家。

陈介祺手书对联

七月三日，合《周易》句为联，曰：

庸言之信，庸行之谨；
不易乎世，不成乎名。

八月十九日，集《周易》与《尚书》句作：

确乎不可拔，
休焉如有容。

光绪十年（1884）七月二十日，“所藏钟鼎、彝器、金石为近代之冠”（《清史稿》语）的陈介祺因突患“膀胱不化之症”溘然去世，享年72岁。他的知己朋友、封疆大吏吴大澂送来一副冗长的挽联，以示痛悼：

四十年金石文字深交，仰揖北平，俯视南海；
数千里戎马关山间阻，我方东渡，君已西归。

通过对陈介祺楹联的初步搜集、整理和研究，我们看到，陈介祺的价值绝不仅仅在于毛公鼎、万印楼和十钟山房。沧海遗珠，他的人文价值和精神价值也足以引起我们的关注和研究。他创作的联语可谓字字珠玑，不但有难得的史料价值，还有宝贵的文学价值。

第四节 相府轶闻 揭秘求真

清代著名收藏鉴赏家、一代金石大师陈介祺已离我们远去130年。他从京城回到故籍潍县，则一个半世纪了。随着时间推移，民间流传着许多关于他的身世传闻和收藏轶事。

2005年，由于笔者编著《潍城陈氏世家简史》和《清代大收藏家陈介祺》两书，收集到大量珍贵史料，尤其是采访了他的嫡传后裔陈继揆（天津师范大学历史系原党支部书记兼系主任）和陈继遵（文化部外国文艺研究所原副所长），两位老前辈提供了许多真实生动而且具体可信的史料，帮我弄清了一些迷雾般的传说。这些珍贵史料，对研究陈介祺的身世及其藏品都有较大价值，所以特归纳整理如下。

其一，陈介祺的父亲陈官俊，本是汉族出身的官员，居然在清中期先后做过礼部尚书、工部尚书，并以吏部尚书兼任协办大学士。道光十年（1830）仲春，陈官俊在自己的大幅便服坐像的右上方题写了一首偈语：

尔亦我，我亦尔，心观心，无彼此。
且静坐，且欢喜，学吃亏，学知止。
爱中嗔，苦中美，看得空，作得实。
慎言语，节饮食，养生方，此要旨。

陈官俊便服画像

通过这首偈语，我们可以看到陈官俊为人处世的信条和态度。就是这样一位谨言慎行的人，却常常在官场上跌跤。但是他虽多次遭受弹劾，几经宦海沉浮，却能像不倒翁一样立足甚稳，而且能从一介平民做到如此高官，实在不多。考其生平，也没有军功或突出政绩，其原因何在？主要原因有三：一是他于嘉庆二十一年（1816）入直上书房，是道光皇帝的老师，深受内廷信任。二是嘉庆皇帝在立太子的时候，曾询问过陈师傅：“你看我这几个阿哥谁最可托?”陈官俊力荐旻宁，即后来的道光皇帝，他登基后自然对陈官俊衷心感激，“恩宠有加”。陈官俊多次因受弹劾遭贬，但往往不久又提升高位。三是陈官俊在道光二十七年（1847）成为上书房总师傅，教授道光皇帝的长子奕纬读书，训导有方，得到道光皇帝嘉奖。但后来皇长子弱冠亡故，道光皇帝见到他便思念已故的长子，所以对他礼遇特厚。陈官俊虽然多次获咎，而道光皇帝恩礼始终不衰。

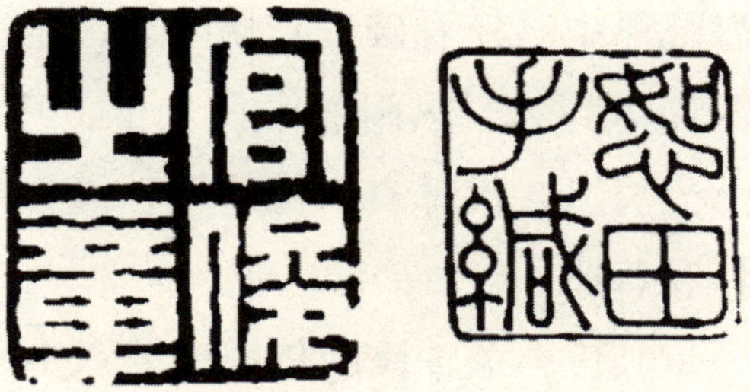

陈官俊印鉴

其二，关于大花翎顶戴的来历。陈介祺道光十五年（1835）中举人，十年后中进士。其后，在翰林院供职整整十年，官职是翰林院编修。在清代官职中，只有王爷、贝勒和有军功的武官才能赏戴花翎，而陈介祺始终是一介文官，如何获此殊荣呢?

在其父陈官俊去世后的第四年（咸丰二年，1852 年），太平天国起义风起云涌，洪秀全定都南京，改称“天京”。清政府国库空虚，军需剧增，满汉官员之间的矛盾日益突出，朝廷命十八家前朝老臣捐钱助饷。僧格林沁又亲自催款逼捐，强令认交巨额捐款。当时，最低的出数千两白银，高者达万两。由于有人暗中拨弄是非，唯独要求陈介祺必须交纳巨资四万两白银，交不出则有满门抄斩之虞。

陈介祺被逼无奈，竭尽全力筹银，卖掉全部店铺，奔波一个月才将这笔巨款筹齐，有惊无险地保全了身家性命。为此，咸丰皇帝为他记了军功，赏戴双眼花翎（花翎有单眼、双眼之分，民间称双眼花翎为“大花翎”），晋升他侍讲学士衔，赐二品顶戴，给予一串徒有虚名的官职和荣誉。本来陈介祺从他父亲一生的宦海沉浮中已经看破了官场险恶，这次几乎倾家荡产的遭遇更使他深深体验到“热闹场中良友少，巧机关内祸根蟠”。从此他决心急流勇退，借母丧丁忧回籍，辞官归里，潜心于收藏、鉴赏、考释和著述。

其三，关于民间传说中的双小庙陈氏故宅。

陈介祺辞官前在北京有官邸，回归潍城后，原先位于北门大街老大门“翰林院”的祖宅早已人满房缺，无法居住，所以只好在城北的莱章村暂时栖身，后来到增福堂街买地突击建筑新宅(从这件事也可以看出，他辞官回籍隐居的决定是仓促做出的)。新宅建成后，设有两个大门，其中一个大门口位于最东边（增福堂街与罗家巷交界处）。门前，在布政司街的西口路北和芙蓉街北口的路西，各有一座小庙（其中之一是关帝庙）。不知这庙是什么时间建的，与陈介祺建房是否有关，两座庙的两旁各有一根旗杆。陈家宅子又是一直向西延伸成一个长条，大门内有青石板铺的一条甬道。于是民间就流传：“大花翎”家的宅子是一条龙，大门口是嘴，甬道是舌头，两个小庙是眼睛，两根旗杆是龙须，因此风水极好。所以“双小庙陈家”和“大花翎陈家”都成为陈氏族系中陈介祺这一支的代称。陈介祺去世后，四个儿子分家时，陈厚滋搬到田宅街，厚钟和厚宗、厚达瓜分双小庙处的宅子，一分为二，中间搭起隔墙，并在中间开出西大门。民间传说因为“龙破了肚”，致使陈家遭到败落。

其实，陈介祺虽然对清廷的腐败有所不满，辞官归里专做学问，但他的思想还是恪守“君臣父子”的伦理纲常，绝不敢僭越犯上。把宅子盖成龙形，这会有杀头的危险，因此不会是有意为之，不过一切都凑巧了而已。据两位老前辈对笔者说，由于当时归里很急，原想买下较大的宅基地，但原房主要价过高，只能买下前面的一半，后面的一半，即后来我们称之为“后园”的一

陈介祺故居一侧

块，久未谈妥，时间紧，只好在前面的一半建宅。等房子盖好后，卖家一看再无索高价的可能，就又卖给了陈家，所以陈家的宅院盖得很局促。两栋房子之间的院子很狭窄，整个布局过于紧凑，而宅后却留了很大的一块空地，来历就是这样的。整个宅子盖成从东向西延伸的"细长条"，也是由此造成的。陈家先人曾希望将来把后园建成后花园，但已力不从心了。

其四，关于"万印楼"。

潍坊人有一个误解，总是把陈介祺的仓库东楼叫作"万印楼"，其实不然。"万印楼"并非楼房，就跟"十钟山房"并无此山房一样，只不过是陈介祺的一个斋号。"万印"实际上是把他自己收藏的七千多方与他的亲家吴式芬收藏的两千多方合并而称。他有方图章"万印楼主"，也是表示他藏有万印，并非确有此楼，他的后人也从来没有把祠堂主屋旁边的东楼称作"万印楼"的。实际上"万印"收藏在内宅东排上房西套间的一排楠木柜子里。陈介祺在世时，主要宝物——万印、十钟、毛公鼎、曾伯霥簠等重器都存放在此。这是一排四个并列的大楠木柜，分上下两层，全是暗锁，翻开“寿”字图案才能见到锁孔，是专门订制的。试想，这么重要的东西能存放在那个邻街的小楼里吗？不过这楼也的确存放过一些文物，但仅是秦砖汉瓦、陶片以及文房四宝之类。楼内还存放着皇帝赏赐的金瓜钺斧和两乘八抬大轿、官衔牌、牛角宫灯等一整套礼器。在陈介祺故居陈列馆筹建时，陈氏后裔们曾对有关人士阐明此事，但未被重视，并认为“有个具体的东西，人们好理解”。当时考虑到人们总希望把一些抽象的东西物化，陈氏后裔们也就未过分坚持，特别是刘海粟先生题写了万印楼匾额后，也就默认了。可是，历史贵在真实，不能掩盖事实真相。现在陈介祺陈列馆中悬挂的“万印楼”匾额以及关于万印楼的介绍文章，会给人以误导，也会引起疑惑：“真的，陈介祺就把那么珍贵的东西放在这个地方？”

其五，陈介祺玄狐紫貂裘的传说

裘皮衣服是封建官吏、士大夫的御寒之物，也是他们显赫地位的标志。古代帝王赏赐给卿大夫一级穿的皮衣，叫作“功裘”。《周礼·天官·司裘》中就有“季秋献功裘，以待颁赐”的记载。以后盛世时期皇帝都沿袭这一礼制，向重臣赏赐功裘，达到皇恩浩荡、臣感君恩的目的。所以，陈介祺家的后人都知道祖上曾经拥有一件名贵的“玄狐紫貂裘”，据说是道光皇帝赏赐的功裘。

由于陈官俊是协办大学士，官至一品，又是道光皇帝的老师。据笔者了解，道光皇帝在他晚年确实赏赐过一件皮裘，而且是珍珠皮毛出锋的。清代的御寒皮衣，往往将里面的毳毛露出一些在外面，称为“出锋”或“出风”。道光年间，最时尚的是珍珠皮毛出锋。当时这种顶级的皮毛加工技术只有宫廷造办处才能掌握。

晚年的陈介祺，由于身体虚弱、疾病缠身，所以每逢冬季，总是身不离一件“玄狐紫貂裘”，直到翌年的清明节后才肯换掉。所以外人传说较多，有人说这件皮衣就是道光皇帝赏赐其父的那件功裘，也有人说是陈介祺的亲信在北京从八旗子第破落户中高价收购的，还有人说是他的女婿吴重憙从天津的耆臣寓公中淘来孝敬岳父的，众说纷纭，莫衷一是。

笔者推算，陈官俊去世时，陈介祺才 37 岁，尚年轻力壮，不至于将其父的功裘穿在自己身上越冬，这不仅在礼制上有僭越之嫌，也不符合尊祖敬祖的规章，而且父子两人身材也大不相同。而且，到陈介祺 60 岁之后，距其父离世已过去了二三十年，这件皮衣是否变质或损坏也很难料及，所以功裘之说是站不住脚的。至于从天津收购旧功裘作为冬季御寒之物，肯定为陈介祺所不齿。那么，这件极其名贵的“玄狐紫貂裘”出自何处呢?

后来，笔者了解到，陈家有一门远房亲戚是制衣高手，陈官俊生前就雇用他在北京西皇城根的相府内专为全家老少制作四季服装，用的全是高档丝绸和裘皮。再加上在京十几年间，他有机会拜访各王府高官和坊间的名裁缝，所以技艺非同一般。后来，他跟随陈介祺返回潍县故里，仍在陈府中担任裁缝，并雇用了两位专做女红的妇女。陈介祺把他们安置在南房子里，他们参照道光帝赏赐给陈官俊的功裘，用从京城采购的玄狐和紫貂皮按照陈介祺高大的身材仿制了一件崭新的皮衣，供陈介祺晚年御寒。

其六，陈介祺的家训：一不做官，二不经商，三与僧道无缘。

陈介祺既然看破宦海险恶而借母丧辞官归故里，因此不难理解他家训的第一条就是告诫子孙不许做官，远离是非漩涡。不经商，是老一辈知识分子对于子孙远离当时奸诈商人的防范之术。与僧道无缘，就是不要子孙们陷入迷信的深渊泥潭，的确有一定道理。殊不知他这些家训虽有清高之处，却无可操作性。他很重视子孙读书，可试想在那个时代，不做官，又不许经商，不是断了生路吗？只能是坐吃山空，这些世家子弟真的还能到农村务农不成？实际上这也未能坚持到底，比如陈继遵的祖父后来给清廷修皇陵，如果修成，就可分配官职。只是好梦不成，辛亥革命爆发，清王朝灭亡了，所以他对新事物恨之入骨。当有人介绍其子陈君藻和其弟陈秉忱去乐道院学医的时候，他竟然说："谁敢去，我就砸断他的腿！"可见，尽管祖训森严，但是这个封建大家族分崩离析，在所难免了。

陈官俊、陈介祺父子久经宦海沉浮，自然深深体会到封建官场的腐败黑暗，所以他的家训道条就是"不做官"，这与他辞官隐居的思想是一脉相承的。陈介祺的聪明智慧，足以使他在金石研究和古文字考证领域里登峰造极，但他高估了自己子孙后代的才能，在家训中禁止他们做官经商，他们以何为业呢？这是他的百密一疏之处。另外，陈介祺的智慧，早已突破了当时封建迷信盛行、人们沉溺于拜佛求仙的世俗观念，他肯定是一位彻底的无神论者。他相信事在人为，所以培养指导他的旁系亲属，如女婿吴重憙、甥婿徐会沣、义子曹鸿勋等努力进取，这些人凭自己的能力，都做到了封疆大吏，成为朝廷重臣，但他却要求自己嫡系儿孙远离官场，这无疑是一个悖论。

陈介祺的家训，可以看作是对人生的透视和总结，言简意赅，有着极其深刻的人生哲学和哲理，值得世人学习借鉴，但在一个脱胎换骨的新时代里，却有一定消极处世的影响。

后　记

十年资料积累，一冬奋笔疾书，《陈介祺传》终于破茧成蝶，可以脱稿付梓了。当我从这个无雪的冬天摆脱困倦，恢复了精力和体力时，发现窗外已是百花盛开、一派春光烂漫。

由于爱好收藏，所以我很早就关注陈介祺这个人物，但陈介祺和他的金石学以及古文字研究又特别艰深，所以专注研究他的人不多，偶尔见诸报刊的也仅仅是介绍他首藏毛公鼎、十钟山房和万印楼的几篇粗浅文章。纵观陈氏一生，既没有显赫的文治武功，也没有引人入胜的故事，人们很难将一位隐居于书斋、一生做古文字研究的晚清学者用文学的笔触表现得淋漓尽致。甚至他一生各个时期的生活和学术活动，对研究者来说都有许多盲区。可以说，陈介祺仿佛一部“天书”，如果读懂了陈介祺，就读懂了中国历史文化源头。

在本书撰写过程中，先后得到了陈继揆、陈继遵、陈重远、陈时超、陈君善、陈炳熙、陈小波、庄珩、李耀曦、董金艳、杜在桢、陈瑞增、郭玉聪、钟耕会、王成利、刘知华、吕伟达、张德民、张建国、刘秉信、傅黎明、付生、阚龙山、田爽欣、宪春生、王春发、尹希明、孙立荣、刘凤周、王静蓉、潘宝昌、刘昱、郭江华、陈育生、高建民、王永成、吕振宇、郭驰、陈斐章、王忠志等专家、朋友给予各种形式的帮助。

特别应该提及的是，作者从荣宝斋出版社2005年出版的陆明君先生的著作《簠斋研究》一书的“年表”中获益匪浅，该文对查证陈介祺一生起到了非常方便的作用。另外，潍坊市潍城区政协文史委对本书的编辑和出版工作给予了重大支持；潍坊市史志办原主任、《潍坊市志》总编杜书乐先生对本书创作给予了极大的鼓励和帮助；张德民、张建国老师在校对工作中也付出了辛勤的劳动；青岛市黄岛区琅琊美术馆庄珩先生为本书的出版给予了大力支持。在此一并表示致谢！

邓　华

2014年4月于鹤祥健康城

图书在版编目(CIP)数据

陈介祺传/邓华著. —济南：齐鲁书社，2015.1
ISBN 978-7-5333-3304-1

Ⅰ.①陈… Ⅱ.①邓… Ⅲ.①陈介祺（1813～1884）-传记 Ⅳ.①K825.81

中国版本图书馆CIP数据核字(2015)第007541号

陈介祺传

邓 华 著

主管单位	山东出版传媒股份有限公司
出版发行	齊魯書社
社　　址	济南市英雄山路189号
邮　　编	250002
网　　址	www.qlss.com.cn
电子邮箱	qilupress@126.com
营销中心	(0531)82098521　82098519
印　　刷	山东人民印刷厂
开　　本	720mm×1020mm　1/16
印　　张	17.5
插　　页	11
字　　数	243千
版　　次	2015年1月第1版
印　　次	2015年1月第1次印刷
标准书号	ISBN 978-7-5333-3304-1
定　　价	**62.00元**